i 世代

報告

更包容、沒有叛逆期
卻也更憂鬱不安
且遲遲無法長大的一代

林哲安、程道民——譯

Jean M. Twenge
珍·特溫格——著

iGen

Why Today's Super-Connected Kids Are Growing Up
Less Rebellious, More Tolerant, Less Happy and Completely Unprepared for Adulthood and What That Means for the Rest of Us

Common 58

i世代報告

更包容、沒有叛逆期，卻也更憂鬱不安，
且遲遲無法長大的一代

作　　　者　珍·特溫格（Jean M. Twenge）
譯　　　者　林哲安、程道民
責任編輯　官子程
協力編輯　郭純靜
封面設計　倪旻鋒
內頁編排　吳郁嫻
行銷企畫　陳詩韻
總 編 輯　賴淑玲

出　　　版　大家出版／遠足文化事業股份有限公司
發　　　行　遠足文化事業股份有限公司（讀書共和國出版集團）
　　　　　　231新北市新店區民權路108-2號9樓
電　　　話　(02) 2218-1417
傳　　　真　(02) 8667-1851
劃撥帳號　19504465　戶名·遠足文化事業股份有限公司
法律顧問　華洋法律事務所　蘇文生律師

I S B N　978-957-9542-90-6
定　　　價　500元
初版一刷　2020年4月
初版六刷　2024年2月

i世代報告：更包容、沒有叛逆期，卻也更憂鬱不安，且
遲遲無法長大的一代 / 珍.特溫格(Jean M. Twenge) 著；
林哲安, 程道民譯 .-- 初版 .-- 新北市：大家, 2020.04
　　面；　公分 .-- (Common ; 58)
ISBN 978-957-9542-90-6(平裝)

1.青少年 2.社會心理學 3.網路社會

541.7　　　　　　　　　　　　　　　109003645

目次

誰是 i 世代，以及我們從何得知？

　　某個夏日將近中午時分，我聯絡上 13 歲的亞荻娜，她聽起來像才剛睡醒。我們小聊了她最喜歡的歌和電視節目，接著，我問起她喜歡和朋友一起做什麼。她說：「我們會逛購物中心。」我問道：「是爸媽開車載妳們去嗎？」我想起 1980 年代自己讀中學時，挺喜歡這樣與朋友共度幾小時不受爸媽管束的時光。「不是，我跟家人一起去。」她說：「我們會跟我媽和我兄弟一起去，走在他們後面，但不離太遠，只需要跟我媽說我們會去哪裡，然後我每半個或一個鐘頭跟她報告行蹤。」

　　和母親一起去購物中心消磨時間，並非今日青少年的社交生活中唯一的不尋常之處。亞荻娜和她的朋友在德州休士頓市上中學，她們在手機上的交流遠多於真正見面相處。她們最喜愛的社群媒體是 Snapchat，這是智慧型手機的應用程式，可讓使用者在平台上發布

限時瀏覽的圖片。她們特別喜歡其中的「狗狗濾鏡」功能，它能在她們發布的照片中為人臉加上卡通式的狗鼻子與狗耳朵。她說：「這超讚的，是有史以來最可愛的濾鏡功能。」她們還會確保自己有跟上 Snapstreaks，這功能可顯示使用者在此平台連續向彼此發送照片的日數。有時她們還會把朋友特別荒唐的某些照片截圖存下——「這是種良性勒索」。

亞荻娜說，整個夏天她幾乎都待在房間裡自己玩手機消磨時間。「與其跟家人相處，我寧可待在房間用手機看 Netflix 上的影集。我幾乎整個夏天都這樣，花在手機上的時間比在真人身上還多。」這是她這世代的現象，她還說：「我們沒得選擇，根本不知道沒有 iPad 或 iPhone 的生活是什麼樣子。我覺得我們喜歡手機多過真人。」

i 世代已然降臨。

他們自 1995 年起陸續出生，在手機的陪伴下長大，還沒上中學就有 Instagram 個人帳號，而且記憶中不存在沒有網際網路的日子。

2007 年 iPhone 問世時，最年長的 i 世代成員剛進入青春期。2010 年 iPad 到來時，這群人剛上中學。這些數位設備名字中的 i，代表的是網際網路（Internet），而網際網路正是在 1995 年開始商業化。若要以任何東西為這個世代命名，那麼答案很可能就是 iPhone：根據 2015 年秋季的市場調查，三分之二的美國青少年擁有自己的 iPhone，這接近單一產品所能達到的最大市場飽和度。在《美國女孩：社群媒體與青少年的祕密生活》（*American Girls: Social Media nd the Secret Lives of Teenagers*）這本揭露社群媒體黑暗面的書中，一位 17 歲的受訪者說：「妳非得有支 iPhone 不可，蘋果公司簡直就像擁有青少年市場的獨家專賣權。」[1]

智慧型手機對青少年的全面主導，已在 i 世代生活的所有領域中

產生漣漪效應，從社交互動到心理健康都受到影響。i 世代是第一個從出生起便能隨時上網的世代。即使他們的智慧型手機品牌是三星，平板裝置是 Kindle，這些年輕人仍屬於 i 世代。（而且，沒錯，即便是收入較低的階層：現在出身弱勢家庭的青少年，掛在線上的時間也和擁有更多資源的同儕相當，這是智慧型手機的又一個漣漪效應。）青少年每天查看手機訊息的平均次數高達八十次。

　　但科技並非形塑這個世代的唯一變項。i 世代的 i，表現的是這世代成員理所當然的個人主義、普遍根植於基本觀念中的平等意識，以及對傳統社會規則的拒斥。i 同時也表現出 i 世代成員因為收入的不均（income inequality）而產生的深刻不安，為了要有高收入，為了要成為「富足的人」而不是「貧困的人」，他們會憂慮自己有沒有做正確的事。基於上述原因及其他方面的影響，i 世代與以往每個世代的明顯區別，在於他們如何運用時間、他們的行為舉止，以及他們對宗教、性愛與政治的態度。他們以全新方式完成社會化，排斥過去不可侵犯的社會禁忌，對於生活與事業的要求也全然不同。他們腦海裡裝滿自己對經濟前景的防護及恐懼，而且對基於性別、種族或性傾向的不平等感到不耐。2011 年以來，青少年憂鬱症及自殺比率陡然升高，他們正站在最前線，面對數十年來最嚴重的心理健康危機。與當前流行的「孩子比過往世代成長更快」的觀念正好相反，i 世代的成長慢上許多：現在的 18 歲孩子表現得像過去的 15 歲，13 歲的孩子像過去的 10 歲。青少年在生理方面比過往來得更安全，但心理上更加脆弱。

　　我找出 1960 年代起涵蓋一千一百萬美國人的四次全國大型調查，從中看到形塑 i 世代，最終也將形塑我們所有人的十種重要趨勢：**不急著長大**（In No Hurry，延遲從兒童期進入青春期的時間）、**上網時間大量增加**（Internet，實際花在手機上的時間，以及這取代了哪些時

間）、**不再親身互動**（In person no more，拒絕親身進行社交互動）、**不安**（Insecure，心理健康問題急速增加）、**無信仰**（Irreligious，拒絕宗教）、**備受保護，欠缺內在動力**（Insulated but not intrinsic，關注安全，拒絕公民參與）、**對收入缺乏安全感**（Income insecurity，面對工作的新態度）、**不明確**（Indefinite，對性、關係及生育子女的新態度）、**包容**（Inclusive，接受、平等，與自在的辯論），以及**獨立**（Independent，他們的政治觀點）。i 世代年紀雖輕，但已足夠表達其觀點並描述其經驗，因此要觀察形塑我們未來文化的趨勢，i 世代正是理想的位置。

從 22 歲在密西根大學攻讀人格心理學博士學位起，我研究世代差異已近二十五年。當時我聚焦在自己所屬的 X 世代與嬰兒潮世代的差異（其中包括性別更加平等，以及更加焦慮）。[2] 隨著時間過去，我發現生於 1980 及 1990 年代初期的千禧世代，在行為、態度與人格特質上有更廣泛的世代差異。這項研究以我在 2006 年出版、2014 年修訂的著作《Me 世代》（*Generation Me*）為終點，這本書檢視了千禧世代與前一代有哪些不同。[3] 定義 X 世代與千禧世代的種種世代差異大多是逐漸出現，只有在經過十年或二十年的穩定演變後，才會達到高峰。一直以來，我已習慣表現趨勢的折線圖像平緩的山丘緩慢發展出高峰，而文化變遷則是先由少數年輕人慎重展開，再擴大到多數群體，然後成為標記。

但在 2012 年左右，我開始放寬眼界，意外轉向研究青少年的行為與情緒狀態。突然間，這些折線圖看來已是陡峭的高山——劇烈下滑在短短數年間抵消了過去數十年的進展，而經過幾年逐漸傾斜或下陷後，陡直的峭壁又突然將微小數據拉到史上新高點。在我分析過的所有世代資料中（有些可回溯至 1930 年代），從來沒看過這種情形。

剛開始，我心想這是不是隨機忽上忽下的變化，一兩年後就會消

序章　誰是 i 世代，以及我們從何得知？
WHO IS IGEN, AND HOW DO WE KNOW?

8

失。但不是的，這些趨勢持續下去，並創造出持久而且是史無前例的走向。當我深入鑽研資料，便看出一種模式：許多劇烈的變化都始於2011或2012年。這個年份太晚了，無法歸因於2007至2009年間的那場經濟大衰退。

接著我想到，大多數美國人正是在2011到2012年首次擁有能上網的手機，俗稱智慧型手機。這突如其來的轉變所帶來的產物就是 i 世代。.

如此廣泛的世代轉變帶有巨大意涵。這是一整個即將邁入青年期，行為與思考方式都不一樣的年輕群體──甚至與相鄰的千禧世代也截然不同。我們都必須了解這群年輕人，包括要照顧他們的朋友與家人、要召募新人的企業、要教育與引導學生的學院與大學，以及要想出怎樣把東西賣給他們的行銷人員。i 世代成員也必須了解自己，才能向長輩與年紀稍長的同儕解釋他們是如何接觸這個世界，以及是什麼讓他們變得不同。

世代差異比以往都還大，影響範圍也更廣泛。千禧世代與之前的多個世代最大的不同在於世界觀、在於更關注自我，更不在乎社會規則（正如「Me 世代」一詞所顯示）。但隨著智慧型手機的流行，i 世代的最大不同在於他們運用時間的方式。他們每一天經歷的生活都與之前的世代極度不同。就某些方面來說，這次的世代轉變比創造出千禧世代的那一次更根本，或許就是由於這一點，趨勢專家才會宣稱 i 世代的到來是如此突然且來勢洶洶。

出生年份的切分點

科技的急速變遷在 1980 年代與 1990 年代的出生者之間創造出驚

人的鴻溝。生於 1983 年的茱莉葉・萊彼鐸（Juliet Lapidos）在《紐約時報》上寫道：「我算不上真正的數位原住民，網際網路（對我來說）並非與生俱來的自然產物，我得學習那是什麼以及如何使用⋯⋯我到 19 歲才擁有第一支手機。」[4] 2002 年，萊彼鐸 19 歲，那時候用折疊式手機打簡訊，得在同一個鍵按上好幾次，而要瀏覽網頁得坐在桌上型電腦的螢幕前。五年後的 2007 年，iPhone 降臨，改變了一切。i 世代成為第一代手握智慧型手機進入青春期的人——這種天壤之別帶有廣泛意涵。

i 世代出現之快，超乎任何人的預期。直到最近，關於世代的談論大半仍聚焦在千禧世代。在美國，千禧世代有時被定義為 1980 至 1999 年間出生的人。這對相鄰世代，即 1965 至 1979 年間出生、為期僅十四年的 X 世代來說是段很長的時間。假若千禧世代與 X 世代長度相同，那麼千禧世代的最後一個出生年份就會變為 1994 年，意即 i 世代將從 1995 出生的這批人算起——這倒也方便，因為這正是網際網路誕生的年份。而離 1995 年不遠的另一個劃時代事件，則是 2006 年臉書開放 13 歲以上用戶使用——於是，1993 年後的出生者，將在社群媒體上度過整段青春期。就統計數據來說，以 1990 年代中期為切分點也不無道理，從調查數據來看，在 2011 年，一切事物開始改變的那一年，回答問題的 13 至 18 歲受訪者正是生於 1993 至 1998 年。

所有人都在猜何時會是 i 世代的盡頭，而我會把賭注下在 1995 年之後的十四到十七年。這表示最後一批 i 世代將生於 2009 至 2015 年之間，2012 年恰好位於中間，如此 i 世代的出生年代便從 1995 年橫跨到 2012 年。隨著時序前進，這個邊界或許會再前後調整，但 1995 至 2012 年這個設定是很可靠的起點。世代分界很大部分取決於未來十年的科技發展，以及這些發展會不會像智慧型手機那樣改變年輕人的生

序章　誰是 i 世代，以及我們從何得知？
WHO IS IGEN, AND HOW DO WE KNOW?

10

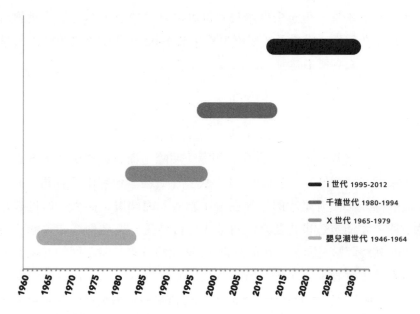

圖 0.1　各世代（以出生年份區分）作為 12 年級生及大一新生主要族群的時段分布

活。以 1995 至 2012 這個切分點來説，第一批 i 世代將在 2012 年高中
畢業，最後一批則是在 2030 年。（見圖 0.1）

　　任何一種斷代法其實都很武斷，因為無論科學界或政府，都沒有
確實的共識可用來決定哪個出生年份屬於哪個世代。此外，生於切分
點前後的人，體驗的是同樣的文化，而出生相差十年的兩群人名義上
雖屬同一代，但所體驗的卻是另一種文化。然而，以特定年代切分當
作世代標籤還是有用的。就像城市邊界、18 歲的法定成年界線，以及
人格類型，雖然這些清晰的界線有著明顯局限，而較模糊的畫分可能

反倒較貼近事實。但至少這讓我們得以定義並描述大眾。不管我們將切分點設在何處，重點是要了解那些生於 1990 年代中期之後的人與早幾年出生的人有何不同。

名稱

就一個標籤來說，「i 世代」簡潔、明瞭，而且相對中性。不止一位作家用「平淡無奇」來形容「i 世代」這名稱，但它確實有其力量。世代的標籤必須有足夠的包容性，才能納入範圍廣泛的人，但也必須夠中性，才能被這世代及之前的世代成員接受。這名稱還必須涵蓋這世代的某些經驗，而截至目前為止，i 世代的許多經驗都圍繞著網際網路與智慧型手機。著名的《廣告時代》（*Advertising Age*）雜誌便贊同 i 世代是後千禧世代的最佳代名詞。「我們認為這名稱最適合，也最能讓人了解這個世代。」《廣告時代》的數據策略總監在《今日美國》的採訪中如此說道。5

另一個人們提議使用的名稱是「Z 世代」。然而，這只有在前一個世代稱為 Y 世代的前提下才成立。而在「千禧世代」勝出後，便幾乎沒人使用 Y 世代這個名詞，使得 Z 世代這個名稱胎死腹中。更不用說年輕人完全不想根據老一代的名稱來命名。也因此，「嬰兒荒世代」（Baby Buster）這名稱便沒能像「X 世代」那樣流行起來，「Y 世代」也始終不及「千禧世代」琅琅上口。Z 世代只是個衍生詞，只有原創的世代標籤才能深入人心。

與已故的威廉・史特勞斯（William Strauss）共同打造出「千禧世代」之名的尼爾・霍伊（Neil Howe）建議把下個世代稱作「國安世代」（Homelanders），這名字來自與這世代人一同誕生成長的美國國土

序章　誰是 i 世代，以及我們從何得知？
WHO IS IGEN, AND HOW DO WE KNOW?

12

安全部（Homeland Security）。[6] 但我懷疑哪個世代的人會想要用一個命令你在機場脫鞋受檢的政府部門名來稱呼自己。霍伊也認為，千禧世代的下一世代直到 2005 年才開始，但基於 2011 年前後科技的快速變化，以及青少年的特性及運用時間的方式突然改變，這似乎不太可能。其他人提出的世代標籤包含 2015 年美國 MTV 音樂電視網舉辦的青少年票選選出的「創辦者」（the Founders）。[7] 問題是，什麼的創辦者？

就我所知，我是第一個使用 i 世代這個詞的人，它出現在我 2006 年 4 月出版的著作《Me 世代》中。我用 i 世代這個詞談論後千禧世代已有好一段時間。2010 年，我便將我的演說與諮詢公司取名為「i 世代諮詢」（iGen Consulting）。[8]

資料

目前，我們對 i 世代的了解才剛開始成形。民意調查將會宣布，有 29% 的青年不加入任何宗教，或是 86% 的青少年正擔心就業問題。但這些單次調查所得到的看法，也可能普遍存在各世代的年輕人中。1970 年代嬰兒潮或 1990 年代 X 世代的青少年也都會迴避宗教，並擔心就業問題。缺乏對照組的單次調查，無法顯示文化變遷或 i 世代的獨特經驗。你無法只憑單一世代的資料就對某個世代作出總結。然而截至目前為止，幾乎所有關於 i 世代的書籍與文章，所依賴的都是這些用處有限的調查資料。

至於其他涵蓋數個世代成員的單次調查，是好多了。但即使如此，仍然有個重大缺陷：無法區分世代的影響跟年齡的影響。假如某個研究發現（舉例來說），i 世代比 X 世代更樂於在工作場合交友，但那可能只是因為 i 世代還年輕且單身，而 X 世代年紀較長且已婚。但你無

法在單次調查中看出這點。不幸的是，假若你想找出年齡所造成的差異，你會看不出多少變化——十年前能驅動年輕員工或學生的事，現在一樣有用。

要真正了解這個世代的獨特之處（這世代「新」在哪裡），我們就必須將 i 世代與之前幾個世代的年輕人作比較。我們必須蒐集跨越時間區段的資料。而本書中，我分析的貫時性的大型調查，做的正是這件事——年復一年用同樣問題詢問年輕人，如此才得以比較數個世代的反應。

我的資料主要取自以下四個資料庫。第一，名為「監測未來調查」（Monitoring the Future）的計畫，自 1976 年起每年詢問 12 年級學生超過一千個問題，並自 1991 年起加入 8 年級與 10 年級學生的問題。†第二，由美國疾病管制與預防中心執行，自 1991 年起進行中學生調查的「青少年風險行為監測調查」（The Youth Risk Behavior Surveillance System）。第三，自 1966 年起，由加州大學洛杉磯分校高等教育研究所執行，每年訪談四年制學院與大學學生的「美國大一新生調查」（The American Freshman Survey）。最後，是從 1972 年起對 18 歲以上成年國民進行調查的「美國社會概況調查」（The General Social Survey）。[9] 我們可以在這些調查中看見，1970 年代的嬰兒潮世代在中學裡怎樣跳搖擺舞，1980 與 1990 年代的 X 世代如何跳搖滾舞，在 21 世紀的頭十年，千禧世代如何跳即興波普爵士，而 i 世代又怎樣在 2010 年代創造自己的電流舞（waves）。

藉由比較不同世代在相同年齡時的狀況，我們可以觀察到年輕人如何看待自己，而不用依賴一段時間後較年長的人作出的思考。這時所看到的差異，就是基於文化變遷而非年齡。這些差異不是用一句「年輕人一向都這樣」就能打發。事實上，這些調查顯示，現在的年輕人

和幾十年前已大不相同。而調查樣本中的年輕人也令人激動——我們因此得以在 i 世代正在形成自我認同、開始清晰表達意見,並尋找道路邁向成年期時,望著他們。

這些資料還有三個明確的優點。首先是樣本龐大、調查範圍廣泛,每年都能蒐集數千人匿名回答的數百道問題。總體來說,調查人數共一千一百萬人。第二,調查的執行者謹慎地確保這些受訪者能代表美國人口中的各種性別、種族、地區、社經地位。意即這些結論可擴及整體的美國年輕人(或者,就大學生而言,可擴及整體大學生)。第三,這些資料都能在網路上公開取得,而非藏在付費牆或特定費用後方,因此,這些都是公開透明的資料。這些調查是大數據時代的國寶,讓我們有機會一窺過去幾十年間的美國人,以及近年來年輕人的生活與想法。而這些紮實、龐大的世代資料出現後,我們便再也不用依賴不可靠的單次研究來了解 i 世代。

因為調查樣本具有全國代表性,他們代表了美國年輕人的整體樣貌,而非某個各別的群體。當然,美國年輕人的人口統計隨著時間有所改變,舉例來說,過去數十年間拉美裔人口變得更多。這時就該問問世代變遷是否只是源於這些人口的變化——這問題當然並不精確,但仍值得一問。由於這個因素(還有其他因素),我也檢視種種趨勢是否同時出現在不同群體中(例如黑人、白人及拉美裔;女孩與男孩;東北地區、中西部、南部與西部人;都會區、鄉村與郊區;社經地位較低或較高,包括父母是否上過大學)。除了少數例外,世代趨勢都出現在所有人口統計群體中。這些廣泛的改變會出現在貧窮與富有的青少年中,出現在所有種族背景中,也出現在都市、郊區及小鎮。[10]

請回答下頁的問題,看看你的經歷與 i 世代有多少重疊,就當是世代差異的預覽。先不管你在何時出生,讓我們看看你有多 i 世代?

回答以下十五個問題，看看你有多麼「i 世代」。

請以「是」或「否」答題。

_____ 1.　過去 24 小時內，你是否至少花 1 小時在手機上傳訊息？

_____ 2.　你有 Snapchat 帳號嗎？

_____ 3.　你認為自己是宗教人士嗎？

_____ 4.　你滿 17 歲時已經有駕照嗎？

_____ 5.　你認為同性婚姻應該合法嗎？

_____ 6.　你滿 16 歲時喝過含酒精飲料嗎（小啜幾口不算）？

_____ 7.　你在青少年時期常和父母吵架嗎？

_____ 8.　你上中學時，學校裡種族背景和你不同的人是否超過
　　　　三分之一？

_____ 9.　你上中學時，每個週末晚上是否都與朋友共度？

_____ 10.　你上中學時，有沒有在學期間打工？

_____ 11.　你是否同意安全距離及預先警示是好主意，並同意這
　　　　樣能減低微侵略？

_____ 12.　你是獨立選民嗎？

_____ 13.　你支持大麻合法化嗎？

_____ 14.　不涉感情的性愛吸引人嗎？

_____ 15.　你上中學時，是否經常覺得寂寞、被冷落？

計分方式： 回答第 1、2、5、8、11、12、13、14、15 題時，答「是」
者得 1 分。回答第 3、4、6、7、9、10 題時，答「否」者得 1 分。分數
越高，你在行為、態度與觀念上就越接近 i 世代。

序章　誰是 i 世代，以及我們從何得知？
WHO IS IGEN, AND HOW DO WE KNOW?

人口統計——及全世界

以 1995 至 2012 年為出生年份來畫分，美國有七千四百萬名 i 世代，約占人口 24%。[11] 這表示每四個美國人就有一個 i 世代成員——這更增加了必須了解他們的理由。i 世代是美國史上種族最多元的世代，有四分之一是拉美裔，另有將近 5% 是混血兒。非拉美裔白人僅勉強過半數，占 53%。非白人則在 i 世代尾聲的出生年份首次超過半數，在 2009 年出生的 i 世代中，非拉美裔白人占不到 50%。這也表示沒有任何一個族群過半數，而這正是「多元」一詞的定義。i 世代之後的下一世代，即 2013 年起出生的世代，將會是第一個非白人占多數的世代。

這份資料來自美國樣本，因此結論無法直接推及其他國家。然而，在美國出現的許多世代變遷也同樣出現在其他文化中。隨著新的研究結果陸續出爐，世界各地研究者也記錄了許多相同趨勢。由於網際網路與智慧型手機在席捲美國時，也幾乎在其他工業化國家爆紅，因此後續發展也就很可能十分相似。

脈絡

為了讓這些乾巴巴的數字分析更有血有肉、更有人味，我用了些其他方式更深刻地觀察 i 世代。首先，我親身或以電話與二十三位 i 世代成員各自訪談將近兩小時，挖掘 i 世代對流行文化、青少年社交生活、時事、校園衝突，以及對所有人極為重要的智慧型手機的想法。這些年輕人介於 12 歲至 20 歲之間，有黑人、白人、亞裔美國人、拉美裔與中東裔美國人，分別來自維吉尼亞州、康乃迪克州、伊利諾州、

---

† 依台灣的規定，需年滿 18 歲才可考普通駕照。——編註
‡ 在台灣合法飲酒的年齡是 18 歲以上，美國則是 21 歲以上。
　——編註

俄亥俄州、德州、明尼蘇達州、喬治亞州與加州，就讀於中學、高中、社區大學或四年制學院，其中絕大多數在所屬機構或團體中算不上菁英。我也將訪談的問題放上網路，例如亞馬遜公司的「土耳其機器人請求方」（MTurk Requester），並在我授課的聖地牙哥州立大學對兩百五十名心理學概論的學生進行調查，然後我在課堂上與研究生一起討論從中得到的各式議題。同時我也大量閱讀全國各大學校園報刊的評論文章。但這些資料不具全國代表性，因此無法取代原有的調查資料——這些 i 世代的個別經驗可能不足以代表整個世代。那些原始調查資料永遠是最終的依據。從各方面來說，訪談與文章只是用來闡述這些資料，無法取而代之。然而，這個方式仍然能夠讓隱身在資料背後的年輕人變得有血有淚。當 i 世代逐漸年長並開始塑造我們的世界，我們除了應該經由實證的方式理解他們，也應該聽聽他們的聲音。

當我寫作《Me 世代》這本關於千禧世代的著作時，我的年紀只比寫作對象稍長一些，並與他們共同經歷許多相同的文化現象。一如本書，紮實的調查資料構成《Me 世代》的核心內容，但那本書也反映了我身為 X 世代的大量生活經驗。但本書就不是如此了，在本書中，我比 i 世代青少年年長二十五到三十歲。（我訪談的其中一名大學生對我說，我讓他想起他的母親，這使我覺得很沮喪。結果發現，我確實與他的父母同齡。）如今我的角色主要是觀察者多過參與者。然而，現在我也有另一個觀點：我的三個女兒分別生於 2006、2009 與 2012 年，屬於 i 世代的後半段。我因此得以親眼看見 i 世代的某些典型經歷，比如看見一個剛剛勉強會走路的寶寶自信十足地滑著她的 iPad。我也經歷了一個 6 歲小孩要求擁有自己的手機，以及聽著一個 9 歲小孩敘述一款最新應用程式如何風靡整個 4 年級。

在本書中，i 世代用自己的方式（無論是來自大型調查的數據，或

訪談中的發言），為這世代發聲。本書也用了上百張跨越世代的調查資料圖表，如此你就能以自己的立場看看這些資料──不只 i 世代的資料，還包括千禧世代、X 世代與嬰兒潮世代。這些圖表用少量篇幅概括了大量資料（一張圖表勝過千言百語）。你能親眼看到，i 世代如何以其諸多特性、行為及更多漸進變化，在 2011 年前後像一座山拔地而起，這山既有陡峭的**斷崖**，也有近乎垂直的岩壁。

附加說明

身為世代研究者，我常被問到如下問題：「為什麼你們要怪小孩？這不是父母的錯嗎？」（或是「嬰兒潮世代的錯？」或「X 世代的錯？」）這個問題有兩個錯誤的假設，首先，它假設所有世代變化都是負面的；其次，它暗示了所有變化都能找出一個單獨的原因（例如教養問題）。但這兩者都不是真的。有些世代變化是正面的，有些是負面的，還有許多兩者兼具。人類天生傾向於將事情歸為全好或全壞，但在文化變遷上，我們最好留意灰色地帶及得失抵換。有鑑於許多世代差異都是正面的或至少是中性的，使用諸如**錯誤**和**責怪**等詞彙其實沒有道理。那也會適得其反，讓我們淪於爭辯該責怪誰，而不是去了解正面與負面**趨勢**。文化變遷包含許多因素，不會只有單一原因──不會只因為父母，而是包括科技、媒體、商業，以及教育的共同作用，才創造出這一整個與我們的父母及祖父母輩的經驗截然不同的文化。這不是誰的錯，也不是人人都有錯。當文化改變，世代也隨著改變，這才是重點。這不是在比哪個世代比較糟（或比較好）。當文化改變時，我們全都身在其中。

當我們認知到世代變化發生，自然會接著問：「為什麼？」這是

很難回答的問題。在科學上若要顯示一件事導致另一件事發生，最好的辦法就是做個實驗，而在實驗中，人們會被隨機分派去經歷不同的事情。就世代差異來說，這表示被隨機選中的人會在不同的時代成長——這是個真正不可能的任務。確認可能原因的次佳方式有兩道步驟。首先，兩件事必須互相關聯。舉例來說，我們可以觀察在社群媒體上花較多時間的青少年是否更加抑鬱。第二，兩件事必須同時改變，且往同一方向改變。如果經過同樣年份後，使用社群媒體的時間與抑鬱程度皆增加，必然就是其中之一導致另一者發生。若非如此（譬如，經過同樣時間，一者增加，而另一者持平），其中之一就很可能並未導致另一者。這個方法至少可以排除不可能的因素。它無法將可能原因完全納入，但可提供證據，用以指出事情的起因。

　　另一個停止控訴的理由是，這些數字都只是平均值。舉例而言，2005 年，i 世代青少年花在網路上的平均時間比千禧世代要多。當然，某些 i 世代青少年花較少時間上網，某些千禧世代卻花上較多時間，這兩個世代間有相當大的部分是重疊的。這是因為兩個世代的平均值不同，並不代表整個世代的內部是完全一致的。那麼，為何不將每個人都視為獨立個體？若你要分析數據，就不可能這麼做。數據仰賴平均值，若沒有平均值，就無法比較不同群體裡的人。與人相關的科學研究實際上都依賴平均值，原因就在此。這不是製造刻板印象，而是用科學方法來比較不同群體。只有當某人假設任何獨立個體一定都能代表他或她所屬的群體，才叫刻板印象。說世代研究用單一方式描述一個世代的「所有人」，或說世代研究「過度概括」，都不是有效的批評。任何過度概括都是出於對資料的錯誤解讀，而非資料本身的錯誤。

　　如果文化變遷影響了所有人而不只 i 世代呢？在許多案例中，的確如此，有些文化變遷會對所有年齡層產生同等效應。純粹的時期效

應（time-period effects）極為罕見，因為人們經歷事物的方式通常會受年齡影響。文化變遷通常是年輕人先受影響，接著才擴及較年長的人。智慧型手機與社群媒體就是完美的例子。然而，本書的大半內容都是關於 i 世代的青少年時期與之前世代的顯著差異，也就是和嬰兒潮世代、X 世代、千禧世代的青少年時期有何世代差異。

前進之道

　　i 世代的未來，就是國家的未來。青少年的父母都在思考孩子持續使用智慧型手機會對腦部、情緒及人際關係產生什麼影響。如今 i 世代已占一半以上的大學生人口 †，並將他們的價值觀、觀點，以及永不離身的智慧型手機帶進全國各個校園。商業界的招募市場很快便將是 i 世代而非千禧世代的天下，千禧世代可能只能吸引少數還未準備好接受 i 世代觀點的公司。i 世代的產品偏好已透過青少年與青年的影響力形塑了市場，並即將掌控利潤豐厚的 18 至 29 歲消費市場。i 世代的政治傾向對選舉將形成長遠影響，而他們的態度也將主導政策與法律。結婚率與生育率將會影響國家的人口平衡，並決定是否有足夠的年輕工作者奉養退休後的千禧世代與 X 世代。今日的美國即將面臨由網際網路、個人主義、收入不均，以及造成文化變遷的其他力量所驅動的巨大改變，而 i 世代正身處改變的最前線。因此，為了我們所有人——了解 i 世代便是了解未來。

　　那麼，i 世代究竟有何不同？

---

† 　本書英文原著於 2017 年出版，中文版於 2020 年推出時，
　　大學生已全是 i 世代。——編註

不著急：慢吞吞長大

　　某個陽光明媚的秋日下午，我來到聖地牙哥市區外的一所高中，走在前往心理學教室的路上。教室裡老師提醒學生週一有場小考，並告訴他們今天是用來整理筆記和溫書的「週間」。我們從教室搬出兩張書桌到外面的川堂上，接著老師快速翻查一疊家長同意書，叫道：「艾莎。」這時有名深色長髮的女孩興奮揮拳說：「太好了！」

　　艾莎幾乎對所有事都帶著奔放的熱情，她用南加州少年少女偏好的急速語調滔滔不絕說著：「妳看過《麻辣賤諜》嗎？這片超～讚的。」當我問到現在廣播電台的流行歌裡有沒有她最喜歡的那一首，她說：「有啊。泰勒絲的〈狂野之夢〉（"Wildest Dreams"）、還有她的〈空位〉（"Blank Space"）跟她的〈芥蒂〉（"Bad Blood"）。」我試探地問：「所以說，妳喜歡泰勒絲？」她回道：「嗯，我不會這樣說——我只是背下她所有的歌。」當我問到她喜歡的書，她這樣告訴我：「哈

利波特就是我的生命——我**愛**他。」她還沒有駕照,所以是母親開車載她上學。

從她對泰勒絲的執迷、對哈利波特的愛,以及需要母親開車接送,你可能會猜艾莎今年 14 歲。但不是,她 17 歲了。

艾莎緩慢地長大,花更久時間迎接成年期的責任與樂趣。而以今日的網路色情、少女性感的萬聖節扮裝、7 年級男孩向同班同學索取裸照,以及其他令人關切的早熟**趨勢**,人們很容易以為艾莎是個例外,很多人相信,兒童與青少年的成長速度比過去更快。最近有位紐約布魯克林區的中學校長如此哀嘆:「童年已經不存在。他們已經踏入這個他們覺得必須加入的成人世界。」[1] 許多人相信,比起以往,現在青少年以空前的速度衝入成人生活。但他們果真如此嗎?

(不)出門與(不)上床

某個週五晚上,我來到這幢整潔的郊區房屋,敲了敲門。應門的是 14 歲的普莉雅。她是留著長髮、戴著牙套的俏麗印度裔美國少女,幾個月前剛成為聖地牙哥北方邊界郊區一所高中的新鮮人。我們在餐桌邊坐下,她母親拿了杯冰水給我,旁邊是普莉雅的參考書與粉紅計算機。普莉雅就讀資優班,課業十分繁重。我問她和朋友都去哪裡玩。她說:「有時候我們會計畫一下,然後去看電影或之類的⋯⋯或者有時候去外面吃晚餐。」但這不是擺脫父母的出遊。她說:「通常有一或兩個大人跟我們一起出去,看總共有幾個小孩而定。還算好玩——以大人跟小孩一起出去來說。」她們會找一部大家都喜歡的電影,然後大人跟這些小孩一起看——就跟這些孩子上小學時一樣。

我聯絡上 15 歲的傑克,他在明尼亞波利斯市郊區一所高中讀高

二，剛在結束學校裡忙碌的一天，並做完田徑隊練習。之前我到明尼蘇達州時與他有過數面之緣。他是嚴肅的年輕白人，有著深色頭髮與靦腆笑容，並和同樣健壯的家人十分親近。當我問他最近看了什麼電影，他提到兩部與父母和姊妹一起看的影片。這讓我開始好奇他有沒有和朋友一起看過電影。我問道：「你和朋友都去哪裡，你們在一起通常會做什麼？」他說：「大半時候我們會去跑步之類的。我家有游泳池，我們會在這游泳，或是我去他們家。」我問他有沒有參加過任何派對，他提到有個朋友家裡辦過一次夏日派對，他們在那裡打排球。朋友的父母全程都在家。他的典型週末通常包括一場路跑，然後與家人一起做點事。我問道：「你父母有沒有讓你自己去過什麼地方？」他說：「嗯……美式足球賽吧……但也不完全是。」

普莉雅和傑克越來越典型：i 世代青少年較不喜歡外出時沒有父母陪同。[2] 這趨勢從千禧世代開始，在 i 世代突然加速（見圖 1.1）。數字十分驚人：2015 年 12 年級生的外出次數少於 2009 年的 8 年級生。也就是現在 18 歲的人外出次數少於六年前 14 歲的人。

這些衰退與種族人口的變化無關，白人青少年也呈現同樣趨勢。[3] 藍領階級及中產階級家庭的學生看來也都一樣。這也與經濟不景氣無關，即使到 2012 年左右景氣回升後，青少年嘗試獨立的人數依舊下滑。比較可能的因素是智慧型手機：2011 至 2012 年間，青少年使用智慧手機的人數比率首度過半。

無論原因為何，結果都一樣：i 世代青少年比較不願體驗父母不在身邊的外出自由，亦即身為成年人所嘗到的第一口誘人的獨立滋味，以及青少年自己作出決定的時刻，不論決定是好是壞。

這與 1970 年代形成對比，那時嬰兒潮世代的青少年正邁向成年。比爾・葉茨（Bill Yates）最近出版了他在 1970 年代初期完成的攝影

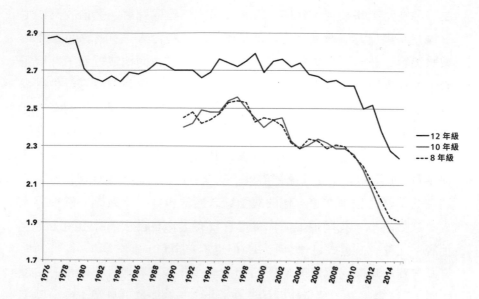

圖 1.1　8 年級生、10 年級生、12 年級生每週不在父母陪伴下外出的次數

資料來源：監測未來調查，1976-2015 年。

集，主題是佛羅里達州坦帕市區外一座滑輪溜冰場上的青少年。[4] 其中一張照片中，有個打赤膊的青少年在牛仔褲腰帶上插著一大瓶薄荷杜松子酒。另一張照片中，一個 12 歲左右的男孩面對鏡頭，嘴上叼著根點燃的菸。另有幾張是正在接吻的情侶。一如葉茨所述，這座溜冰場是孩子自己創造的世界，在此他們可以逃離父母、可以喝酒、抽菸、在汽車後座親熱。這些照片拍出 1970 年代的方格褲、寬腰帶及長髮的日常裝扮，但最讓我震驚的是，即使最年幼的青少年看起來也像大人——不是體態，而是他們的大膽與毫不在意的獨立姿態。那看向鏡頭的自信目光，是出於能自己作選擇——即使父母不認為那是對的，或

第一章　不著急：慢吞吞長大
IN NO HURRY: GROWING UP SLOWLY

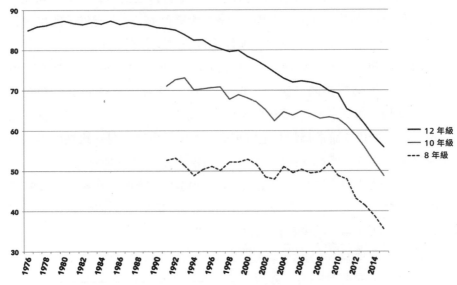

圖 1.2　8 年級生、10 年級生、12 年級生曾經外出約會的百分率

資料來源：監測未來調查，1976-2015 年。

即便客觀來説那些選擇確實不正確。這就是嬰兒潮世代，在他們的成長年代，父母很樂於看到他們離家外出，在那個年代，無需學歷也能取得經濟成就。

　　那些溜冰場中的親吻情景也日漸減少，i 世代青少年不再熱衷約會（見圖 1.2）。與同齡的嬰兒潮世代與 X 世代的最高年級高中生相比，i 世代曾經外出約會的比率大約只有一半。1990 年代初，10 年級學生中有將近四分之三會偶爾約會，但到 2010 年代，只剩大約一半學生曾經約會。

　　我訪談的學生很肯定地告訴我，他們仍會使用「dating」（約會）

一詞，因此，詞彙上的變化應該不是這股衰退的主因。對於交往初期，X世代稱之為「liking」（喜歡）（噢，他喜歡妳！），現在i世代則稱之為「talking」（聊）──對寧願以手機訊息交談的世代來說，這個用詞的選擇頗令人啼笑皆非。一對情侶要先「聊」上一陣子，才有可能約會。明尼蘇達州的艾蜜莉，現年14歲，她說她有些朋友已經約過會。我問，她們約會時通常做些什麼。她說：「可能去對方家裡。或者一起去血拼，通常都是女生買東西，然後男生就只是，跟在旁邊。」我笑著告訴她，等妳年紀再大一點，情況也差不多還是這樣。

俄亥俄州的克蘿伊，目前18歲，有過兩段戀情。她說，兩段感情中，「多了解彼此」的對話大約有三分之一是透過手機訊息與社群媒體（即所謂「聊」的階段），另外三分之二則是面對面進行。因此，年輕人還是會成為一對，只是不那麼常見面──也必須要有親身互動，才能算真正的約會。另一方面，父母則可能比以往更保護子女。19歲的蘿倫寫道：「我爸總是說高中戀情很蠢，高中生根本不該約會。他這麼說總讓我覺得很好玩，因為我媽和我爸就是在高二那年開始約會，然後在一起一直到現在。我對爸媽提到這點的時候，爸媽就說：『我知道，我們那時候太蠢了。』」其他青少年會說（尤其是男孩子），他們沒有勇氣跟人約會。18歲的麥可寫道：「喔不。這個我很遜。我在沒多少女生的學校度過高中時代，我沒這個自信。」

缺乏約會導致i世代另一個令人驚訝的事實：性行為次數少於數十年前的青少年（見圖1.3）。

跌幅最大的是9年級生，在那一年有過性愛相關行為的青少年數量，幾乎比1990年代以來的數字少了一半。現在的青少年平均大約在11年級的春季開始有性行為，而在1990年代大部分的X世代成員則是在10年級的春季開始有性行為，整整提早一年。2015年曾有性行為

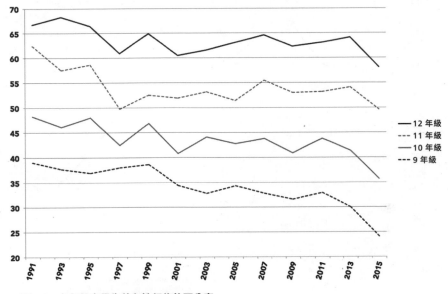

圖 1.3　各年級中學生曾有性行為的百分率

資料來源：青少年風險行為監測調查，1991-2015 年。

的 12 年級生，相較於 1991 年，減少了 15%。

　　近年來有許多人認為青少年有一項顯著的趨勢，青少年的生育率在 2015 年跌至史上新低，比 1990 年代初期的現代高峰減少了超過一半，青少年更少的性行為正是這項趨勢背後的原因之一（見圖 1.4）。15 至 19 歲女孩的生育率，從 1992 年的 6%，到 2015 年降到只有 2.4%。因此，從事性行為的青少年更少，懷孕的青少年更少，在年輕時便生育的人也就更少。而生養子女，這個對成年人而言更加沒有後悔餘地的重大決定，對今日的青少年來說，便成為了更不可能達成的目標。

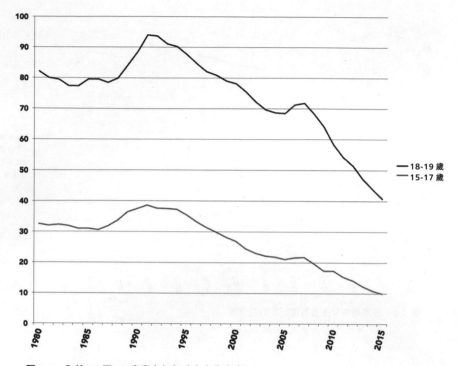

圖 1.4　全美 18 至 19 歲青少年每千人之生育率
資料來源：疾病管制中心及國家衛生統計中心，1980 至 2015 年。

　　低落的青少年生育率也與二次大戰後的時代形成耐人尋味的對比。在 1960 年代，9% 的青少女已經生育。但在當年，其中的大多數人都已結婚；1960 年代，女性首次結婚的年齡中位數為 20 歲。因此可知，1960 年代的女性首次結婚時，有一半還只是青少女——今日的人對此無法想像，但當年是完全可以接受的。今天，結婚與生育子女對一般青少年來說都是許多年後的事，對此我們會在第八章深入探索（這

第一章　不著急：慢吞吞長大
IN NO HURRY: GROWING UP SLOWLY

也帶出另一個有趣的問題：性活動減少的趨勢會延伸到成年期嗎？）整體來說，青少年性行為與懷孕率是 i 世代成長遲緩的另一個象徵：青少年會等上更久才發生性行為、生育子女，正如他們會到更久以後才不與父母一同外出，以及開始約會。

插曲：關於青少年的行為舉止為何比較不像成人
——以及為何這不全是好事或壞事

　　你或許在想，**為何**青少年比以前更不想做成人做的事，像是沒有父母陪同獨自外出或從事性行為，以及這股更慢步入成年的趨勢究竟是好是壞。有種名為**生活史理論**（life history theory）的方法或許能提供一些見解。[5] 生活史理論認為，青少年的成長速度，視他們成長的地點與時間而定。換個學術性的說法，那就是發育速度是適應文化背景的結果。

　　今日的青少年採用的是緩慢的生活史策略，而此種策略普遍存在於家庭生養較少子女，並對每個子女投注較多時間與心力培養的時代與地方。這個描述很貼近當前的美國文化：平均每戶生育兩個孩子，小孩 3 歲起開始從事需要組隊玩的運動，從小學起就開始準備大學入學。這與快速的生活史策略形成對比，在那種快速的生活史策略中，家庭人數較多，父母的焦點在於生存而非生活品質，比較不會籌謀未來，比較關注眼前的這一天。在嬰兒潮世代，快速策略較為普遍，在那個年代，節省人力的設備較不普及，而每個婦女平均生育四個孩子，結果是有些孩子跑到街頭玩耍。我叔叔對我說，他 8 歲就在河裡裸泳，我想到的是，他的父母為何任由他這麼做，為何不待在他身邊。接著我想起來，那是 1946 年，他的父母還有其他七個孩子，同時還得打理

一座農場。他們的目標是生存下去，而非為 5 歲的孩子安排小提琴課。

　　生活史理論明確地指出，緩慢或快速的生活策略不必然是對的或錯的，而只是不得不然。我們在探索這些趨勢時需謹記，某件事物變得有別於之前的世代，不代表就是不好（或就是好），我也無意暗示變化的好或壞。舉例來說，在某些文化中，剛上高中就開始約會是好事，表示這個年輕人受到異性喜愛，較容易也較快生出父母期待的孫輩。在其他文化中，過早約會則被認為不是好事——如果她太早約會，會讓人想到她將花太多心思在戀情上，因而無法完成大學學業。因此，「好」及「壞」的問題大多取決於文化觀點。而在看待行為是「成熟」或「不成熟」時，我也建議要同樣審慎。和朋友一同外出是成熟還是不成熟？那從事性行為呢？通常兩者皆非——或皆是。今日青少年的成長道路已然不同，對此，這樣的標籤也會錯過更完整、更精確的詮釋。關鍵不在好或壞、成熟或不成熟，而是這些成年期的里程碑如今會更晚出現。

　　另一個關鍵點是：本章與其他各章中提及的世代變遷，幾乎都出現在所有不同的人群中。我們在此提出的調查樣本具有全國代表性，表示這些青少年反映了美國的人口樣貌。所有群體都含括在內。這些趨勢甚至不斷出現在某些特殊群體內。它們出現在藍領階級家庭及中上階級家庭，出現在少數族裔及白人群體，出現在女孩間及男孩間，出現在大城市、郊區，以及小鎮，橫跨整個國家。那就表示，這些趨勢並不單單只出現在記者最常感到焦慮的白人中上階級青少年之間。所有種族、地區及階級年輕人的成長都更緩慢了。

駕駛執照

　　我和 19 歲的馬修通電話時，他正待在賓州某所小型學院中自己的房間裡。他來自新英格蘭地區，想成為一名高中歷史老師。網路上有他高中時參加網球賽的照片，照片上的他是個揮拍動作優雅的瘦長年輕人。他的 YouTube 帳號的影片清單中有「謎幻樂團」（Imagine Dragons）的音樂影片和 College Humor 頻道上一支名為「無麩鴨」（Gluten Free Duck）的影片（影片中有隻拒吃麵包屑並要求「可以來個糙米薄餅或來點藜麥蘇打餅乾嗎？」的鴨子）。我們談話時，他口齒便給且深刻地談論自己喜歡的歷史類書籍及對社會議題的觀點。他直到 18 歲才拿到駕照，那已過了合法考照年齡兩年。高中最後一年，他大半時候都搭公車或由父母開車載他上學。我問道：「你在等什麼？」他說：「我懶得處理這件事，其實也是因為我很緊張，我有個姊姊路考失敗了一次或兩次，而且她真的很聰明，所以我心想，如果她都考不過，我怎麼可能考過。我猜是那時候自己太緊張而且害怕失敗。」當然了，青少年路考時總會緊張，但成年人的自由這一誘因通常也足以讓他們克服緊張。

　　馬修正代表了 i 世代的此一趨勢：幾乎所有嬰兒潮世代的高中生都在畢業那年的春季取得駕照，但 2015 年，只有 72% 的最高年級學生有駕照。這表示 i 世代成員自高中畢業時，每四人中就有一人以上沒有駕照（見圖 1.5）。

　　對某些人來說，老媽是太好的司機，因此不用急著自己開車。21 歲的漢娜寫道：「我爸媽會載我去任何地方，而且從不抱怨，所以我總有便車可搭。滿 18 歲時，我的大部分朋友都有駕照和自己的車，但我還是不急。我一直沒有駕照，直到我媽說她沒辦法再開車送我上學，

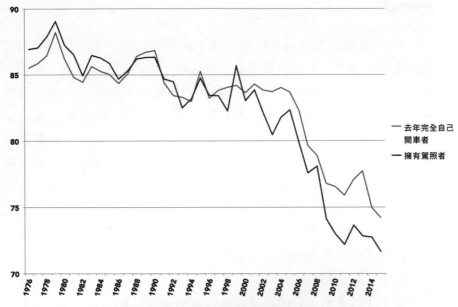

圖 1.5　12 年級生在去年完全自己開車以及擁有駕照的百分率

資料來源：監測未來調查，1976-2015 年。

我才去考駕照。」18 歲生日過後六個月，她終於拿到駕照。其他 i 世代成員也有類似的故事，若不是父母不停嘮叨，就不想去考駕照。對於這種想法，之前諸多世代的青少年會認為很可笑——他們迫不及待取得駕照。19 歲的胡安說自己沒有立刻去考駕照，「因為我爸媽並沒有『催』我去考」。

讀到這樣的句子，總讓身為 X 世代的我目瞪口呆。從前事情完全不是這樣，是你想拿到駕照，但父母要你再等等。1988 年，柯瑞・漢姆（Corey Haim）與柯瑞・費德曼（Corey Feldman）主演的電影《無照

駕駛》（*License to Drive*）中，漢姆飾演的角色考照失敗，但晚上仍開著父親的車外出（他父母沒發現，因為母親正要生第四個孩子——正是生活史理論的絕佳例證）。費德曼飾演的角色則發表了一場慷慨激昂的演說，內容是關於取得駕照的重大意義，以及駕照對於戀愛生活及獨立自主意味著什麼。他說：「你們都曾經站在那裡，看著某個年紀不過大上幾歲的混蛋載走所有的漂亮女生。可恥啊，我懂，我是過來人。不過現在這都過去了。你們皮夾裡的那個東西，那可不是一張普通的紙。那是駕照！……那是生命的執照，是讓你不論何時都能載著你所選的人自由自在前往任何地方的執照！」他高談闊論，熱血沸騰的音樂在背景中奏起，而他傲然而立。

但另一方面，i 世代成員想到考駕照時會說：「隨便啦。」

青少年開車人數變少，是因為有 Uber 和 Lyft 這類叫車服務嗎？不太可能。首先，這些服務要求乘客必須年滿 18 歲或以上，因此絕大部分高中生無法單獨使用此類服務。再者，Uber 於 2009 年推出，Lyft 則是 2012 年，但考照人數早在這之前便已開始減少。人數的衰退也出現在郊區與鄉村，而這些地方通常無法使用 Uber。最一致的衰退出現在郊區青少年之中，暗示了這個衰退更可能是因為老媽和老爸總會開車載小孩到處跑。[6]

21 世紀頭十年間，的確有些州修改了青少年駕駛的相關法律。這或許會影響年紀更小的青少年，但不太能解釋發生在最高年級的趨勢：他們在春季填寫問卷時，實際上至少都已 17 歲，大部分更已滿 18 歲。（事實上，比起過去數十年，滿 18 歲的人更多了，從 1992 年的 53%，到 2015 年已占 57%。）2016 年，除新澤西州外的四十九州都允許滿 16 歲半的青少年單獨駕駛（有時會限制夜間駕駛或載人駕駛）。[7] 另一個找出新的法規是否造成影響的方法，就是檢視西部地區的趨勢

——西部地區有最高比率的州允許滿 17 歲者擁有完整無限制的駕駛權（十三州中有十一州，占 85%，其中包括加州），但駕照持有人數的下降仍與其他地區相當或更嚴重。[8]

即便撇開持有駕照的人數，開車的青少年仍在減少。全國所有州都允許 14 至 16 歲的青少年取得實習駕照，只要車內的成人有駕照就可以駕駛。這表示實際上所有 12 年級生在填寫問卷時，已至少擁有駕駛資格滿一年了，但在 2015 年，每四人中就有一人從沒開過車。全國大半數州（84%）允許滿 15 歲者申請實習駕照，所有州都允許滿 16 歲者申請，而大多數學生在 10 年級的春季前都已滿 16 歲，亦即絕大多數 10 年級學生都能開始開車。但 2015 年首次有超過半數的 10 年級生未曾開車，甚至連實習駕照都沒有。全國所有地區、種族群體和社經階級都出現駕駛人數的減少。

鑰匙兒童的消失

2015 年，一對馬里蘭州的夫婦讓 10 歲與 6 歲的孩子從公園走 1.6 公里路回家。有人看到孩子獨自走在路上，便報了警，結果這對夫婦因疏忽兒童而被兒童保護機構調查。[9] 這件事成了全國新聞，部分是因許多嬰兒潮世代及 X 世代成員都還記得自己在如今被視為童稚的年紀如何隨意在鄰里間走來走去。在一份 2015 年的民意測驗中，71% 的成年人說自己不會允許小孩獨自去公園玩，但也有 59% 的 30 歲以上成年人說自己小時候就是這樣玩的。[10] 我有一位 X 世代的朋友記得她是自己走路上幼稚園，而那條小路還得穿越一個平交道。現在她的 6 歲的女兒只不過自己走到街角，就常有鄰居跟在後方，生怕她走失。

X 世代的另一項集體記憶便是鑰匙兒童——因為父母還在上班，

圖 1.6　8 年級與 10 年級生放學後沒有成年人同時在家的百分率

資料來源：監測未來調查，1991-2015 年。

我們便從學校走路回家，用自己的鑰匙開門，走進空無一人的家。有些小孩早從 2 年級就開始這麼作，上了中學，特別是高中後，對此更覺理所當然。現在的 i 世代青少年越來越少有這種經驗（見圖 1.6）。

　　趨勢的變化並不大，但轉變的方向令人驚訝，因為比起 1990 年代，2010 年代有更多母親投入全職工作。基於這點，應該有更多（而非更少）青少年在放學後獨自打發時間。（這也不是因為有更多青少年在打工或在下午從事課外活動，因為打工的人其實變少了，從事其他活動打發時間的比率則持平，這點稍後我們會繼續探究。）無論是

透過課外活動或其他措施，父母越來越少讓 14、15 及 16 歲的青少年在課後下午單獨在家。因此現在的青少年不只不太會在沒有父母陪同的情況下獨自外出，也不太會單獨在家。

青少年打工的衰退

許多嬰兒潮世代及 X 世代成員還記得頭一次用自己的錢買東西的時刻，錢也許是幫忙割草賺來，或是當保母。他們或許也記得頭一次兌現在購物中心打工得來的支票，用這錢去買潮服，或用存了很久的錢買一張專輯唱片。

i 世代就不太有這樣的經驗。青少年打工的比率以可觀的幅度衰退：1970 年代末期，最高年級的高中生只有 22% 並未以打工來支付學期間的開支，但到了 2010 年代初期，學生不打工的比率提高了兩倍之多（44%，見圖 1.7）。8 年級學生打工支付自己開銷的人數少了一半。在經濟大衰退期間（2007 至 2009 年），跌幅更是加速，但衰退期過後，當失業率降到很低，也更易找到工作時，打工的情況並未回升。而在年紀最低的青少年間，即使當景氣繁榮，打工的數字仍持續跌落。此外青少年的每週平均工作時數也比以前少，舉例來說，2016 年即將進入大學的 12 年級生（相較於 1987 年）每週工作時數少了五小時，每天的工作時數平均大約少了四十分鐘。[11]

暑假打工的青少年也變少了 [12]：1980 年，70% 的青少年會在暑假工作，2010 年代則跌落至 43%。[13] 暑期打工的減少看來無法歸因於無法找到工作——根據勞工統計局的數據，想找暑期工作但找不到的青少年人數大約持平，而不想找工作的人數則成長了一倍。

也許青少年不再打工（也不再外出）是因為投入更多時間做家庭

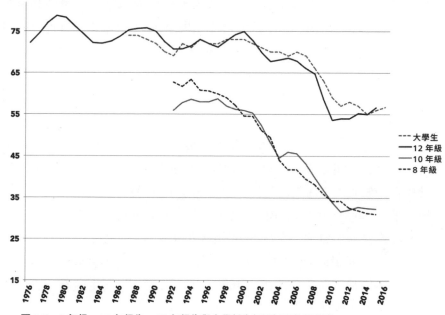

圖 1.7　8 年級、10 年級生、12 年級生與大學新生每週打工的百分率
資料來源：監測未來調查、美國大一新生調查，1976-2016 年。

作業及課外活動。一篇又一篇論文指出，學校對課業的要求越趨繁重，而美國學生花在讀書上的時間也越來越多，特別是青少年。也有許多人談到，學生會累積更多活動紀錄，好讓大學入學申請資料更加漂亮，以應付空前激烈的入學競爭。

只不過他們並非如此。我們先來看看課外活動。關於這問題，針對準備大學升學的學生所做的調查提供最全面的衡量，我們預期這是課外活動時間增加最顯著的群體。然而，這情況並未發生。他們在就讀 12 年級的期間，花在學生社團與運動上的時間只有小幅變動。[14] 其

中一項增加的時間是義工服務，現在常有高中要求學生畢業前必須有一定的義工服務時數，而最近的高中生與 1980 年代相比，投入義工服務的時間平均每天多出十分鐘。然而義工服務時數是在 1980 至 1990 年代間上升，遠在有薪工作時數大幅下降之前。因此雖然義工服務時數微幅上升，但背景時間對不上，而且變化幅度太小，無法解釋為何有薪工作時數大幅減少。

那麼花在家庭作業上的時間呢？結果是，i 世代的 8 年級、10 年級、12 年級生花在家庭作業上的時間，實際上比 1990 年代初期的 X 世代青少年更少，而朝四年制大學前進的 12 年級學生所花的時間則大約持平。2005 年至 2015 年間（有薪工作時數降幅最大的期間）的家庭作業時間是個大雜燴：2015 年與 2005 年相較，8 年級生平均每天少花八分鐘，10 年級與 12 年級生平均每天多花十分鐘。這些變化幅度都太小，無法解釋有薪工作時數的大幅下降，而且 8 年級生的變化方向相反，用在作業與打工的時間同時都減少了。

我們也可以從打工、作業、當義工及課外活動時間的總和來看。如果時間總和上升或持平，那麼青少年就是將打工時間挪到作業或課外活動上。如果時間總和下降，就表示這些時間並未填補原本的打工時數。

時間總和顯示的趨勢很清楚：i 世代青少年花在作業、打工、義工、課外活動的時間都**更少**而非更多（見圖 1.8）。舉例來說，2015 年以上大學為目標的 12 年級生，在校的最後一年每週用在作業、打工、義工、課外活動的時間比 1987 年進入大學的學生少了四小時。這表示 i 世代青少年（即便是以上大學為目標的人）比 X 世代成員每天**多了**三十三分鐘的休閒時間。因此，看來要花時間寫作業與課外活動並非現在的青少年在學期間不去打工的理由。

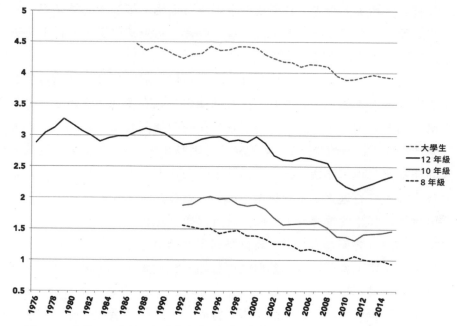

圖 1.8　8 年級、10 年級、12 年級與大一新生回報去年學期間每天用於打工與其他活動的時數

資料來源：監測未來調查、美國大一新生調查，1976 年至 2015 年。

大一新生的時數總和包括：作業、打工、義工、運動與學生社團。12 年級生的時數總和包括：作業、打工與義工。8 年級與 10 年級生的時數總和包括：作業與打工。

　　所以，青少年打工人數減少是好是壞？很可能好壞兼具。青少年打工大多是做技術層次低的工作，不一定能讓年輕人為將來要從事的較高技術層次工作預作準備。我在聖地牙哥州立大學的學生告訴我，他們曾在 Gap 服飾店摺衣服、在 Target 超市補貨、在 Bath & Body Works 香氛用品店清理廁所。雖然他們學了些客服技巧，但這類工作與他們大學畢業後將要從事的白領階級工作有天壤之別。打工也會剝

奪青少年所需的睡眠，特別是如果工作到很晚，第二天一早又得上學的狀況下。雖然家庭作業未必會讓一般青少年無法打工，但打工時數長的青少年經常較難完成學校作業。

然而，青少年即使無法在打工時學到較高層次的技術，通常還是能學到責任感與金錢的價值。22 歲的薇琪是我在聖地牙哥州立大學人格心理學課的學生。她的父母不讓她在高中期間打工，因此她進入大學後在找工作時飽受打擊。她寫道：「因為缺乏經驗，沒有人想用我。即便找到工作，幾個月後，我仍因工作表現不夠專業而被開除。如果我在高中時打過工，不管在哪裡都好，就會知道工作時要如何表現。事實上，如果我曾經打工，或許就可以學到紀律和工作倫理，那對我生活中許多方面都有幫助。我會學到出席的重要性，我在學校和正式的會面約定上就曾因為這點而吃盡苦頭。我從來不知道爭取某樣東西是什麼感覺。」

工作也能為某些特殊群體帶來益處。一項研究發現，在一個暑期工作計畫中，被隨機分派工作的弱勢青少年有 43% 較少涉入暴力事件。大部分的影響發生在為期八週的工作結束後，這暗示了比起單純消磨時間，工作擁有長期的正面影響。對將入大學的青少年來說，一份兼職工作可提供亟需的金錢，特別在當前這個學費高漲、許多學生大學畢業後發現自己得背負大筆學貸的年代。不管是好是壞，青少年仍把工作這項成人的活動往後延遲了。

向老爸老媽銀行借貸

我和 16 歲的艾莉在她就讀的高中碰面。那是陽光普照的秋日，我們在午餐時間前坐在她的教室外談天。她是漂亮的高中新鮮人，留著

淡棕色長髮，告訴我如何在 Instagram 發布的照片上標記地理位置。她還沒考駕照，但希望不久後能處理此事，因為目前她和朋友去逛購物中心還是得靠父母接送。我問她有沒有打工，她說沒有。她也沒有零用錢。我問：「所以妳想要什麼，妳爸媽就買給妳──是這樣嗎？」她說：「是啊。就像，我需要錢的時候他們會，像是，直接給我之類的。通常我直接跟他們要。他們不是每次都給，但有時候會。」

　　打工的青少年變少了，你或許以為就會有更多人拿零用錢買想要的東西。然而，有零用錢的 i 世代成員也**變少**了。1980 年代，青少年就業下跌，剛開始父母輩的反應是讓更多青少年拿零用錢。但 2000 年後，有零用錢的青少年減少，藉由工作得到金錢的青少年減少得更多，以致有 20% 的 17 至 18 歲青少年沒有任何可自行支配的金錢（見圖 1.9；10 年級生也有相同情形）。[15] 他們需要錢時，就得像艾莉一樣向父母要。這又是另一個現在的 18 歲就像 15 歲的例子：如今每五個 i 世代 12 年級生就有一人像兒童或小孩，若有想要的東西，就向父母要，而非管理自己的現金流。

　　這種由父母控制金錢的方式，很難說是父母或青少年的主意。若是父母的主意，表示父母認為 12 年級生還沒準備好管理自己的金錢。或者是青少年發現，與其拿固定的零用錢，直接向父母要還能得到更多。不論何者，結果就是有更多年輕人在高中畢業後不具備基本的金錢管理經驗，也就是從未算過看電影、加油和在外用餐共需要花多少錢，而這種計算是一種訓練場，以便在日後扛起房租、水電費與伙食費等更大筆的成年支出。

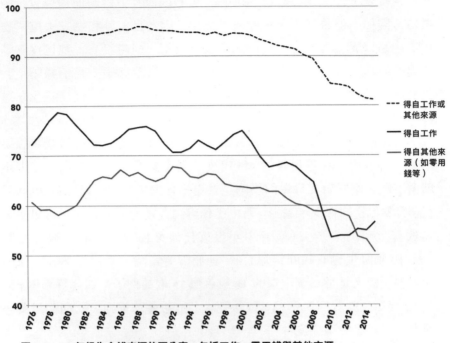

圖 1.9　12 年級生金錢來源的百分率，包括工作、零用錢與其他來源

資料來源：監測未來調查，1976-2015 年。

圖例：
- 得自工作或其他來源
- 得自工作
- 得自其他來源（如零用錢等）

「你喝多，就完了」

　　一個和煦的春日週三，我聯絡上 18 歲的克蘿伊，她接起手機時正是放學時間。她是俄亥俄州克里夫蘭市郊一所高中的 12 年級生，已經決定要上俄亥俄州立大學（她說：「我超～興奮的。」）幾年前，她覺得自己想進時尚業，但現在她想主修心理學。當我問起最喜歡的

電視節目，她有點不好意思地承認自己喜歡《與卡戴珊一家同行》（*Keeping Up with the Kardashians*），但隨即澄清不是為了誇張的戲劇性場面，而是因為這節目讓她得以一窺奢侈的加州生活方式。她也愛看網路上的逗趣動物影片。

　　大半時候，她會跟朋友逛購物中心或去吃霜凍優格。她有男友、有份兼職工作，也有駕照，不過其他成人活動對她就沒什麼吸引力。當我隨口舉例，問起參加派對和喝酒時，她對那幅景象抱著懷疑態度。她說：「跟我一起工作的人會説：『這個週末我去了大學城，喝得東倒西歪，然後搭上了幾個男生。』這不過就是，醉鬼幹的蠢事。」我不無試探地問：「聽起來這不太吸引妳？」她說：「才不──我不懂為什麼大家不想管好自己或是自己的行為。」

　　喝酒的人越來越少，克蘿伊在她的同儕中比你所認為的更像典型的 i 世代。2016 年，幾近 40% 的 i 世代 12 年級生從未嘗試酒精飲料，而 8 年級生嘗試過酒精飲料的人數更減到幾乎只剩一半（見圖 1.10）。

　　曾經嘗試酒精飲料的人數減少，最大跌幅出現在最年輕的群體，而目前最小跌幅是 19 至 30 歲的青年群體。8 年級生的曲線像道陡峭的最高等級滑雪道，12 年級生的曲線像初學者滑雪道，而青年的曲線則像只有輕微坡度的越野滑雪道。青年幾乎全都喝過酒，幾十年來只有微幅下滑。改變出現在首次喝酒的年齡。1990 年代初期喝過酒的 8 年級生有一半以上，但在 2014 年，喝過酒的 10 年級生則不到一半。這表示大多數 i 世代青少年將首次嘗試酒精飲料的日子延後到 10 年級的春季或更晚，在喝酒這種成人活動上，他們的成長變得更慢。關於飲用酒精飲料的類似趨勢，上個月疾病管制與預防中心針對青少年所做的青少年風險行為監測調查等調查報告也顯示了類似的飲酒趨勢。[16]

　　年紀最輕的青少年飲酒率大幅下滑特別令人振奮──大部分人都

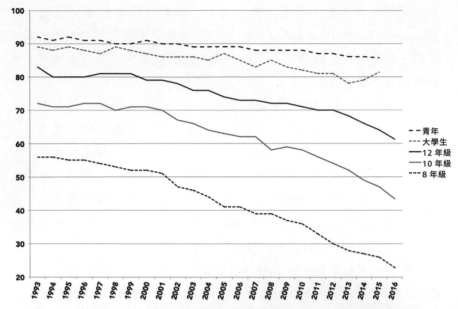

圖 1.10　8 年級生、10 年級生、12 年級生、大學生以及 19 至 30 歲的青年曾嘗試酒精飲料（小啜幾口不算）的百分率

資料來源：監測未來調查，1993-2016 年。

會同意 13 到 14 歲的人喝酒不是件好事。當他們升上 10 年級與 12 年級後，喝酒可能會和開車結合，因此飲酒的年輕人減少，對公共健康也是一大利多。這些都是巨大的改變，而且令人振奮。

　　但這種趨勢也有不利的一面：更多年輕人進入大學校園或成年期時沒什麼飲酒經驗。由於大學生與青年的飲酒率變化不大，i 世代就得比前世代用更短的時間加強自己的酒量。許多人甚至得在短時間內將經驗值從零分增加到六十分。

　　這在狂飲的場合中特別真切，狂飲的定義通常是一口氣喝下五杯

第一章　不著急：慢吞吞長大
IN NO HURRY: GROWING UP SLOWLY

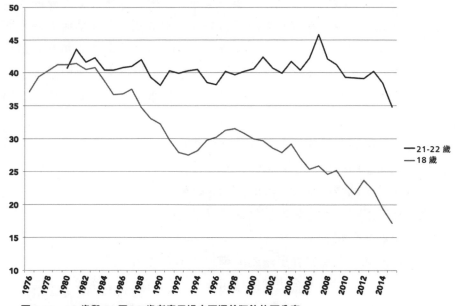

圖 1.11　18 歲與 21 至 22 歲者表示過去兩週曾狂飲的百分率

資料來源：監測未來調查，1976-2015 年。

或更多酒。這是最危險的飲酒方式，因為最容易導致酒精中毒、判斷不佳，以及酒後駕駛。18 歲群體中，狂飲的人數已降至 1980 年代初期的一半，但在 21 至 22 歲群體中依舊持平（見圖 1.11）。

在 18 至 21 歲期間，狂飲次數暴增是十分危險的。國家衛生研究院研究了此一趨勢，總結道：「在 18 至 21 ／ 22 歲期間，跟大量飲酒有關的任何增長，都會提高負面後果的風險。增長的速度越快、大量飲酒的經驗越少，風險就越高。」[17]

這種現象在大學生中特別嚴重。預備上大學的高中生比不升學的

學生更不易接觸酒精飲料，不過一旦進了大學，卻比沒上大學的人更容易狂飲。大學生在這方面的經驗曲線非常陡峭。一如某個大學生所說：「我現在 21 歲，正是喝酒的黃金時期，我也決定要盡情利用這個優勢！」[18] 學生剛入校園時對飲酒相當無知，但沒多久便會融入這種大量攝取酒精的文化中，這對負責處理學生事務，以及協助學生度過大學四年的人來說，便成了一大挑戰。

用藥的情況又如何？青少年使用非法藥物（絕大多數是大麻）的全盛期是 1970 年代末及 1980 年代初。接著，用藥率在 1990 年代初期直線滑落，然後在 2000 與 2010 年代又捲土重來（見圖 1.12）。在用藥上，18 歲與 21 至 22 歲幾乎無甚差異，之後在 2010 年代初換成 i 世代時，用藥又微幅上升。

飲酒和用藥為何會出現不同模式？不管任何年齡，許多非法藥物至少在大多數州都不合法。因使用非法藥物而違犯法律時，不論你是大於或小於 21 歲，差別並不大。然而，如果是酒，滿 21 歲就能合法購買──可能就是因為這一點，這個謹慎的世代更有可能在青少年時期避免飲酒，等到滿 21 歲再大肆享受。隨著越來越多州將成人吸食娛樂用大麻合法化，這模式可能會再改變（我們會在第六章探討安全此一主題時繼續研究這些趨勢）。以此時而言，i 世代酒喝得較少，大麻卻抽得比之前的千禧世代更多。

慢慢長大

所以，和之前的數個世代相比，i 世代青少年較不願在沒有父母隨行的情況下獨自外出，也較少約會、親熱、開車、打工或喝酒。這些都是成人可做而兒童不能做的事。這些事，大多數人的第一次都發生

圖 1.12 18 歲與 21 至 22 歲者在過去一年用過任何非法藥物的百分率

資料來源：監測未來調查，1976-2015 年。

在青少年時期，也就是從兒童過渡到成人的期間。i 世代成員在就讀高中時，卻明顯不想經歷這些一度近乎舉世皆然的青春期里程碑，那些從父母身邊獨立後，令你激動、讓你首度自覺是個成年人的初體驗（見圖 1.13）。但即使高中時就達成這些里程碑的 i 世代成員，達成的時間也比之前的世代更晚。這同時包括成年生活中的樂趣，像是性愛與飲酒，以及成年生活中要擔負的責任，像是工作與開車。無論是好是壞，i 世代青少年都不急著長大。如今 18 歲的人看起來像從前的 14 歲，而

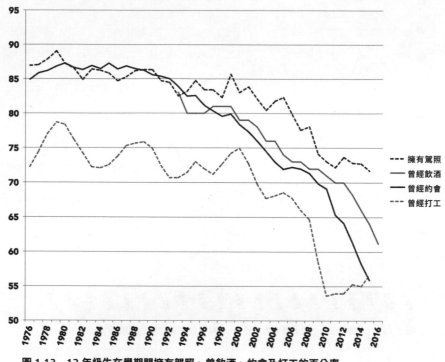

圖 1.13　12 年級生在學期間擁有駕照、曾飲酒、約會及打工的百分率

資料來源：監測未來調查，1976-2016 年。

14 歲的人看起來像 10 到 12 歲。

這一整部慢慢長大的故事，早在 i 世代之前便已開始。成長速度的第一場變化並非出現在現今的青少年中，而是 1990 年代的 X 世代青年，他們在那時開始將傳統成年期的里程碑往後推，包括穩定的職業、結婚及生育。1975 年，嬰兒潮世代女性的平均結婚年齡是 21 歲；1995

年，X 世代的平均婚齡則為 25 歲。而更多年輕人進入大學，也將從事全職工作的時間往延後。

　　X 世代**青少年**並未放慢速度，他們與嬰兒潮世代青少年一樣會開車、飲酒和約會，在青少年階段甚至有更多人從事性行為及懷孕。但之後他們會等上更長時間才步入完整的成年期，擁有工作及子女。因此可說，X 世代超越之前的一切限制，延長了青春期——提早開始轉變為成人，但延後完成整個過程。

　　之後，從千禧世代開始，接著 i 世代全力加速，青春期再次縮短了，而且是發生在年齡較低的那一端。青少年更常被當作兒童對待，兒童期延長了，他們較不獨立，所受的保護也比父母當年還多。從兒童到青少年再到成人的整條成長軌跡因此被拖慢了。青春期（青少年開始從事成人活動的時間）如今較晚開始。13 歲或甚至 18 歲的人不再表現得像成年人並將時間用在成人活動上。他們反而更像兒童——不必然是不成熟，而是延遲通常會進行的成人活動。如今的青春期是兒童期的延伸，而非成年期的開始。

這是因為青少年變得更負責了嗎？

　　2014 年，社會學家大衛‧芬克爾（David Finkelhor）在《華盛頓郵報》的一篇評論中主張，i 世代青少年以較少飲酒、較低的犯罪率、更加克制的性行為，「表現出他們的長者所不具備的美德」。他總結道：「回頭來看，比起那些憑著衝動與任性而行事的人，我們或許可說，如今的年輕人相對來說是較有美德的。」[19] 他相信，今日的青少年應當因負責任的行為而受讚揚。2016 年《華盛頓郵報》另一篇文章延續此一論調，極力宣稱：「今日青少年的行為舉止遠較當年的你與我還要

得宜。」[20]

而其他觀察者，如 20 歲的作家潔西·威廉絲（Jess Williams），對於同樣趨勢的描述就負面得多，她用「無趣」來形容 i 世代，並說，青少年就只是變得一點都不有趣了。[21] 有份雜誌刊出一篇文章，標題為「觀察乏味世代的崛起：20 歲成了 40 歲」，對此表示同意。[22]

以我看來，這些對 i 世代特性的描述都沒抓到重點。**美德、任性、舉止得宜**，以及**無趣**等詞彙，都只關注這些趨勢是「好」或「壞」。這種只納入某些世代差異，卻對其他部分完全不提的方法並不全面。舉例來說，這些文章全未提到 i 世代青少年不太從事打工、取得駕照、單獨在家、管理個人財務等活動，這些活動不必然與更加（或更不）「道德」、「負責」、「舉止得宜」或「無趣」有關。這些趨勢整體來說並不明確支持青少年變得更加負責、道德或無趣（也因此或許**更像成年人**）。但趨勢的確明顯證實青少年的成長越趨緩慢（也因此**不那麼像成年人**）。只有成長趨緩能解釋為何打工、駕駛、獨處、管理個人財務這些活動的比率在青少年間衰退了。而無論「舉止得宜」或「無趣」都無法說明 i 世代正在發生的現象：他們單純只是需要更多時間長大。

相反地，稍早提過的生活史理論更能說明此類現象：青少年之所以採取緩慢的生活策略，或許可歸因於家庭規模較小，以及逐漸擴大的收入不均所造成的需求。父母能投入較多時間培養每個孩子，讓孩子在新的競爭性經濟環境中取得成功，這在從前只需十六年，現在卻可能需要二十一年。而文化轉向個人主義可能也造成某種影響：兒童期與青春期都是專注於自我的階段，在這階段待得越久，就有越多培育獨特自我的時間。孩子越少，分到的時間越多，於是每個孩子都能得到關注和讚美。文化上的個人主義當然與較慢的成長速度有關，這不但跨越國家，也跨越時代。環顧全球，個人主義的年輕人都成長得

比集體主義國家還要慢。[23] 而美國文化從 1965 年至今有越來越強烈的個人主義，年輕人也就用越來越長的時間進入成年人的工作與家庭角色之中。[24]

另外還有個因素，幾份廣為流傳的腦部發育研究表示，大腦負責下判斷、做選擇的前額葉皮質直到 25 歲才發育完成。這個發現衍生了一個觀念：青少年還沒準備好長大，因此需要更長時間的保護。這個青少年腦部未發育完成的發現促成無數書籍、文章及網路上的教養建議。有趣的是，對這些研究的詮釋似乎都忽略了腦部研究的一個基本事實：腦部會隨著經驗而改變。今日青少年與年輕人的前額葉皮質之所以發育不完全，原因或許就出在他們未曾被賦予成年人的責任。我心想，如果 1950 年代就有腦部掃描儀器，研究者不知會在這個 18 歲開始工作、21 歲便結婚並很快生養子女的世代中看到什麼。這些研究從未提供進一步解釋，父母因而相信青少年與青年子女是因生理上的設計才作出不當的選擇。於是，父母心想，最好還是盡可能長時間保護孩子吧。

是同夥，而非囚犯

此處有個關鍵問題：青少年是緩慢成長的自願參與者，或是被父母強迫加入？很容易想像青少年會因被當成兒童而惱怒。但如果慢慢成長是對文化的自然適應，他們可能會更自願加入。

如今的父母的確會密切看著青少年。更多青少年說，父母**總是**知道他們晚上出門去哪裡，以及跟誰一起去（見圖 1.14）。手機追蹤應用程式或許能讓父母監控青少年子女的行蹤，但無法告訴父母小孩跟誰在一起，不過青少年卻說父母都知道。這是另一個成長緩慢的跡象：

就像遊樂場中站在鞦韆前的母親總是知道 5 歲孩子在哪裡，現在青少年的父母更有可能知道孩子的行蹤、孩子跟誰在一起。

絕大多數成年人都記得自己在青少年時期如何為父母的這類干預而氣惱：「誰會去這派對？我哪知──人類吧？」或是你從市區回家，可能喝了一兩杯酒（可能也沒有），你會說：「我們剛去打保齡球。沒錯，就是保齡球。」

根據青少年反抗管束的天性，你會以為青少年更常和父母吵架。要跟一個青少年吵架，最簡單的方法就是拿走他或她的車鑰匙，對吧？（而這正實際發生在 i 世代全體成員身上。）i 世代青少年如果不喜歡被管，和父母吵架的次數應該會比之前的世代多，然而他們的反抗卻變少了，一年內與父母發生三次以上嚴重爭吵的人數比率，從 2005 年的 66% 降到 2015 年的 56%。[25] 因此，i 世代不僅被父母管得更緊，與父母的爭吵也變少了，這直接顛覆了嬰兒潮世代與 X 世代認為青少年會自發地反抗父母管束的假設。在成長得更慢這點上，i 世代青少年與父母的步調是一致的。

違背父母的最極端案例中，青少年或許會考慮離家出走。既然離家出走從來不是出於父母的主意，這便讓我們得以瞥見青少年自己的想法──不受父母管束時內心最深的感受。然而事實證明，離家出走在 i 世代間並不普遍：青少年自承試過離家出走的數字，在 2010 至 2015 這五年間暴跌（見圖 1.15）。謝天謝地，青少年不那麼常為了獨立而逃家了。

所以，很明顯地，青少年搭上了這更慢長大的順風車。他們是自願在兒童期停留更久。最近有一項研究發現，i 世代大學生在「成熟恐懼」方面的評分明顯高於 1980 和 1990 年代的學生。[26] i 世代成員更傾向同意「我希望回到兒時的安全感中」及「童年是一生中最快樂的時

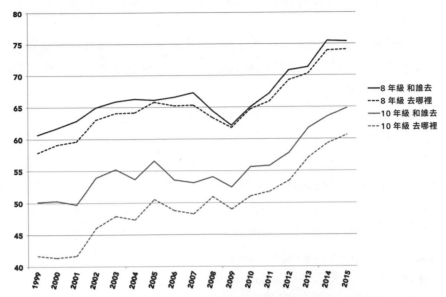

圖 1.14　8 年級與 10 年級生中，父母總是知道他們晚上出門去哪裡、和誰去的百分率

資料來源：監測未來調查，1999-2015 年。

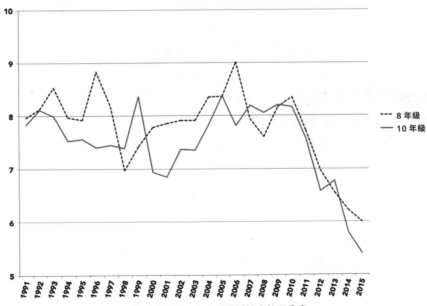

圖 1.15　8 年級與 10 年級生在最近一年內曾嘗試逃家的百分率

資料來源：監測未來調查，1999-2015 年。

光」。另外他們不太同意「我寧可當個成人而非小孩」以及「我很高興自己再也不是小孩」。i 世代成員希望延長兒童期的時間,而不會因為被當成小孩而憤憤不平。

如今許多人似乎認為身為小孩(相對於身為成人)等於較少的壓力與更多的樂趣。2014 年,我們見證了新字「adulting」的出現,這個字的意思是,留意自身的責任。現在緬因州的「大人學校」(Adulting School)就提供一些課程,教導年輕人如何處理某些工作,如管理財務及摺衣服等。Twitter 上關於 adulting 的主題標籤就有如下貼文:「adulting 令人厭煩的其中一點就是……得自己付帳單。」「我只想躺在床上……今天不想 adulting。」以及「還記得小時候,你在放假前會每天數著還要上幾天學嗎?#adulting 需要一點這樣的心情。」「**Adult**」(大人)這個字現在被當作動詞,意思似乎代表所有樂趣的終結:「當你凌晨四點喝得爛醉,發現自己只剩五個小時就得起床 # 當大人」或「當所有人舒服地窩在床上,而我正要出門工作。我煩透了當大人。」許多人對這概念的回應是,長大等於沒有樂趣。某 Twitter 用戶寫道:**「為什麼有人滿 18 歲會覺得興奮????我好怕當大人!!!!」**另一人寫道:「我懷念小時候在意的那些瑣碎幼稚的小事,像是蠟筆盒和玩伴聚會。大人爛斃了。我不想幹了。」但究竟要怎樣才能不再當大人?這點就缺乏說明了。

近幾年,「成人著色書」之類的商品突然爆紅,邀請完全成年的大人和小學生一樣拿起蠟筆為圖畫著色,以「放鬆」為名兜售這種活動。2016 年的《廣告週刊》(*Adweek*)中有篇文章提到,各大品牌開始利用「千禧世代對於成長的焦慮」。[27] 我採訪正忙著申請大學的 17 歲高中生喬西時,問她最喜歡哪些電影。她的答案?《魔髮奇緣》和《冰雪奇緣》——都是迪士尼的兒童電影。

和以前諸多世代渴望長大相反——還記得湯姆·漢克斯（Tom Hanks）於 1980 年代主演的電影《飛進未來》（*Big*）嗎？但現在的孩子喜歡當小孩。2013 年的一份民意調查中，85% 的 8 至 14 歲受訪者同意「我喜歡自己現在的年齡」，2003 年則是 75%。[28] 7 歲的漢娜被人問道：「妳想要年紀大一點嗎？」她回道：「不要。我喜歡當小孩。長大要做好多事。」[29]

　　我問了二十個 i 世代成員，為什麼當小孩比當大人好，他們大半都說，當大人要負太多責任。他們說，小時候，爸媽會照料所有事情，他們只管玩樂就好。22 歲的伊莉莎白寫道：「我多少可以處理自己的渴望，而不用擔心滿足渴望所需的籌畫或現實。我也從不曾真的被迫面對享樂或請假的後果。我會做的就是這樣。」換句話說，當個小孩時，他們可以活在蠶繭中，享受所有樂趣而不用工作。他們的父母將童年變成一個夢幻世界，充滿了大量讚美，強調歡樂，且幾乎沒有任何責任。難怪他們不想長大。

　　前任史丹佛大學新生院長萊思柯—海姆（Julie Lythcott-Haims）觀察到，即使學生上了大學，父母還是把他們當小孩看。[30] 父母會幫成年的孩子註冊選課，提醒他們最後期限，上課前叫醒他們。手機讓這一切變得更容易。她說：「父母為孩子做這一切時，孩子們並不覺困窘。換作我這個世代或更早的世代，一定會覺得羞恥，但他們很感激！」她補充道：「他們感激每天能和父母聯絡好幾次，在宿舍裡、在學生餐廳、在學生會、在上課途中、上另一堂課途中、下課後去其他地方路上、在輔導處大廳。甚至在我辦公室裡。或者他們會試著這麼做。他們會說：『是我媽打來的。』然後羞怯地微微聳肩，『妳介意我……接這電話嗎？我只要……媽？』」在這工作上待了超過十年後，萊思柯—海姆說，現在的學生都用「孩子」自稱了。

至此，世代交替已經完成：從不知有其他教養方式的 i 世代並不反抗父母的過度保護，相反地，他們接受這份保護。一名大學生對驚詫的大學老師說道：「我們要你把我們當成小孩，而非成人看待。」有些人認為，這種蠶繭心態成了近年來某些校園趨勢的背後推手，例如認為必須提醒學生某些讀物或講座內容可能令人不安的「敏感警告」，以及當學生對某校園講者的訊息感到不安時，可以前往的「安全空間」。舉例來說，一個安全空間裡會有著色書與玩偶嬉戲的影片，將這空間的概念直接與童年空間連結起來。[31]

　　無論原因為何，青少年的成長更加緩慢，將成人活動延遲到更大年紀。這便產生了一個合理的問題：如果青少年打工比率變少、花在作業上的時間減少、外出次數降低、更少飲酒，那他們到底**在做什麼**？對於這個名為 i 世代的群體，答案十分明顯且無需遠求，而就在他們手中的智慧型手機上。

網際網路：上網時間——
喔，以及其他媒體

紐約市警局第三十三分局最近為了一項臥室床上的潛伏危機，而對轄區市民發出警告，那就是手機。[1]已有數起因睡覺時將手機放在枕下而起火的案例，並因此產生不少有大片焦痕的燒焦手機及床單的博眼球照片。一件發生在德州的類似案例中，一個13歲女孩半夜聞到焦味醒來。[2]原來是她放在枕下正在充電的手機已過熱並融化在床單上。

結果發現，某些三星手機的電池有隨機自燃問題。但對我來說，燃燒的手機並非事件中唯一令人驚訝的事。身為 X 世代的我心想，怎會有人把手機放在枕頭下？你又不能邊睡覺邊用手機上網。而又是什麼樣的人能在嗡嗡作響的手機旁熟睡？基於好奇，我問了我的研究生一個我認為相當簡單的問題：「你們睡覺時怎麼處置手機？為什麼？」

他們的回答就是強迫症的側寫。他們幾乎全都帶著手機睡覺，手機就放在枕下、床上，或至少在床邊一臂距離內的某處。入睡前他們會查看社群網站或在手機上看影片，隔天醒來的第一件事就是拿手機（不得不如此——他們都使用手機的鬧鐘功能）。手機是他們睡前看見的最後一件東西，以及醒來後看見的第一件東西。如果半夜醒來，他們通常會繼續看手機。他們說到手機的語氣猶如癮君子談起古柯鹼：「我知道不該這樣，但就是沒辦法。」某人說起他在床上看手機的情形時如此說道。有些人則把手機當作救生索、肢體的延伸，或甚至情人。20 歲的莫莉寫道：「睡覺時把手機貼身放著，對我來說是種撫慰。」

　　智慧型手機無時不刻不在滲透我們的生活，連睡眠時的無意識時刻也躲不過，這與從前任何形式的媒體都不同。當我們清醒時，手機提供了娛樂、聯絡、炫惑。第一章中的 12 年級生艾莎就是個好例子。我要求拍張她的照片時，她把深色長髮往前撥，並噘起嘴唇說：「得看起來很漂～亮才行！」我問她最喜歡哪些應用程式，她說了 Instagram、Snapchat 和一個我沒聽過的 iFunny，當我問她 iFunny 要怎麼用，她明顯亢奮起來並說：「真的？我可以拿手機出來？」接著便向我展示網站上的每個部分，連珠砲介紹所有搞笑的迷因和影片。當網路訊號開始不穩，她沮喪地嘆氣說道：「到哪去了？我的網路——不！不！」她告訴我，她的手機資費方案是無限上網與收發簡訊，但每月通話時間只有一百分鐘。「因為我從來不用電話跟人聯絡。」在訪談剩下的時間裡，她關閉通話功能，只對我展示照片與應用程式。

　　很明顯地，青少年（我們其他人也一樣）花了大量時間使用手機，但不是通話，而是收發訊息、上社群網站、上網、玩遊戲（以上這些有時會被貼上「新媒體」的標籤）。2011 年的某一刻，我們來到那個（或許就是從自己的手機上）抬起頭時，發現身邊所有人都拿著手機的

第二章　網際網路：上網時間——喔，以及其他媒體
INTERNET: ONLINE TIME—OH, AND OTHER MEDIA, TOO

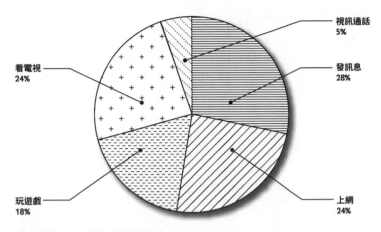

視訊通話
5%

發訊息
28%

上網
24%

玩遊戲
18%

看電視
24%

圖 2.1　12 年級生如何分配他們的螢幕時間
資料來源：監測未來調查，2013-2015 年。

日子。但也許我們在買咖啡的隊伍和餐桌上看到的現象不具代表性，父母及媒體也沒有必要不停焦慮孩子花太多時間盯著手機螢幕。也許智慧型手機強迫症只在中產階級與富裕社區內才很嚴重，也或許是我們忽略了那些不那麼常用手機的青少年。幸運的是，幾項全國代表性的大型長年調查都詢問了青少年上網、玩遊戲及發訊息的時間，這能協助我們找出答案。那麼，時間是多長？

　　簡單的答案是：非常長。最近的一項調查顯示，i世代12年級生平均每天花兩小時又十五分鐘在手機上發訊息、兩小時上網、一個半小時玩遊戲，以及半小時視訊通話。如此，一天用在新媒體上的時間總計就有六小時，而且用的都是休閒時間（見圖2.1）。8 年級生所花的時間相去不遠，平均每天花一個半小時發訊息、一個半小時上網、一個半小時玩遊戲，以及半小時視訊通話──每天花在新媒體上的時

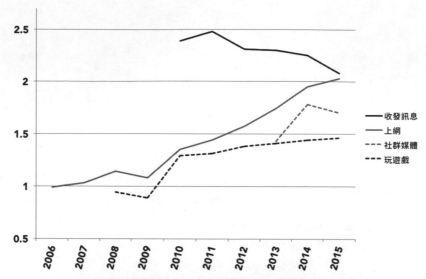

圖 2.2　12 年級生每天用在新媒體（收發訊息、上網、社群媒體、玩遊戲）的時數

資料來源：監測未來調查，2006-2015 年。

間總計約五小時。家庭背景不同幾乎並未造成差異，弱勢家庭的青少年上網時間跟家境更優渥的青少年一樣長或更長。越是中下階層越不易上網的現象，在智慧型手機的時代已成為歷史。[3]

　　考慮到青少年每天上課、睡眠、寫作業及校內活動就要花上十七小時，表示他們的休閒時間如今幾乎全都用在新媒體上。剩下的一個半小時則用來看電視，而青少年每天看電視的時間約為兩小時。當然，這樣看來他們每天似乎不只有二十四小時。但更可能的情況是，他們一心多用：邊發訊息邊上網，邊看電視邊在 Instagram 發布照片。（他們可能也睡得更少，我們將在第四章回頭探討這個可能。）整體來說，青少年上網的時間比幾年前更多：2015 年的 12 年級生和 2006 年相比，

多花了一倍時間上網。（見圖 2.2）。[4]

　　即使一心多用，一天六小時仍是驚人的數字。青少年都用這些時間做什麼？大半用在收發訊息——我所訪談的青少年都說，這是他們和朋友的主要聯絡方式。都發些什麼訊息？其中許多與成人發的沒什麼不同，只是頻率更高。18 歲的維克多寫道：「我通常想到什麼就隨時傳給女友，學校的事、感情問題之類的。一整天裡，我也會不時傳些笑話給朋友。」19 歲的艾娃說：「我會傳訊息給最好的朋友或男友，大概都是說今天發生什麼有趣的事，或問問他們今天過得怎樣，或是我們上次講過話之後又發生什麼新的事情。」收發訊息幾乎已取代手機聊天，2015 年，青少年平均每天用手機講話四十五分鐘，大約是他們用於收發訊息的三分之一。

　　這些調查直到 2010 年才加入收發訊息的詢問選項，但這時收發訊息的習慣已經建立，因此我們無法真正看出它如何從還不存在的 1990 年代，快速爬升成為 2010 年時一天要用上兩小時的流行活動。從 2010 年至 2015 年，青少年收發訊息的時間確實微幅降低，每天大約減少十三分鐘。為什麼？可能是因為他們在社群媒體上花了更多時間。

大家都在用：社群媒體

　　我租來的車在泥土路上發出隆隆聲響。在這個明尼蘇達州的夏日鄉間，我可以遠遠望見一座襯著青綠玉米田與蔚藍天空的農舍。當我把車停在湖畔小屋旁，艾蜜莉和她前來過國慶週末長假的家族已經聚在那裡。艾蜜莉今年 14 歲，剛結束高一。她是田徑隊成員，典型的瘦長跑者身材，一頭金色鬈髮簡單地紮成辮子，一臉歡快笑容，一笑就露出牙套。她幾乎每句話都以語調歡樂的「是嘍！」作結。

艾蜜莉住在兩小時車程外的雙子城，但她最好的朋友住在這湖畔小屋旁的農場，兩者來往十分頻繁。因此，這天我的首要之務，就是去見艾蜜莉的乳牛，名喚「自由」，生於兩年前的 7 月 4 日。艾蜜莉赤著腳，跳過農舍門前的柵欄，將自由帶了過來。她面帶笑容，站在這黑白相間、用棕黑雙眼小心翼翼看著我們的巨大家畜旁，讓我拍下她們倆的照片。

　　一個農場女孩，髮辮飛揚，正向人炫耀她的乳牛——這幅永恆的景象可以是過去兩百年間的任何時刻。只不過這並非任何時刻，而艾蜜莉就像 2010 年代的大多數 i 世代青少年，是透過社群媒體和朋友交流，部分也是因為不得不然。她說：「每個人都在用，要跟人們一起做些計劃時，這方式就很好。如果不用這個，你可能會錯過一些原本可以參加的事。」以 i 世代而言，艾蜜莉在剛升上 9 年級時得到第一支智慧型手機算有點晚，但已體會到它的不可或缺。我問她使用哪些應用程式，她說：「主要是 Snapchat、Instagram 和 Twitter……我會追蹤隊友近況，還有就是看有趣的影片。我也會上傳田徑賽的照片，還有我和家人或朋友做了什麼有趣的活動。很多人只會上傳一大堆自拍照——其實大家上傳的幾乎都是自拍照。」她告訴我如何在 Instagram 的照片上加標籤。如果有人不標註你，就表示「妳不是真正的朋友，或她們在生妳的氣」。這是青少年社交生活中的新現實：這種線上行為以明白的訊息讓所有人看見誰是朋友，誰又不是。

　　與十年前相比，現在的青少年在社群媒體上所花的時間真有任何不同嗎？社群網站並非新產品。第一個社群網站早在 1997 年就已出現，MySpace 則在 2003 年上線，臉書在 2006 年開放給所有 13 歲以上用戶。（我使用的「社群網站」與「社群媒體」這兩個詞彙是互通的。）「監測未來調查」在 2008 年首度加入關於社群網站的問題（實

第二章　網際網路：上網時間——喔，以及其他媒體
INTERNET: ONLINE TIME—OH, AND OTHER MEDIA, TOO

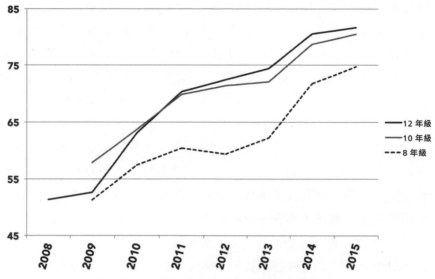

圖 2.3　8 年級、10 年級和 12 年級生幾乎每天使用社群網站的百分率
資料來源：監測未來調查，2008-2015 年。

在太晚了，負責這項調查計畫的勤奮管理者一定是睡著了）。關於社群媒體使用的問題都很一般，只問青少年使用社群網站的頻率是「幾乎每天」、「每週至少一次」、「每月一到兩次」、「一年偶爾幾次」或「從來不用」。但即使啟動調查的年份較遲，且問題如此籠統，社群網站普及率的成長仍相當明顯（見圖 2.3）。

　　不過七年，社群網站已融入日常活動中的青少年比率，就從一半成長到幾乎所有人。這在女孩中又特別真切：2015 年，每日使用社群媒體的 12 年級女孩占 87%，男孩占 77%。而使用社群媒體的比率，在少數族群和低收入階層中的增幅更大——在 2008 年，白人與高社經家庭的青少年較容易每天使用社群媒體，但到 2015 年，種族與階級的差

異已經消失。每天使用社群網站對青少年而言已是機會均等的體驗。這幾乎成了一種必要：在 2008 年，14% 的 12 年級生表示從未用過社群網站，這數字仍足以形成一個群體；而到了 2015 年，這數字降到 3%。只有 2% 的 12 年級女孩說自己「從未」使用社群網站。因此可說，97% 的 12 年級生與 98% 的 12 年級女孩至少會把部分時間用於社群網站——這是最接近普世的經驗。

社群媒體也要求以特殊策略展現自我。在我的採訪對象中，最年輕的 i 世代成員是 12 歲的哈珀。一個晴朗春日下午，她和她的阿姨來到我家，她的阿姨和我的小孩玩了起來，我和她在一旁聊天。哈珀雖然因為幾乎每個週末都要參加啦啦隊選拔而畫了濃妝，但看起來與其說是青少女，不如說是兒童。她住在加州的山間小鎮，父母離異，有時會跟祖父母同住。她有自己的 iPhone 並經常使用。就像我所訪談的許多青少年，她同意社群媒體大多是用來發布正面事物，也要求使用者費心經營個人形象。她說：「在那上面妳通常不會想讓自己一副悲傷的樣子。」她用社群媒體大半是為了追蹤朋友的 Instagram。她說：「像是說，假如妳的朋友出去幹了什麼，妳就能看到她們做了哪些很酷的事。沒人會把糟糕的事放上去——我們都能看到彼此做了什麼。」

《華盛頓郵報》最近刊登了一篇凱瑟琳的側寫，她是一個 13 歲的女孩，住在維吉尼亞州麥克林區。[5] 這篇文章敘述了她在放學返家的十二分鐘車程內，用 iPhone 做了哪些事：「她的拇指點上 Instagram。螢幕出現女主播芭芭拉．華特絲的一個迷因。她滑過螢幕，出現另一個迷因。然後又一個迷因，接著她關掉這個程式。她打開 BuzzFeed。有篇關於佛羅里達州州長史考特（Rick Scott）的報導，她往下滑略過，開始看女歌手珍娜．傑克森的報導，接下來是一篇文章〈如果你既是英國人也是美國人就會了解的二十八件事〉。她關掉這個程

式。打開 Instagram。打開 NBA app。她關掉螢幕。再打開螢幕。開啟
Spotify。打開 Fitbit。她走了七千四百二十七步。再度打開 Instagram。
打開 Snapchat。她看著一個朋友口中吐出一道耀眼的彩虹。她看著一
個 YouTube 網紅對著鏡頭噘嘴。她看了一段美甲教學影片。她感覺車
子在車道上顛了一下，抬起頭。到家了。」有六百零四人追蹤凱瑟琳
的 Instagram，她在上面只留能得到夠多讚的照片。她說：「對我來說，
超過一百個讚就算不錯。」當她變更 Snapchat 的用戶名稱，她的積分
降到零（Snapchat 用戶每送出或收到一張照片，就能得到一分）。於是
她在一天內發出一千張照片來拉高積分。她太常使用手機，因此父親
很難找到足夠全家使用的流量套餐。

記者南西・賽爾絲（Nancy Jo Sales）為了寫《美國女孩：社群媒
體與青少年的祕密生活》這本書而採訪全國各地數百名青少女，詢問
她們如何使用手機以及這對她們造成什麼樣的影響。她描述這些女孩
不斷在個人頁面尋求按讚數及正面評論，並持續承受必須發布性感及
裸露照片的壓力。畢竟這些照片才能得到最多個讚。春季的某一日，
她採訪了新澤西州蒙克萊鎮一群 13 歲少女。這些女孩一如我採訪過
的青少年，對手機及社群媒體又愛又恨。梅琳妲說：「我在 Instagram
上花超多時間看別人的照片。有時我會想，我為什麼要把時間花在這
上面？可我還是繼續這麼做。」萊莉指出：「如果我開始在手機上看
Snapchat，大概一看就是，一小時吧，完全失去了時間感。」蘇菲亞
說：「從我做功課的第一刻開始，手機就一定要在旁邊，這樣才能看
到朋友傳來的訊息……這很像有人一直拍妳的肩膀，讓妳不得不回頭
看。」她們想要停下，卻又覺得不行。梅琳妲的父母刪除她手機上的
Instagram app 一星期作為懲罰，「那星期結束時，我壓力好大，心想，
如果我失去所有追蹤者的話怎麼辦？」蘇菲亞說：「我一直都想刪掉

Instagram 帳號，但我又想，可是我在每張照片上都這麼好看。」

最後，通常一過青春期，許多 i 世代成員便看穿追逐按讚數背後的虛假。20 歲的詹姆斯是喬治亞州的大學生，他說：「當你在社群媒體上發布近況或照片，突然間，所有人都來按讚，你得到了所有人的肯定，這會讓人上癮，就像一直有人拍拍你的背然後說：『你真聰明，你真風趣，你真有魅力。』」然而，他也承認：「不過我也覺得這有點空虛。」

當然，這是一個與 X 世代及千禧世代成長時截然不同的世界。「當你想到相對的變化速度，就會明白有多瘋狂。」[6]《衝動型社會：得到我們想要的有什麼不對？》（*The Impulse Society: America in the Age of Instant Gratification*）的作者保羅・羅伯茲（Paul Roberts）說：「我念高中時如果到處跟人說：『這是我的照片，來喜歡我吧。』我會被揍。如果有個女孩到處散布自己的裸照，人們會覺得她需要治療。但現在這就只是『週日自拍』。」

所以，青少年都上哪些網站？各種社群網站起起落落，當你讀這本書時，或許又出現了幾個新網站。2016 年秋季，投資銀行 Piper Jaffray 發現，14 歲青少年每個月至少上一次臉書的只有 30%，相較之下，使用 Instagram 的有 80%，用 Snapchat 的則有 79%。[7]這些網路平台在青年間的使用率也成長了：2016 年春季，Pew 民調研究中心發現，18 至 29 歲的人中，59% 用過 Instagram，56% 用過 Snapchat，比起 2015 年大幅成長。[8]我在 2015 年末與 2016 年訪談的青少年最常提起的也是 Instagram 和 Snapchat。而 Houseparty 這類在 i 世代間最新流行的群組視訊聊天程式，則讓他們可以進行所謂的「線上放空」。

我們在第一章提過的 19 歲賓州大學生馬修會用 Snapchat 的外掛程式 Snapstory。他說：「假設我在練習網球，或跟朋友在學校的某個餐

廳，我會拍段影片或是照片，然後加進 Snapstory 跟朋友分享。我也能看到其他朋友的 Snapstory 內容，知道他們在做什麼。」在 Snapstory 群組中，照片二十四小時後就會消失，形成不斷更新的照片流，並發送給你標註為朋友的人。他說，這很容易，因為「這程式基本上就是一部相機」，而且用它上傳照片比用臉書快得多。「這樣我就能在狀況內，知道每個人在做什麼。」許多青少年用的是 Snapchat 的一般版，在這個版本中，照片和訊息會自動消失（據該公司表示，快照一經瀏覽，平台伺服器就會自動刪除）。在青少年心目中，Snapchat 是一種和朋友說話的「安全」方式，因為沒有令人尷尬的永久紀錄可讓人分享。Snapchat 有個新的功能，會在有人想要用螢幕截圖保留訊息時對使用者發出警告，「然後他們就會生你的氣。」某個青少年這樣對我說。

一如我們之前所見，女孩通常比男孩花更多時間上社群網站。那麼，男孩還會做什麼？通常是玩遊戲，而許多女孩也會玩。相較於幾年前，青少年花更多時間在電腦上玩遊戲：12 年級生每天會用一個半小時，2008 年則每天不到一小時。女孩花在遊戲上的時間急起直追，但玩的可能是 Candy Crush 這一類對女性較友善、暴力成分較少的手機遊戲。

遊戲會呈現統計學家所謂的「雙峰分布」：有些青少年完全不玩，其他則玩很凶。2015 年，27% 的青少年表示他們玩遊戲的時間一週不到一小時，另有 9% 的人說一週會玩超過四十小時，這時數已足夠投入一份全職工作。

我在聖地牙哥的高中訪談 16 歲的麥克斯，問他喜歡做什麼消遣，他回說：「打電玩。」他對我說，他玩的通常是多人線上遊戲，可以用頭戴式耳麥和其他玩家對話。我從沒玩過那些遊戲，便問他如何操作，他試著解釋：「妳從某個地方出發，試著拿到或摧毀敵人的東西，

然後妳有了部屬和裝備，接著一路打，攻下堡壘。」他和一起組團的三個朋友也會聊遊戲之外的事，但我問他會不會跟這些朋友碰面，他說：「有時候，但沒那麼常。」他也不太用社群網站。當我問起其他社交活動，他說自己不常出門。這時我才開始明白，玩遊戲是麥克斯唯一的社交活動。

20歲的馬克是德州一所社區大學的學生，他形容自己是「大玩家」。他曾因在高中走廊聽見有人說到「Snapshot」（出自他最愛的遊戲《最後一戰》），而和這人結成死黨。他們交換彼此的 Xbox 玩家代號後，就一直結伴玩遊戲。我問馬克，最希望年長者了解他這個世代的哪個方面，他大出我意料地說，最重要的是讓大人們了解電玩的運作方式。「上線跟其他人一起打 Xbox 的時候是不能暫停的。但是爸媽不時就會命令你去做什麼事。那你就得跟他們解釋：『我跟其他人正在線上玩遊戲。』不能就這樣暫停跳起來辦其他事，但他們就是不懂。」

有些年輕人因為花太多時間玩遊戲，最後脫離了現實。20歲的達內爾在喬治亞州的州立大學主修商科。他說：「高中的時候，我有個問題：除了打電動，我不想做任何事。晚上八點半或九點我會蹺掉運動練習，回家後就開始打電玩，可能一直打到凌晨三點半或四點。然後大概六點半又得準備去上學。」現在，他限制自己只在學校放假或沒課的日子玩遊戲。「我不想上了大學還被這問題困擾。不想因為沒人叫我『去上課』就真的蹺課。」

大體上，無論男孩或女孩都比以前花更多時間上網與使用電子設備。問題來了：這些時間一定來自其他地方——必定有什麼事是以前的世代會做，而 i 世代青少年不做的。這可能有好幾件，但其中很明顯的一件，是一種人們過去用來交流和娛樂自己的活動。我指的不是折疊式手機。

書籍已死？

　　春末某日，我們從悶熱的維吉尼亞州郊區走進屋內，令人愉快的清涼空氣讓人放鬆下來。13 歲的山姆輕手輕腳打開他的房門——他那隻因和朋友扭打而受傷的手罩在一條黑色吊帶裡。他的房間混雜了運動海報、學校雜物、木製家具和深藍窗簾。他打算在高中打美式足球，或者也玩摔角。他很實在地對我說：「我喜歡能把人撂倒在地的激烈運動。」他最喜歡跟朋友出去亂晃，他們會在男性可承受的範圍內輕鬆友善地互相取笑。其中一個朋友因鬍鬚稀疏而被取了個「小陰毛」的綽號，另一人的綽號則是「糖尿病魚雷」。雖然山姆更喜歡跟朋友碰面，但也喜歡和他們在 Snapchat 上互動，特別是玩變臉特效，這個功能可以讓同一張照片裡的兩人互換面孔（但身體和頭髮不變）。他說：「最後通常都變得超好笑。」如果有半小時空閒，他會看 ESPN 的體育節目 SportsCenter 或 YouTube 上的運動影片。這讓我不禁心想：那他會看《運動畫刊》（*Sports Illustrated*）或報紙體育版或與運動相關的書籍嗎？不，他說：「我只讀英文課指定的書。我不覺得讀書有什麼樂趣。」

　　山姆對印刷品的厭惡是典型的 i 世代嗎？以他們在手機上花那麼多時間，很容易回答是。但即使這真的是典型，或許青少年從來就沒喜歡過閱讀。一如慣例，要知道答案，最好的方式就是比較不同年代的同齡青少年：i 世代青少年跟先前年代相比，更不愛閱讀嗎？

　　情況顯然是如此。在 1970 年代末，一大半的青少年幾乎每天讀書或雜誌，但 2015 年只剩下 16%。[9] 換句話說，嬰兒潮世代每天讀書或雜誌的比率是 i 世代的三倍。由於問卷上的問題是在 1970 年代擬出，那時電子閱讀器還未問世，並未特別列出書或雜誌的形式，因此這個

比率也包括用 Kindle 或 iPad 閱讀的千禧世代或 i 世代成員。

　　電子閱讀器的確看似暫時解救了書籍：21 世紀頭十年尾聲，過去一年純為娛樂而讀兩本以上書籍的比率止跌回升，但在 2010 年代 i 世代（與智慧型手機）登場後又再次下跌。在 2015 年，三分之一的 12 年級生承認自己過去一年不曾為娛樂而讀任何一本書，這個比率是 1976 年的三倍。即便那些進入四年制大學、被認為最可能主動讀書的年輕人，也讀得更少（見圖 2.4）。

　　這個巨大的跌幅斷然否認了 2014 年 Pew 民調研究中心所提出振奮出版業的研究，該研究顯示 16 至 29 歲的人比年長者**更**願意閱讀。[10] 為何會有如此差異？因為 Pew 民調研究中心的數據包含了學校指定讀物，年輕人當然更可能需要讀。如此便產生了單次調查會造成的典型失誤：將年紀與世代混為一談。根據我手邊的數據，在相同年齡時，i 世代青少年比起千禧世代、X 世代及嬰兒潮世代等年長的世代更不願讀書。

　　為什麼？也許是因書的速度不夠快。對一個成長在幾秒間就可點擊連結或滑到下一頁的世代而言，書籍就是抓不住他們的注意力。本章前面出現過的 12 歲的哈珀，在學校每一科成績都拿 A，但她說：「我並不真的喜歡閱讀。我很難這麼長時間只讀同一本書。我就是沒辦法乖乖坐著然後一聲不響。我們每天都要閱讀二十分鐘，但如果一本書要等上一段時間才會有趣，我就很難讀下去。」

　　在 i 世代間，書籍並不是唯一衰退的紙本媒體。在 8 年級與 10 年級的調查中，雜誌與報紙的閱讀率以持續、巨大而驚人的幅度下滑（見圖 2.5）。報紙讀者從 1990 年代初期的將近 70%，到 2015 年暴跌至僅剩 10%（這還是每週讀報一次以上，標準很低）。雜誌的狀況則稍微好一點。

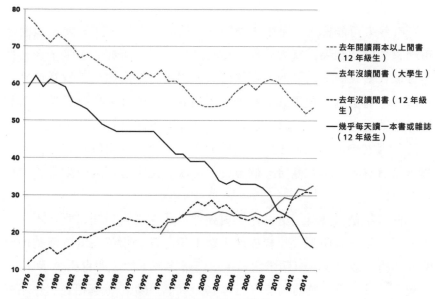

圖 2.4　12 年級生及大學新生閱讀書籍與雜誌的百分率

資料來源：監測未來調查、美國大一新生調查，1976-2015 年。

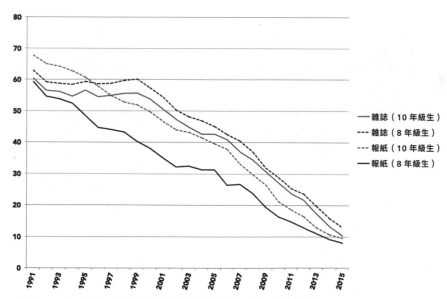

圖 2.5　8 年級與 10 年級生每週閱讀雜誌和報紙一次以上的百分率

資料來源：監測未來調查，1991-2015 年。

有些人可能會想，是哦，別鬧了。然而，根據許多重要的媒體使用理論，這個結果其實大大出人意料之外。有些研究者主張，新科技不會取代舊媒體，而是輔助舊媒體。他們指出，人們對某個議題感興趣時，常會透過多種形式的媒體尋找內容。[11] 此外，科技還讓書籍和雜誌閱讀變得更容易，原因是可即刻將內容傳送到 iPad 和 Kindle 上。但這些因素仍不足以遏止紙媒衰退的潮流。（一如某幅漫畫中，有位圖書館員拿著一本書遞給一個青少年並說：把書想像成一則很長的簡訊吧。）

青少年是因為有了更多作業與課外活動才不再讀閒書嗎？不，如同我們在第一章所見，相較於過去數十年，青少年花在這些活動的時間大約持平或更少。（順道回顧，他們花在打工的時間也更少了。）8年級生是其中最明確的例子：比起 1990 年代初期，每週花在寫作業的時間少了兩小時，但讀的雜誌和報紙也減少了。國家公共廣播電台問到華盛頓特區的 9 年級生詹瑪莉・席德諾是否經常閱讀時，她說：「我不太把閱讀當娛樂……我會看 Netflix，或是 Hulu 上的節目。我看的大部分都是電視上的東西，就這樣。」她的朋友嘉瑪卡・艾諾塞可說：「我也不把閱讀當作娛樂，我只讀學校作業指定的書。我通常就是玩手機，或者也看電視。」[12]

2015 年，我針對聖地牙哥州立大學的新鮮人及大二生做調查，兩百名學生中，絕大多數說從未讀過報紙，所讀的雜誌也局限於名流八卦或時尚雜誌。其中一人的回答特別具體：「我搭飛機的時候會讀《柯夢波丹》這類雜誌。」另一種典型回覆會提到班級作業的需求：「我只讀學校作業要求的書，因為我不想把空閒時間用來看其他書。」

雖然許多人說自己很享受讀書，但那些不愛讀書的人對書的厭惡也堅定不移。某人寫道：「我不喜歡書。書讓我想睡覺，而且很無

聊。」另一人提到：「我沒有耐心讀不必要的書。」有人冷漠地表示：「我從不讀任何書。」

我要用小眾經典電影《公主新娘》（*The Princess Bride*）的對白照樣造句：紙媒還沒死，只是幾乎要死了。或者，可能用維生系統撐著。智慧型手機占據了青少年太多時間，沒留下多少時間給其他娛樂。正如《高等教育紀事週報》（*Chronicle of Higher Education*）採訪的一名青少年所說：「我爸還是很喜歡書，他還不明白網路已經有點算是取代了那東西。」[13]

或許離棄印刷品的趨勢並無大礙，特別是如果青少年還能維持學業能力。只不過實情並非如此：「學術能力測驗」（Scholastic Assessment Test，以下以縮寫 SAT 表示）的分數從 21 世紀頭十年中期開始下滑，特別是寫作（自 2006 年起下跌 13 分）與批判性閱讀（從 2005 年起下跌 13 分；見圖 2.6）。不幸的是，i 世代成員的學業能力以顯著差距落後之前的千禧世代。

SAT 分數的下跌常被歸因於選擇升大學的學生增加了——若有更多高中生接受測驗，接受測驗的整體學生就會是一群不那麼會讀書的人。或許這就是 1970 到 1990 年代大學招生人數大幅增加期間，SAT 分數大幅下跌的緣故。然而，這並無法解釋千禧世代轉變到 i 世代時的變化，因此 21 世紀頭十年末期與 2010 年代初期，大學招生人數其實相當穩定。耐人尋味的是，批判性閱讀的分數與每年讀兩本以上閒書的比率出現了相同的變化模式：同樣在 21 世紀頭十年中期突然增加，接著再次滑落。

很顯然，在社群媒體上發文字訊息而不閱讀書籍、雜誌與報紙，對閱讀理解及學術寫作都沒有幫助。部分原因應是新媒體似乎會導致注意力短暫。有項研究將一種程式裝在大學生的筆電上，每隔五秒存

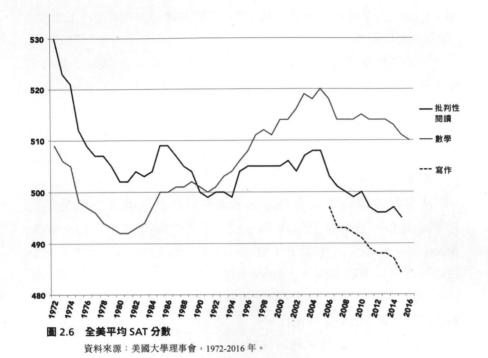

圖 2.6　全美平均 SAT 分數

資料來源：美國大學理事會，1972-2016 年。

一張截圖。[14] 研究者發現，每個學生平均每隔十九秒就切換工作。所有學生的電腦螢幕上有超過 75% 的視窗開啟不到一分鐘。這與坐著讀幾小時書相比，是非常不同的經驗。

　　閱讀衰退為憂心忡忡的廣大年長者帶來一些棘手的挑戰，這些人包括父母、教育者，以及出版社。舉例來說，這些幾乎不閱讀的學生要如何為一本八百頁厚的大學教科書作摘要？大多數教員回覆道，即使課堂上有需要，但學生就連教科書也不讀了。許多出版社轉而出版更具互動性的電子書，以試著吸引學生投入。身為大學教員及三本大

學教科書的作者或共同作者，我認為這需要做得更進一步。i 世代需要包含互動式活動的教科書，例如影片分享及提問等，但也需要篇幅較短、寫作風格更接近對話的書籍。i 世代進入大學時並沒有多少閱讀經驗，因此我們在傳授必要的知識時，也需設想學生的需求。這麼做也許會遺漏某些細節，但總好過學生完全不想碰書。

　　一般書籍與雜誌已開始邁出腳步，像是縮短文章長度以及放低閱讀層次。最終他們也可能吸收某些教科書的作法，像是插入測驗或意見調查，以此來保持讀者的興趣，或像網頁一樣加入圖像與影片。或許這麼做之後，i 世代（以及我們其他人）就會重拾閱讀。

2017 年搞笑貓咪大合集！

　　「那上面有，那個，一隻狗攀在嬰兒圍欄上，然後牠，解開嬰兒圍欄，之後妳看到上面掛著一隻狗的圍欄盪回來，然後妳又看到那隻狗掉出畫面外——我覺得那真的很好笑。」克蘿伊說道。她是我們在第一章見過的俄亥俄州 12 年級學生。她和朋友會上 Twitter、Buzzfeed、臉書和 YouTube 看影片，她們通常最愛動物主題。她還喜歡 YouTube 上的另一段影片，她說：「這隻狗，那個，惹了麻煩——妳有沒有看過，有時候一隻狗闖了禍，牠也知道自己幹了什麼好事，然後牠就會，那個，試著笑？那隻狗，那個，笑了出來，然後（影片）就放出古怪又同情的音樂。一月的時候有兩天我愛死了這段影片——我沒辦法，那個，不每隔五分鐘就看一次。」

　　自從 2006 年 YouTube 網站上線以來，有三種短片非常受歡迎。雖然所有跨年代的調查都未特別追蹤青少年看影片的時間，但青少年的上網時數中，有一大部分都是在社群媒體或 YouTube 之類的網站上看

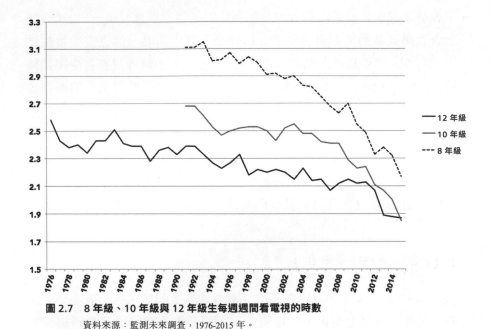

圖 2.7　8 年級、10 年級與 12 年級生每週週間看電視的時數

資料來源：監測未來調查，1976-2015 年。

短片。i 世代成員也透過 Twitter 發現影片——20 歲的達內爾說，他在 Twitter 上追蹤了幾個只上傳狗照片的帳號，結果是，他說：「有時候我就這樣一整天都在看小狗照片。」最受歡迎的影片主題看來包括「突槌」、動物、動物突槌。大笑的嬰兒、牙醫診所裡被麻醉的小孩、音樂影片、跳舞的雞也曾大受歡迎。我們擁有史上最全面而即時的資訊管道，卻用來看搞笑貓咪的影片。

線上影片取代了青少年看電視的部分時間，雖然電視時數的衰退還沒有閱讀來得劇烈。2015 年與 1990 年代初期相比，青少年每天看電視的時數減少了一小時（見圖 2.7）。即使多了 Netflix 和 Amazon Prime

圖 2.8　8 年級、10 年級與 12 年級生每個月至少外出看一次電影的百分率

資料來源：監測未來調查，1976-2015 年。

這類電視新選項，搞笑貓咪仍舊獲勝。

　　i 世代確實會看電視，但更傾向隨選隨看或串流媒體的影音內容。「我甚至不知道怎麼開我家的電視機，我都在筆電上看『電視』。」17歲的瑪絲貝克在《赫芬頓郵報》的網頁回覆欄中如此寫道。

　　i 世代青少年也不像以前那麼常外出看電影。外出看電影的比率在1980 到 1990 年代的租片全盛期相當穩定，並持續挺進到 21 世紀頭十年中期才開始滑落（見圖 2.8）。因此，至少在青少年間，扼殺外出看電影的並不是百視達租片店（1985 年創立）和 Netflix 的郵寄租片服務

（1997年開始），而是串流影音與其他線上活動（當然，殺了百視達的也是這些）。

當我問學生，他們喜歡去戲院還是待在家看電影，絕大多數都回答待在家，並舉出方便、花費、可以只穿睡衣等理由。許多i世代成員偏好個人化的觀影體驗，而那是戲院無法做到的。22歲的卡門寫道：「我不是很能理解有人說他們很享受花錢去戲院看電影。以現在的科技，你可以在線上串流媒體看電影，穿著你最像街友的衣服（或乾脆不穿褲子），直接從冰箱或儲物櫃拿點心出來吃。還可以隨自己高興將電影暫停、倒轉和快轉，這些在戲院裡是永遠不可能出現的。」

因此：i世代花更多時間上網、發訊息，而花在傳統媒體如雜誌、書籍和電視的時間則大幅變少了。i世代成員對智慧型手機投入這麼多時間，以致沒興趣也沒時間讀雜誌、外出看電影或看電視（除非在手機上看）。電視預言了螢幕革命，網際網路加速了印刷品的死亡。印刷機發明於1440年，也就是說五百多年來，將文字印在紙上是傳達資訊的標準方式。如今，我們正活在轉變的時刻。

這次革命將形塑i世代（以及我們所有人）的未來。如果我們能用電子書的長篇文字來加強網頁內容，將需要的所有資訊都裝入我們的筆電和網路上，結果可以是好的。我們再也不用回收報紙，搬家時再也不用打包一箱箱書籍。或者，如果i世代與之後的世代無法培養出深入探索一項主題所需的耐性，導致經濟無法持續，結果就可能變壞。

當前還有另一問題：如果青少年花更多時間在網路上與朋友交流，那麼他們親身與朋友相處的時間又有多少？電子式互動是否已取代了面對面互動？讓我們來找出真相吧。

不再親身互動：我與你同在，幾乎啦

　　在聖地牙哥北區一所高中，凱文和我坐在他第三堂課教室外的兩張課桌旁。他是 17 歲的亞裔美國人，一頭刺蝟般的黑髮，戴著造型時髦的眼鏡，臉上掛著微弱的笑容。他是家裡三個孩子之中的老大，而第四個孩子在幾個月後就要出生。他們家剛從公寓搬出來——在那間公寓裡，他的弟妹的吵鬧聲顯得震耳欲聾。或許正因如此，這名青春期男孩異乎尋常地頗有同理心。他在我拿起水喝了一口準備展開訪談時問道：「妳一整天都在做這個？」

　　凱文算不上最有條理的學生：一開始他忘了讓父親簽家長同意書，之後當我和這一班談完，開始訪談他時，他又忘了他的問題。不過當我問起是什麼讓他這個世代顯得不同，他毫不遲疑地說：「我覺得我們不怎麼愛開趴。大家更常待在家裡。我這世代沒什麼興趣面對面跟人交際——他們不會實際碰面，只會一起傳訊息，這樣只要待在家就

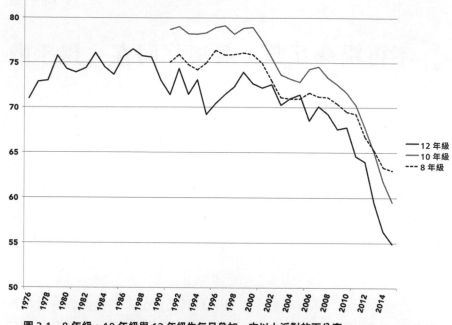

圖 3.1　8 年級、10 年級與 12 年級生每月參加一次以上派對的百分率

資料來源：監測未來調查，1976-2015 年。

行了。」

　　凱文很能掌握狀況。比如，i 世代青少年參加派對的時間比之前的世代要少（見圖 3.1）。[1] 當問到大學生，他們在高中最後一年每週花多少時間參加派對時，也出現類似的趨勢。2016 年，答案是每週兩小時，只有 1978 年的 X 世代學生的三分之一。派對時間減少並非因為 i 世代成員寫作業的時間增加了，正如我們在第一章所見，作業時間是持平或略少。這趨勢也不能歸因於移民或種族結構的變化，因為白人青少年也出現近乎相同的衰退。

第三章　不再親身互動：我與你同在，幾乎啦
IN PERSON NO MORE: I'M WITH YOU, BUT ONLY VIRTUALLY

我們在第一章提過的高一學生普莉雅就說,她還沒參加過任何派對,也不想去。「妳在書上讀到的都是,那個,上高中後就只有美式足球賽和派對,但妳真的進來以後,呃,沒人真的在做這些。沒人真對這些有興趣,包括我在內。」在針對聖地牙哥州立大學大一新生的調查中,有些人提到他們高中時參加的派對都是大人辦的活動,並不真的像 1980 年代約翰·休斯(John Hughes)的電影所緬懷的那種爛醉小鬼砸壞爸媽房子的狂野派對。18 歲的尼克說:「我高中參加的派對全都是生日派對,而且幾乎都有大人在場盯著。」

為什麼派對不再受歡迎?凱文提出一種解釋:「大家是因為無聊才會開派對——他們想找點事做。但現在有 Netflix,你可以一口氣追完整部影集。網路上可以做的事太多了。」他可能說對了——家中有這麼多娛樂選項,何必參加派對?青少年也有其他的聯絡與交流方式,包括他們投入大把時間的社群網站。派對仍在繼續,只不過是開在 Snapchat 網站上。

就是不想動

也許對這個謹慎且以工作為重的世代來說,參加派對沒什麼意思,尤其對酒精飲料又不那麼熱衷。或許 i 世代成員之所以避開派對,是因為只想和自己的少數朋友相處。

只是,他們並非如此。近十五年內,每天都跟朋友碰面的青少年比率下降到只剩一半,近幾年的衰退更是劇烈(見圖 3.2)。

這可能是最決定性的證據,證明了 i 世代與同儕親身相處的時間比之前任何世代都要少——這裡指的不只是參加派對或做瘋狂蠢事,還包括單純和朋友碰面一起消磨時間,而這是幾乎所有人都會做的,

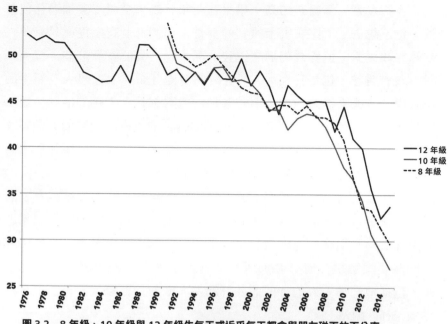

圖 3.2　8 年級、10 年級與 12 年級生每天或近乎每天都會與朋友碰面的百分率

資料來源：監測未來調查，1976-2015 年。

　　不論是書呆子或運動健將、內向或外向的青少年、貧窮或有錢人家的小孩、成績普通或優秀的學生、癮君子或不碰毒品的孩子。也不一定得花錢或去什麼酷炫的地方，純粹就是跟朋友在一起。而這麼做的青少年越來越少了。

　　詢問大學生每週花多少時間從事這類活動的調查，則提供了更明確的圖像。2016 年的大學生與 1980 年代末期相較，每週與朋友往來的時間少了四小時，參加派對的時間少了三小時，也就是每週的實體社交互動時間少了七小時。這表示 i 世代平均每天與朋友見面的時間比

第三章　不再親身互動：我與你同在，幾乎啦
IN PERSON NO MORE: I'M WITH YOU, BUT ONLY VIRTUALLY

X 世代和千禧世代初期少了一小時。每天與朋友共處的時間少了一小時，代表每天用於建立社交能力、處理人際關係與操控情緒的時間少了一小時。有些父母或許認為這麼一來，i 世代每天便多出一小時從事更有益的活動，但如同我們在前兩章所見，取代這些時間的不是學校課業，而是「螢幕時間」。

青少年也更少和朋友外出。第一章顯示了青少年每週沒有父母隨行的外出時數急劇下跌。此一現象的另一面，是那些在週間不與朋友一起外出，亦即週五和週六晚上都習慣待在家的人。這類人以往在 12 年級生中的占比很低，不到 8%，但到了 2015 年已接近五分之一。這趨勢在 8 年級與 10 年級生中更明顯：在 1990 年代，鮮少外出的比率只有五分之一，但 2015 年已增加到三分之一。

近年來，外出及和朋友相聚的比率劇烈下跌，這個趨勢出現的時機相當可疑：正好在智慧型手機開始流行，以及社群媒體的使用真正衝高之時。在網路上與朋友（及虛擬空間的朋友）相處的時間，取代了與朋友面對面相處的時間。凱文解釋道：「有些小孩太沉迷於用社群媒體和線上遊戲跟別人互動，就算那些人近在身邊也一樣。他們就像是，那個，網路上的替身朋友。其中有些人會，那個，在網上幫你加油，但你不是真的認識他們，感情也就不會太深。」

我們一起出去吧（或不出去）

如果你是 1980 或 1990 年代的青少年，或許還記得和朋友去購物中心閒逛，在運動用品店看裝備或在飾品店挑耳環，然後在美食廣場坐下。i 世代成員已不再這麼做了（見圖 3.3），青少年越來越少和朋友約在購物中心消磨時間。

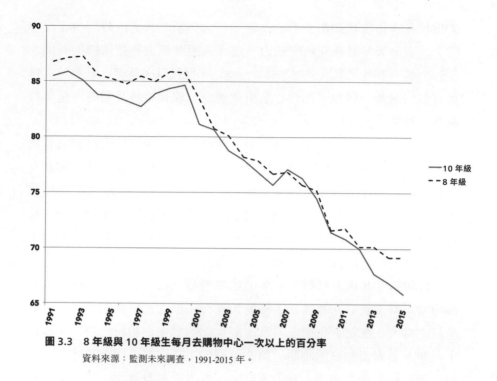

圖 3.3　8 年級與 10 年級生每月去購物中心一次以上的百分率

資料來源：監測未來調查，1991-2015 年。

　　這是全國各地這麼多購物中心倒閉的原因之一。[2] Buzzfeed 網站甚至蒐集了一系列購物中心荒廢的照片，像是 2013 年倒閉的俄亥俄州亞克倫市 Rolling Acres Mall 裡，包圍著鏡面手扶梯的垂死植物影像。維吉尼亞州切斯特菲爾郡昔日的 Cloverleaf Mall 裡，一部廢棄的爆米花車，上方則是不再發光的「美食廣場」霓虹燈。順著走道往下，幾株攔腰折斷的枯萎棕櫚樹圍著一座乾枯的噴泉，四周是破損的商店展示品和其他碎片。另一張來自俄亥俄州 Randall Park Mall 的照片中，在圍成一圈的幾座公用電話底部有本翻開的電話號碼簿，成了這個資訊高

第三章　不再親身互動：我與你同在，幾乎啦
IN PERSON NO MORE: I'M WITH YOU, BUT ONLY VIRTUALLY

速公路時代的路殺屍體。

在一項項活動中，與同齡的千禧世代、X世代及嬰兒潮世代相比，i世代更少參與社交活動。正如我們在第一章所見，i世代成員比較不願外出或約會。他們也不再「只為找樂子而開車閒晃」，而這卻是早前年代的青少年電影如《年少輕狂》（Dazed and Confused）與《美國風情畫》（American Graffiti）中的核心活動。[3] 去電影院消磨一晚曾是好幾個世代的標準青少年社交活動（如果沒了那些亂扔爆米花的行為，青春期會變成什麼樣？），但正如我們在第二章所見，i世代較不願外出看電影。i世代青少年也比較不願去酒吧和夜店——1988年美國統一將全國飲酒合法年齡提高至21歲後，上過酒吧或夜店的12年級生比率甚至只有原來的一半。2006年，《紐約時報》報導了一股青少年上夜店的新風潮，未滿18歲的青少年也可到這種名為「菜鳥俱樂部」（starter clubs）的店家消費。然而截至2016年，《紐約時報》與其他各報也提到許多舞廳都倒閉了。

但這不表示青少年就真的待在家裡，享受美好的家庭時光。我們在序章提過13歲的亞荻娜就告訴我，她和朋友待在家中時，經常都在用手機。她說：「我看過我朋友跟家人的相處——她們不跟家人講話。我們講電話時，她們只會跟家人說：『好啦，好啦，隨便。』她們完全不在意自己家的事。」亞荻娜近來大半時間都是獨處，躲在自己的房間，用Netflix、文字訊息和社群媒體度過了夏天。她說：「我的床像是有一道我身體的印痕。」從她所說的夏日活動看來，有一項活動i世代做得比前輩更多：花了更多時間獨處。[4] 雖然我們無法完全確認，但要說他們獨處的時間都花在上網、社群媒體、串流影音以及收發訊息，大概錯不了。

簡而言之，針對三個年齡層做調查的四個資料集都指出，i世代青

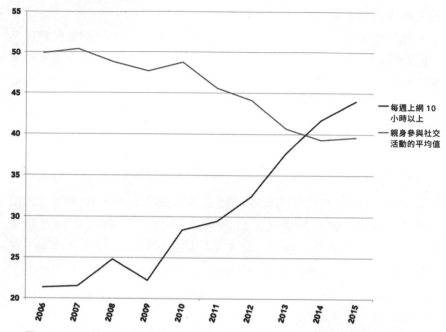

圖 3.4　12 年級生每週上網 10 小時以上的百分率，以及每週參加實體社交活動的平均百分率

資料來源：監測未來調查，2006-2015 年。

少年較不願參與任何一項面對面的社交活動。這些消失的互動，包括了小團體或與朋友相處的一對一活動，以及參加派對等較大的團體活動。這也包括無實際目標的活動，像是開車閒晃，以及有目標的活動，比如看電影。還包括那些可能已被網路的便利性取代的活動，像是逛購物中心，以及較不容易在線上複製的活動，像是與朋友外出。

　　取而代之的是電子式交流。圖 3.4 舉出了一些例子。這些現象有個無可迴避的結論：一切都由網路接手了。青少年更常以 Instagram、Snapchat、通訊軟體跟朋友互動，而較少親身互動。對 i 世代成員來

第三章　不再親身互動：我與你同在，幾乎啦
IN PERSON NO MORE: I'M WITH YOU, BUT ONLY VIRTUALLY

說，線上友誼已經取代了線下友誼。

　　有些人堅持，圍繞著螢幕時間的一切鼓譟全都搞錯方向，青少年只是在網路上跟朋友聯繫，生活中其他部分一如往常。這個圖表則清楚顯示這是錯的：隨著社群媒體與智慧型手機的到來，青少年明顯放棄了親身互動的社交生活。他們與朋友相處的時間比之前幾十年的青少年要少——大約每天減少一小時。當我們越來越能隨時隨地以手機上網，青少年（以及我們所有人）的生活，再也不會跟從前一樣。

　　另外有些人主張，社群媒體並未取代親身互動，因為花較多時間在社群媒體上的同一批青少年，與朋友親身相處的時間也增加了。然而，與其說這呈現了時代變遷，不如說這顯示了青少年之間的差異（「受歡迎」的高度社會化孩子 vs. 較不社會化的「書呆子」）。高度社會化的青少年在社群媒體及真人互動上都更活躍，這不令人驚訝。但平均而言，與五年前的青少年相比，今日的青少年與同儕親身相處的時間減少了，線上相處的時間則增加了，這徹底改變了青春期生活。

　　如果你不是 i 世代，請回想高中時代，你記得最清楚的是什麼事？也許是校園舞會後的派對，你的初吻，或是某次和朋友在購物中心惹上什麼麻煩。這些事有很大機率都是當你和朋友在一起，而父母不在身邊時發生的。這些經驗對如今的青少年來說越來越不普遍。他們會記得什麼，朋友間傳的有趣訊息？最棒的自拍照？某個爆紅的迷因？或是他們會記得某幾次與朋友的實際相處？

　　20 歲的喬治亞州大學生達內爾明確地將 i 世代成員的智慧型手機使用方式與他們不想見到真人連結起來。他說：「老一輩總要我們待在實體世界，但我們有很多人不喜歡這樣。我們是更科技化的一代。沒了手機，我真的不知如何是好。那上面有我的行事曆、我的電子信箱。我會研究各種事物，隨時在手機上讀些東西。」同一所大學的學

生，20 歲的詹姆斯說，使用社群媒體比親自跟人見面輕鬆多了。他說：「打電話給某人然後說：『嘿，你要不要出來找點東西吃？』那要做太多計畫，太傷腦筋。發訊息給某人，或上社群媒體對某人的照片按讚並留言，這比較吸引人。」

即使他們實際跟朋友碰面，使用新科技，特別是互發訊息，仍能讓 i 世代避免特定的社交互動。23 歲的亨利就很喜歡簡訊讓他免於可能發生的社交尷尬。他說：「當我到某個朋友家，我不會敲門然後和他或她的室友或父母碰面，而是發訊息給朋友說我到了。」因此很容易想像，亨利來到一條郊區街道，把車停在人行道邊，他的手機閃爍，快速送出一條訊息，然後看見他的朋友獨自穿過草坪走來。朋友上了車，亨利的車加速駛進黑暗中，就這樣迴避了其他的一切社交互動。

螢幕的黑暗面：心理健康與快樂

許多人主張，青少年與朋友間的電子式交流沒什麼大不了——他們是在和朋友交流，誰管他用什麼方法？從這個觀點看來，電子式交流和親身交流效果相同。若真如此，那麼這對心理健康與快樂的影響也會相同：透過社群媒體與簡訊交流的青少年，與親身和朋友相處並參與不含螢幕的活動的青少年相較，應該同樣快樂，同樣可遠離寂寞、避免憂鬱。

我們來看以上是否為真。就從快樂程度開始。監測未來調查會問青少年，他們大致上有多快樂（「非常快樂」、「頗為快樂」或「不太快樂」），以及他們閒暇時花在各種活動的時數，包括使用螢幕的活動如上社群網站、收發簡訊與上網，以及不使用螢幕的活動如親身社交互動、運動及閱讀紙媒。如此我們便能看出哪種活動能創造歡樂，哪

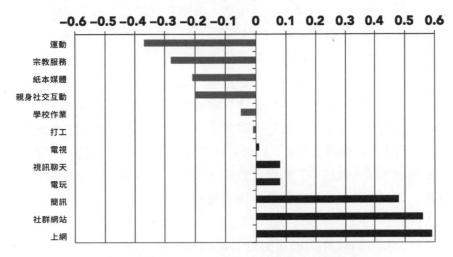

圖 3.5　8 年級生因花時間在螢幕活動與非螢幕活動而感到不快樂的風險

資料來源：監測未來調查，2013-2015 年。（圖中的黑色長條代表螢幕活動，灰色長條代表非螢幕活動。）

種更容易導致憂傷。

　　而調查結果再清楚不過：花越多時間在螢幕活動的青少年越容易不快樂；花越多時間在非螢幕活動，越容易快樂（見圖 3.5）。無一例外，所有螢幕活動都連結到更不快樂，所有非螢幕活動都連結到更加快樂。

　　舉例來說，每週使用社群媒體十小時以上的 8 年級生跟時數較少的同儕相較，不快樂的比率高達 56%。一般的認知裡，一週十小時算是很多，那麼每週只用社群媒體六小時以上的人呢？會說自己不快樂的比率仍高達 47%。相反地，在親身社交互動上也可看出，那些更常

與朋友親身相處的人，只有不到 20% 不快樂（圖中列為 –0.2）。[5] 如果你要根據這張圖給人快樂生活的忠告，答案直截了當：放下手機、關掉電腦或 iPad，去做點什麼，任何事都行，只要不用到螢幕就好。

以上分析並不能明確證明螢幕時間會導致不快樂，事實也可能是不快樂的青少年才在網路上花較多時間。然而，近期的三項研究都顯示螢幕時間（特別是使用社群媒體）確實會導致不快樂。有項為期兩週的研究要求大學生用手機連上臉書完成簡短調查，他們每天收到五次包含網路連結的訊息，要求回報心情及使用臉書的頻繁程度。[6] 而他們使用臉書的次數越多，稍後就越感到不快樂。然而，覺得不快樂不會讓人多用臉書。使用臉書會導致不快樂，但是不快樂不會讓人使用臉書。

另一項針對成年人的研究也發現同樣現象：越常使用臉書，下一次評估的心理健康與生活滿意度就越低。[7] 但他們與朋友親身互動後，心理健康和生活滿意度都改善了。第三項研究是隨機選取一千零九十五位丹麥成年人，讓他們停用臉書一星期（作為實驗組），或照常繼續使用臉書（作為對照組）。[8] 到了週末，比起照常使用臉書的人，那些暫時停用臉書的人都比較快樂、不寂寞且不憂鬱（而且幅度相當明顯，寂寞的人比對照組少 36%，憂鬱的人少 33%，而快樂的人多 9%）。那些遠離臉書的人也較不易感覺悲傷、憤怒或憂慮。由於參與者的情境是隨機分派，便可排除人們是因為不快樂、寂寞或憂鬱才更常使用臉書的解釋——這是真正的實驗，顯示了使用臉書會導致不快樂、寂寞及憂鬱。

使用社群媒體而感到不快樂的風險在年齡最小的青少年中最高。每週使用社群網站十小時以上的 8 年級生中，超過 56% 容易不快樂，這在十年級生是 47%，12 年級生則是 20%（見圖 3.6）。8 年級生是脆

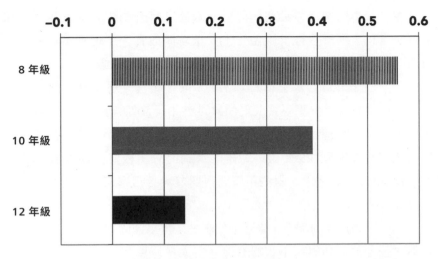

圖 3.6 8 年級、10 年級與 12 年級生每週使用社群網站十小時以上，因此感到不快樂的風險

資料來源：監測未來調查，2013-2015 年。

弱的中學生，仍在發展自我認同，並常為外形問題所苦。再加上網路霸凌，就成了有毒的混合體。而當青少年長大幾歲後，比較不會霸凌他人，並較有自信，多少能在槍林彈雨的青少年社群媒體經驗中保護自己。

　　但也許社群媒體還是有其益處。至少在理論上，社群網站的作用是與他人聯繫。使用社群媒體或許不會帶來快樂，但仍有可能讓青少年更有歸屬感，與朋友更親近，以及更不孤單。當然社群網站也正是如此承諾。最近有個「臉書直播」功能的廣告如此提議：「如果你有更多話要說，就拿出手機，按下〔臉書圖標〕，點擊〔攝影機圖標〕，就能開始直播。現在，你再也不孤單。你的朋友都在這裡傾聽。」換

句話說，社群媒體能幫助我們降低寂寞感，每一刻都有朋友相伴。如果這是真的，那麼在社群媒體花上大量時間的青少年理應不再寂寞，而能降低寂寞感的社群媒體就應該與親身社交互動一樣好。

不幸的是，對於永遠都在線上的 i 世代而言，那不是真的。每天都上社群網站的青少年事實上更傾向同意「我常覺得寂寞」、「我常覺得被拋下」、「我常希望有更多好友」（見圖 3.7；此圖表列出的活動比調查快樂程度的圖 3.5 要少，那是因為詢問寂寞程度的問卷版本所列項目較少）。對比之下，那些花時間與朋友親身相處或從事運動的人較不寂寞。

一如快樂程度的調查，結果十分清楚：螢幕活動與更加寂寞有關，而不含螢幕的活動與較不寂寞有關。用大量時間與朋友親身相處的青少年極少覺得寂寞（風險減少了將近一半），而每天或幾乎每天上社群網站的青少年，覺得寂寞的比率高出 11%。幫助青少年降低寂寞感的，是不含螢幕的活動，而非社群媒體。最寂寞的青少年是那些花較多時間在社群媒體、較少與朋友親身相處的人。如果使用社群媒體的時間會讓人減少親身社交互動，那麼就可能透過這不那麼直接的途徑讓人更加寂寞。

正如快樂程度的調查，原因也可能是寂寞的青少年更常使用社群媒體。然而，前面提到的兩項研究都顯示，使用社群媒體會增加寂寞感。此外，使用社群媒體與寂寞之間的關聯，也出現在所有圖表的各種群體中：男孩與女孩、拉美裔、白種人與黑種人，以及低社經地位和高社經地位。

「在學校裡，大家都比較安靜。」18 歲的 12 年級學生奧莉薇亞透露：「她們都專注在自己的科技產品上，忽略其他人。我對我的生活很不滿，因為很多朋友都沉迷於手機——她們似乎都不想跟我說話，

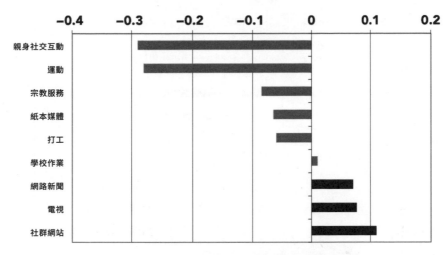

圖 3.7　10 年級生因花時間在螢幕活動與非螢幕活動而感到寂寞的風險

資料來源：監測未來調查，2009-2015 年。（圖中的黑色長條代表螢幕活動，灰色長條代表非螢幕活動。）

她們都只盯著手機。」

　　聽起來，奧莉薇亞不但寂寞，而且悲傷，甚至有點憂鬱。許多父母與教育者認為，青少年或許會因為持續使用手機而導致憂鬱症與其他心理健康問題。他們也擔心，這麼長時間待在螢幕前不可能保持身體健康。

　　我們可以查證這些擔憂是否有事實根據。監測未來調查用以下六個項目評估憂鬱症狀：同意「常覺得生命似乎沒意義」、「常覺得未來沒希望」、「我覺得自己做什麼都錯」、「覺得我的生命並不是非常有用」，以及不同意「我和其他人一樣享受生活」和「活著的感覺真

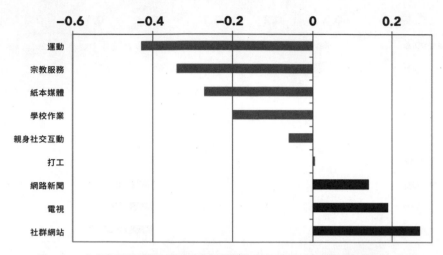

圖 3.8　8 年級生因花時間在螢幕活動與非螢幕活動而導致高憂鬱症狀的風險

統計時間：2009-2015 年，圖中的黑色長條代表螢幕活動，灰色長條代表非螢幕活動。

好」。這樣的問卷無法做出憂鬱症的臨床診斷，那必須由專業人士透過有系統的面談來判定，但這個問卷確實可以評估典型的憂鬱症狀，包括絕望、缺乏意義，以及對生活失去興趣。

　　再說一次，螢幕活動與非螢幕活動的分裂已相當明確：青少年在螢幕上花越多時間，越有可能感到憂鬱；在非螢幕活動上花越多時間，越不可能感到憂鬱（見圖 3.8）。8 年級生中的社群媒體重度使用者，憂鬱症風險增加了 27%，而那些從事運動、宗教服務，或甚至寫作業的人，憂鬱症風險則明顯降低。在社群媒體上最活躍的青少年，發展出憂鬱症的風險也最高。美國每年都有數百萬青少年飽受這個心理健

第三章　不再親身互動：我與你同在，幾乎啦
IN PERSON NO MORE: I'M WITH YOU, BUT ONLY VIRTUALLY

康問題折磨。

年紀越小的青少年，因重度使用社群媒體而導致憂鬱症的風險就越高。以 10 年級生來說，使用社群媒體導致憂鬱症的機率約為五成。[9] 至少，社群網站無法激發快樂或像非螢幕活動那樣保護使用者免於憂鬱。社群網站不但沒有幫助，還會特別對年紀較小的青少年造成確實的傷害。

18 歲的班住在伊利諾州香檳郡，離伊利諾大學主校區不遠。8 月底某日早上我聯絡到他時，四天後他就要在東北部一所私立學院開始上大一。他是個書蟲，他很開心能前往一個認真看待學業的地方。我們聊到打包行李上大學的困難，接著話題轉向社群媒體。他說：「我 13 歲時申請了第一個臉書頁面。」那是臉書的最低年齡限制。「當然，每個人都已經有自己的頁面。」他說，在那個年紀，社群媒體是讓人緊張的經驗。「每當上傳什麼東西，我總是焦慮到不行。我會坐在那裡不斷刷新頁面，以確認有沒有人點讚或留言之類的。現在我和社群媒體的關係已經很不一樣。我顯然更有自信，因此也不太在乎別人怎麼看待我的社群媒體頁面。最後我基本上也不怎麼用了。」他這番話說中了三項關於社群媒體與青少年的事實：在心理健康上，社群媒體似乎對年紀最小的青少年影響力最強；社群媒體能在感情豐富的人心中煽動焦慮感；那些最在乎「點閱量」或按讚數的人，也常是心理健康最脆弱的人。

用 Google 搜尋「臉書與憂鬱症」，會跑出一長串頁面，包括一個名為「我覺得臉書讓我很憂鬱」的討論版，上面有個自稱 16 到 17 歲、代號 MissingGirl 的人寫道：「它絕對讓我很憂鬱。我所有朋友都在分享精采生活的有趣細節，真讓我覺得 ****。我恨臉書。」Reddit 電子布告欄上有個發文者寫道：「往下拉臉書的動態消息，看到（我朋友）

快樂就讓我覺得悲傷。也因為……我沒收到任何訊息……看到收件匣沒有未讀通知，我有種好悲哀、痛不欲生的寂寞感。臉書讓我憂鬱，所以我打算要停掉臉書。」

憂鬱不只是種悲傷的情緒：如果它讓人考慮自殺，那麼它也有生理上的危險。在青少年風險行為監測調查（由疾病管制與預防中心所做的高中調查）中，對一個以上的問題回答「是」者，便認定具有自殺風險。問題包括：已有兩週感覺非常悲傷和絕望、認真考慮自殺、擬定自殺計畫、正要嘗試自殺。再說一次，螢幕時間與心理健康問題的關聯已明顯到令人憂慮：每日使用電子裝置三小時以上的青少年中，超過 35% 會有至少一項自殺風險因子（見圖 3.9）。這遠高於看電視的風險，這代表此處所指的不只螢幕，背後也包括新媒體如智慧型手機、電玩及社群媒體。至於非螢幕活動如運動，則能降低自殺風險因子。因此，長時間盯著手機的青少年不只是憂鬱症的高風險群——他們的自殺風險更是高得驚人。

這些分析顯示，每日三小時的螢幕時間會增加青少年的自殺風險。那麼，多少螢幕時間才算太長？自殺風險是從螢幕時間每日兩小時以上開始增加，至於高度使用者（五小時以上）則與更高的自殺風險及不快樂風險有關（見圖 3.10）。這指出了，關鍵在於節制，但不盡然需要將電子裝置完全從青少年的生活中排除。

為什麼使用電子裝置會與這麼高的自殺風險有關？這與人口組成無關，就算將性別、種族及年級考慮進去，機率仍舊一樣。那麼就是有自殺風險的青少年被電子裝置吸引了？或許如此，但還有一點要考慮，那些常覺得憂鬱的青少年會被消極的活動如看電視吸引，而非互動式的活動如社群媒體和電腦遊戲。所以具體來說，電子裝置究竟有何壞處，以至於比電視還糟？其中一項因素就是網路霸凌。

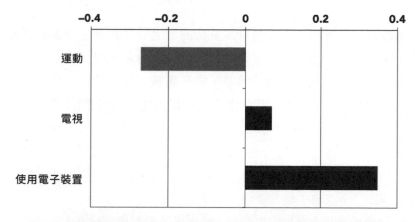

圖 3.9　9 年級至 12 年級生因花時間在螢幕活動與非螢幕活動而有至少一項自殺風險因子的風險

資料來源：青少年風險行為監測調查，2013-2015 年。　（圖中的黑色長條代表螢幕活動，灰色長條代表非螢幕活動。電子裝置包括智慧型手機、平板電腦、電玩與電腦。）

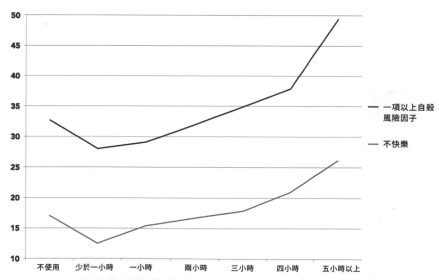

圖 3.10　9 年級至 12 年級生以及 8 年級、10 年級與 12 年級生因每日花時間使用電子裝置或上網導致有至少一項自殺風險因子以及不快樂的百分率

資料來源：青少年風險行為監測調查（9 年級至 12 年級生）、監測未來調查（8 年級、10 年級與 12 年級生），2013-2015 年。

霸凌一向是青少年最大的自殺風險因子之一，無怪乎受過校園霸凌的孩子至少有一項自殺風險因子（如正考慮自殺或擬定自殺計畫）的比率達平均值的兩倍之高。然而，網路霸凌（透過簡訊、社群媒體或聊天室進行的電子霸凌）甚至更糟（見圖 3.11）。受過網路霸凌的青少年中，三分之二（66%）有至少一項自殺風險因子，比在線下受到校園霸凌的孩子還高出 9%。受到網路霸凌的青少年常說找不到方法避開折磨他們的人——這和被真人霸凌不同，他們無法只避開特定的某些人。除非完全放棄手機，否則霸凌仍會持續。

15 歲的希爾拉來自維吉尼亞州，她在《美國女孩》一書中談到在網路上霸凌她的那些女孩：「她們說：『沒人喜歡妳，妳去死吧。』」[10] 她曾在 Instagram 收到一則留言：「妳這沒屁股的女孩，不要再拍那種假裝有屁股的照片，一點都不可愛，妳看起來就像妓女。妳看起來好蠢……妳穿那套衣服看起來就像站在街頭的低賤妓女。」持續的霸凌讓希爾拉完全失控。「為了不想面對這些，我開始不停吃冰淇淋，但我不想變胖。而我的解決方法就是用刀割自己。」她這時談到自我傷害（需要堅定地用刀片或剃刀割傷自己，通常割在大腿或手臂上）。最後，她試著自殺，首先是吞下能找到的所有藥丸，之後是跳向迎面駛來的汽車前方。一個朋友及時將她拉了回來。

大衛‧莫拉克在德州聖安東尼奧市阿拉莫高地高中就讀高二時，班上同學用簡訊發動殘酷的霸凌，貶低他的長相，大聲辱罵他。2016 年 1 月 4 日，他自殺了。「三天前的晚上，我看到大衛眼裡的痛，當時他加入一個聊天群組，結果成為被嘲笑的對象，沒多久就被踢出群組。」他的哥哥克里夫在臉書上寫道：「他別開視線，對著遠處凝視了大概一小時。我能感覺他的痛……大衛承受這種虐待已經很長一段時間。今天這個時代，霸凌不再只是把你推進置物櫃裡鎖起來……他

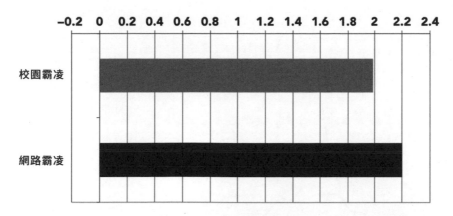

圖 3.11　9 年級至 12 年級生因網路霸凌與校園霸凌而有至少一項自殺風險因子的風險
資料來源：青少年風險行為監測調查，2011-2015 年。（圖中的黑色長條代表網路霸凌，灰色長條代表校園霸凌。）

們遠遠躲在帳號和偽造的自我介紹後方，不斷痛罵、羞辱無辜者。」[11]

　　就算網路霸凌沒有導致自殺，也一定會引發痛苦或憂鬱。即使是 i 世代的名人及成功者也未能倖免。贏得 2012 年奧運女子全能體操金牌的加碧·道格拉絲（Gabby Douglas）在 2016 年奧運並不出色的表現之後遭到網路霸凌。這個 21 歲的女孩對《時人》（*People*）雜誌說：「我不知哭了多少次，可能哭出好幾加侖的淚水。那是很深沉、很激烈的痛哭，因為我傷得很重。」[12] 網路霸凌研究中心做了一系列研究，認為網路霸凌如今更加普遍：在 2007 年只有 19% 的青少年受到影響，但 2016 年已上升到 34%。[13] 青少年的全部生活都在網路上，但其中三分之一的人就在他們的生活中被人霸凌。

　　這裡還有最後一份資料，間接但令人震驚地捕捉到實體活動如何

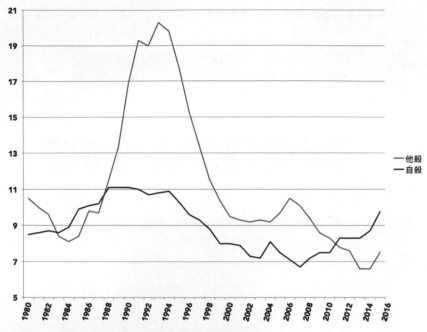

圖 3.12　15 至 19 歲人口中，每十萬人的他殺與自殺率
資料來源：疾病管制與預防中心，1980 至 2015 年。

轉移到獨自一人進行的線上互動。自 2007 年起，青少年的他殺比率開始下降，但自殺比率則增加。而 2007 至 2014 年青少年他殺比率的穩定下降幅度，看來與親身社交互動的下降幅度十分相似（見圖 3.12）。當青少年與他人親身相處的時間越少，他們殺害彼此的可能就越低。相對之下，青少年的自殺比率自 2008 年後開始上升。圖中上升的幅度看來很小，那是比例尺的緣故，實際上並不小：2015 年，青少年的自殺比率較 2007 年高出 46%。就當新媒體的螢幕使用時間開始增加，親

身社交互動開始沒落的時候，自殺比率也上升了。在 2011 年，青少年自殺比率於二十四年來首度高於他殺比率。差距在 2011 至 2014 年間越拉越大，到了 2014 年，自殺比率較他殺比率高出 32%，是有紀錄以來最大的差距（2015 年，差距仍維持在 30%）。

有個驚人但暫且存疑的可能，就是智慧型手機的崛起同時造成他殺下降與自殺增加。青少年與手機相處的時數越多，與朋友相處的時數越少，就有越多人變得憂鬱並自殺，而越少人選擇殺人。說穿了，青少年必須跟其他人親身相處才能殺害彼此，但他們卻可藉由手機上的網路霸凌來導致自殺。即使沒有霸凌，用螢幕交流也會導致孤立，這又會導致憂鬱，有時便造成自殺。當然，造成憂鬱與自殺的原因很多，使用太多科技產品顯然並非唯一原因（畢竟在智慧型手機問世前的 1990 年代，自殺率更高）。儘管如此，與幾年前相比，現今竟有更多青少年殺害自己，這令人心痛，也令人無法接受。

穴居人大腦

總而言之，親身社交互動對心理健康的好處比電子式交流還要多。這很合理：人類天生就是社會動物，我們大腦的演化讓我們渴望面對面互動。在狩獵—採集的年代，被逐出部落的人通常死於無人與他分享食物（而且無人共同繁衍後代——身為獨居者，就等於失去生殖機會）。那個時代的遺跡還活在我們的腦中，精準地感知社會接納及社會排斥。我自己就做過這類研究：我的博士後研究做的是社會排斥的影響，在頂尖社會心理學家羅伊·鮑邁斯特（Roy Baumeister）帶領下進行一系列實驗。我們發現，即便只是在短暫的隨機分配實驗中遭到社會排斥，人們仍會陷入失控、變得暴力、產生絕望感，以及（我個人

最喜歡的）吃下更多餅乾。[14] 神經科學家發現，人們被玩伴逐出遊戲時，與生理痛感有關的腦區會活化。[15] 因此，許多用來形容社交痛苦的詞彙都是向生理疼痛的詞彙借來，這並非巧合，包括「受傷」和「心碎」。（其實感覺更像是腦子碎了，但在這詞彙誕生的年代，人們相信心臟是思想與感覺的來源。）

　　由於我們的大腦（或許特別是青少年的大腦）對社會排斥如此敏感，於是簡訊與社群媒體便成了負面情緒的沃土。即便事情進展順利，電子通訊的節奏仍會產生問題。不像面對面互動，用電子通訊來交談經常會有延遲。試想這狀況：你送出一則訊息，如果對方未立刻回覆，你或許會猜是為什麼。她生氣了嗎？她不喜歡我說的話？你在社群媒體上發布圖文時也一樣，每個人都想看到按讚數，如果太久才有人按讚或根本沒人按讚，便會感到焦慮。

　　有項研究讓大學生用兩種方式互動：在線上或親身互動。那些親身互動的人，會感覺彼此在情感上更親近，考慮到人類大腦的演化情況，這很合理。[16] 這樣想吧：在人類的演化過程中，有幾近 99.9% 的時間我們與他人交流的唯一方式就是親身互動。比起我們面前那個溫暖的人，電子通訊只是個黯淡的影子。

　　許多 i 世代說，他們感覺自己的線上生活像在走鋼索。19 歲的蘇菲亞・史托吉齊對澳洲的《年代報》（*The Age*）說：「我發現（社群媒體）壓力很大，真的。你就是會知道它就在背景裡面。這些日子真的很難把它關掉，改而專注在你的思緒上。」[17] 同篇報導中受訪的其他 i 世代也都說他們試著關掉訊息通知或直接關掉手機，才能專心做其他事，像是與朋友面對面談話。但他們卻發現做不到，因為會害怕漏掉什麼。19 歲的艾咪・畢斯米爾說：「這不是妳想要就能永遠擺脫的。妳可以關掉手機，但它還是在那裡。」

即使我們在社群媒體上過得很好，並得到歸屬感，它還是無法取代真正的面對面互動。就像 17 歲的凱文所說：「如果你曾親身接觸其他人，只要你和他們相處過，就能確實掌握真正的情緒。如果你們一起做某件事，一起完成某件事，那感覺就會很棒，你懂嗎？你得分享情緒，就像努力把事情做成。你沒辦法在社群媒體上找到那種感覺。」

i 世代仍舊渴望與人親身互動。18 到 19 歲的聖地牙哥州立大學大一新生在接受調查時幾乎都說，他們寧願當面見到朋友，而非用電子通訊。19 歲的貝利寫道：「和人直接交談有趣多了。」18 歲的朱利安寫道：「當你真正和某人談話，會覺得更有人味和情感。記憶是透過體驗創造的，不可能發生在電話或電腦上。」

對於父母、老師、教務人員及商業界，有個巨大的問題是：親身社交互動的減少會導致 i 世代的社交技巧低落嗎？某些初步證據顯示了肯定的答案。某項研究讓 6 年級生參加一個五天的外宿自然營隊，不能使用電腦、手機或看電視。[18] 對照組則是維持日常的科技活動。之後所有孩子接受兩項社交技巧測驗，針對一系列照片中的人臉或觀看無聲影片中的社交互動，標示出其中所顯露的情緒（快樂、悲傷、憤怒、恐懼）。遠離螢幕五天的孩子在社交技巧上比起對照組有明顯的改善。

13 歲的亞荻娜認為，現在的小孩錯失了發展社交技巧的經驗。她說：「我們跟 iPhone 一起長大，不知道怎麼像正常人一樣交流，不知道怎樣正眼看著對方交談。」她的中學戲劇老師會對學生說：「把你們的手機放到這盒子裡，我們是來學習怎麼正視別人的眼睛。」亞荻娜覺得手機也影響了青少年的口語能力：「有時候那讓我們，那個，像外星人一樣。我們再也不懂得怎麼跟人說話了。」

正如彈鋼琴需要練習，社交技巧也一樣。說到練習面對真人的社

交技巧，i世代所下的工夫不如其他世代，因此當他們必須實地「展現」社交技巧時，便更有可能在重要場合中犯錯——在大學入學面試、在高中校園交新朋友，以及爭取工作時，這些生活中的社交判斷主要仍舊取決於親身互動，而i世代卻缺少這類經驗。下一個十年，我們可能會看到更多年輕人只知道如何為某個情境選擇正確的表情符號，而非正確的臉部表情。

不安全感：新的心理健康危機

加州大學柏克萊分校的伊拉芙‧艾瑟夫是在某次放假時發作。[1]那時她和母親一起出門採購，在回家的路上被悲傷的情緒淹沒，哭了起來。她投稿到校報《加州人日報》（*Daily Californian*）的文章是這麼寫的：「我把車子停到車道上，用來偷偷擦眼淚的袖子都濕透了。我媽站在那裡，驚嚇到說不出話。她緊緊抓住我的手臂，問我為什麼哭，但我沒辦法跟她講清楚。我無法解釋這種不時來襲的悲傷情緒，它徘徊不去，就像憂心忡忡的媽媽一直站在門邊，心都碎了，但也只能等，等到事態變得明朗。」伊拉芙並不是很確定自己為什麼有時候會覺得憂鬱，也很難向她父母解釋自己的感受。「我不知道出了什麼問題，也不明白自己為什麼會有這種感覺，但我真的沒事，這種情緒都會過去的。每當我走在街上，感覺到淚珠滾落臉頰，我都這麼告訴自己。」

網路世界中的 i 世代看似都很快樂，發布在 Snapchat 和 Instagram

的照片裡，總是能看到他們搞怪扮醜，笑得很開心。但是深入探究就會發現，現實並非如此讓人放心：i 世代正面臨數十年來最嚴重的年輕族群心理健康危機，即使從表面上來看，一切都很好。

一切都超（不）讚

> 「你說讚不讚？一切都超讚！」
> ——〈一切都超讚〉，《樂高玩電影》（ *The Lego Movie* ）主題曲

如今的網際網路（以及整個社會）推崇一種永遠都很正面積極的態度。社群媒體上的發文都強調開心，很少有傷心的時刻：每個人自拍都會擺出笑臉，除非是故意嘟嘴。

這種正面積極源自嬰兒潮世代，經由 X 世代去蕪存菁，再由千禧世代充分發揚光大——一切都來自美國文化中的個人主義。個人至上的文化更注重自我，較少關注社會規則。數十年來多項最根本的文化轉變，背後都有個人主義的作用，從一般公認有益的風潮（種族、性別、性傾向的平權發展），到較為負面的趨勢（許多人顯露出的特權意識）都包含在內。個人主義也鼓勵人要對自己有信心——不僅是應有的自信，自信滿滿到不合理的程度甚至更好。正面的自我觀感是個人至上文化的特色之一，鼓勵人們要宣傳自己、肯定自己。隨著個人主義的風潮在 1990 年代和 2000 年代崛起，千禧世代很快就給人過度自信、期望高到不切實際的印象——與前面幾個世代相比，他們的自我觀感更為正面、自戀程度更高，對自己的期待也更高。[2] 到了 i 世代，這樣的風氣逐漸退燒，與千禧世代在同齡時相比，i 世代並不是過分自

信的樂觀主義者。i 世代的自戀程度較低，對自己的期許也較低，意味著部分千禧世代過於膨脹的權利意識，可能即將不復存在。[3]

2000 年代正值青春期的千禧世代，比 1990 年代的青少年來得快樂：在那個年代，青春期的 X 世代都穿著黑色 T 恤，訴說著自己有多憂鬱。強調自由、樂觀的個人主義系統，對青少年而言是有益的，造成的結果就是快樂程度的提升。

時間來到 i 世代，青少年的快樂開始動搖，2011 年以後，在 8 年級和 10 年級生身上，尤其看不到 2000 年代青少年取得的快樂（見圖 4.1）。[4] 隨著 i 世代進入調查樣本，青少年的快樂便從千禧世代的勃發開始衰落。流行文化似乎預見了此一現象的到來：青少年電影從高中生派對狂歡的開心喜劇（《美國派》、《男孩我最壞》等），轉變為講述年輕人在反烏托邦國度尋找出路的故事（《飢餓遊戲》、《分歧者》等）。

當然，快不快樂的問題只是其中一個項目，而且下降的現象雖足以引起關注，但不到極端嚴重的程度。因此，我們有必要更深入研究青少年心理健康的趨勢。

i 世代的前景即將崩壞的第一波隆隆聲響，出現在他們對自己和生活的整體滿意程度。從 1980 年代到 2000 年代，有越來越多青少年表示他們很滿意。等到第一批 i 世代在 2012 年、2013 年成為 12 年級生，滿意程度則突然暴跌，並在 2015 年達到歷史最低點（見圖 4.2）。隨著青少年和朋友面對面相處的時間減少，看手機的時間增加，他們的滿意度也以驚人的速度下滑。

青少年對生活的滿意度出現突然、災難級的驟降，累積超過二十年的上升趨勢在短短幾年內就蕩然無存，而且事實證明，這只是冰山一角。

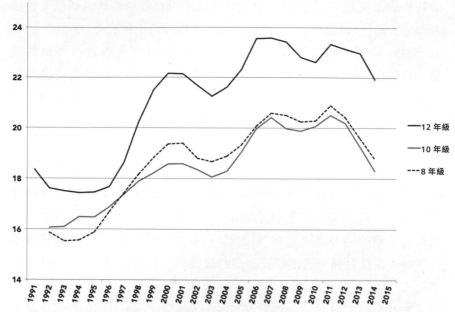

圖 4.1　8 年級、10 年級、12 年級生表示自己「非常快樂」的百分率（三年移動均線）

資料來源：監測未來調查，1991-2015 年。

沒人理我，好寂寞

　　今年 13 歲的格蕾絲·納扎里安有一天打開 Instagram，發現最好的朋友出現在某個生日派對的照片裡，而她沒有獲邀參加。[5] 她在《今日秀》（*Today*）節目中說：「我覺得沒去的人只有我……我那時候想到的是，她們沒有我也一樣很開心。然後，我覺得自己真的很糟，糟透了。」格蕾絲的經歷如今已經相當普遍：以前的青少年只能在學校透

第四章　不安全感：新的心理健康危機
INSECURE: THE NEW MENTAL HEALTH CRISIS

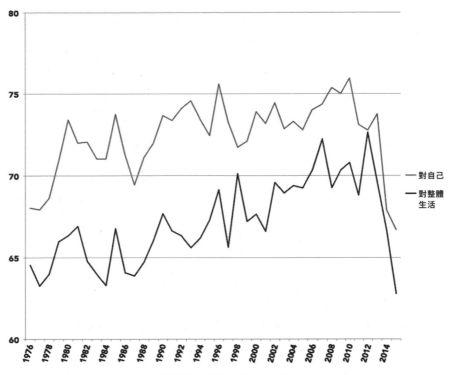

圖 4.2　12 年級生表示對自己及整體生活感到滿意的百分率

資料來源：監測未來調查，1976-2015 年。

過耳語聽到社交活動的消息，但現在的青少年可以即時看到最新照片，親眼證實自己錯過了什麼。i 世代針對這種情形有一個特別的講法：「社群恐慌症」（Fear of Missing Out，簡稱 FOMO）。在許多方面，這個詞聽起來都像是寂寞的配方。

　　當然，電子通訊也可能產生相反的效果，讓青少年即使分隔兩地，也能感受到彼此間的聯繫。青少年透過手機簡訊和網路與朋友保持

圖 4.3　8 年級、10 年級、12 年級生表示大致同意或同意「我經常覺得無人理會」或「我經常感到寂寞」的百分率

資料來源：監測未來調查，1991-2015 年。

密切聯繫，交流有趣的 Snapchat 照片，也能時常追蹤每個人的最新動態。但這樣並不能減輕他們的寂寞感──事實上才短短四年，青少年的寂寞感就增加了。2015 年，8 年級與 10 年級學生感覺寂寞的人數，與 2011 年的同級生相比，劇增了 31%，12 年級生則增加 22%（見圖 4.3）。如此巨大的變化，就發生在短短四年間。自該項調查從 1991 年開始進行以來，青少年的寂寞感達到了歷年之最。

　　既然現在是 FOMO 的時代，也可以預期青少年更有可能經常覺得

圖 4.4　i 世代產生寂寞感的可能模式

自己無人理會。上述調查所涵蓋的三個年齡層當中，常感覺無人理會
的人數目前全都達到歷年新高。如同寂寞感的增加，冷落感的增加同
樣呈現急遽、大幅度的變化趨勢，有更多的青少年體驗到這種遭到排
斥的感覺（見圖 4.3）。

　　短時間內出現如此大的變化並不尋常，代表有一股能造成巨大影
響的特定起因。考量到出現的時間點，智慧型手機最有可能就是始作
俑者：智慧型手機藉由取代面對面的社交互動，直接或間接增加了寂
寞感。如果青少年花更少的時間從事減輕寂寞感的活動，花更多時間
在帶來反效果的活動上，寂寞感會增加也就不足為奇了。圖 4.4 呈現
出上述現象的可能運作機制。

　　親身社交互動的衰退就像買凶殺人：即使殺人的主意不是出自殺
手，但他就是犯案的人。「螢幕使用時間」既是買凶的一方，自己也
從旁補了幾槍。

　　重點來了，請注意：這不是螢幕使用時間和親身相處時間在個人
身上此消彼長的模型，因為花費較多時間使用社群媒體的青少年，往

往也會用更多時間和朋友親身相處——社會化程度高的青少年在這兩種社交場域都較為活躍,社會化程度低的青少年則相反。這其實是一項假設,試著說明這些變項在世代的層面上有何關聯:平均來說,當青少年族群花費較多時間看螢幕,而且減少與人親身社交互動的時間,寂寞感就會增加。

雖然不見得是智慧型手機的使用導致寂寞感的增加,也有可能是寂寞感導致智慧型手機的使用,但寂寞感飆升的事實,降低了第二種情況的可能性:如果是寂寞感導致人使用智慧型手機,那麼未知原因所導致的寂寞感增加,應該會使智慧型手機的普及程度突然上升。但較有可能的情形應該是這樣:智慧型手機逐漸普及後,螢幕使用時間增加,導致青少年的寂寞感增加。另外,正如我們在上一章所見,多項研究顯示使用社群媒體會導致負面情緒,而非負面情緒導致了社群媒體的使用。

雖然冷落感的增加趨勢同時出現在青少年男女身上,但女性的增長趨勢尤為明顯。[6] 2015 年,感覺被排擠的青少女人數,與 2010 年相比增加了 48%,男性的增加幅度則為 27%。青少女使用社群媒體的頻率較高,因此更有機會發現朋友或同學聚在一起卻沒有找她們,進而感覺被排擠、感到寂寞。女孩子偏好言語攻擊,而社群媒體正是絕佳的傳播媒介。在網際網路還沒出現的年代,男孩就傾向以肢體的方式霸凌,而女孩則是以言語霸凌。社群媒體提供了中學女生一座 24 小時運作全年無休的平台,讓她們進行自己偏好的言語攻擊,藉以拒斥、排擠其他女生。青少女經歷這種電子式霸凌(俗稱網路霸凌)的可能性,是青少男的兩倍。以全美中學生為對象的青年風險行為監測調查顯示,有 22% 的女性表示前一年曾經遭受網路霸凌,相較之下,男性的比率則為 10%。i 世代少女的社交生活都在網路上,造成的結果是,

她們可能會越來越覺得受到冷落。

害怕繼續活下去：憂鬱

從蘿拉在 Tumblr 上的大頭貼來看，她是留著棕色波浪鬈髮的女孩，看起來不超過 16 歲。她把部落格取名為「一個憂鬱人的生活」（A depressed person life）。她的痛苦赤裸裸展現在她的發文上，其中包括「憂鬱症發作時：早上醒來，害怕妳會繼續活下去」、「我不知道自己為什麼這麼傻。我不知道自己為什麼這麼傷心」，還有「在我看來，其他人都他媽的超快樂。我為什麼不能跟她們一樣？」部落格的網頁標題只有一個詞，卻相當貼切：破碎。

像蘿拉這樣的憂鬱症，似乎比以前更普遍了。許多父母和教育界人士都憂心時下的青少年不停使用智慧型手機，尤其響個不停的社群媒體通知和簡訊已經創造出一個心理脆弱、容易陷入憂鬱的世代。關於這個主題的論辯早已多如牛毛，媒體上喧騰多時的討論內容，多半源自大學心理輔導中心工作人員的回報。這些諮商師指出，有越來越多學生向他們尋求協助，而且這些學生心中的困擾比幾年前更加嚴重。[7]然而，他們對於該現象的解讀可能受到諸多外部因素的影響，例如學生求助的意願增加了。

為了真正釐清青少年的心理健康問題是否比以往更普遍，最好的方法是以青少年（包含所有青少年，而不只是求助的青少年）為對象，進行具有樣本代表性的匿名抽樣調查，並獲得研究資料。調查最好能在青少年進入大學前完成（以排除就讀大學和心理健康之間的任何關聯），並持續調查數十年，如此才能比較幾個世代的人在相同年紀時的調查結果。幸好，這正是美國監測未來調查的做法：該項以全美 8 年

級、10 年級、12 年級學生為對象所做的調查，使用了前一章所介紹的六個憂鬱症狀評估項目。這六個項目用於衡量感受和症狀，調查中不會直接詢問青少年是否感到憂鬱。若學生較想要（或較不想要）承認自己有心理健康問題，這種做法都有助於降低他們說出來的可能性。當然，監測未來調查採匿名形式，會明確告知這些學生，調查結果不會透露他們的身分。這種憂鬱症狀的衡量方式不能和重度憂鬱症的臨床診斷相比，但確實可以掌握憂鬱症診斷時會列為主要風險因子的幾種感受和想法。

多年來的調查資料明白指出一項事實：青少年的憂鬱情緒在很短的時間內節節攀升。[8]近年來，認同「我覺得自己做什麼都錯」這項描述的青少年人數迭創新高，2011 年後就顯示出直線上升的趨勢（見圖4.5）。該調查所涵蓋的三個年齡層當中，感覺自己做什麼都錯的學生人數，也在近幾年全部達到歷史新高。這種現象不能只用時代的浪潮來形容，簡直有如海嘯。

社群媒體可能會導致這樣的無能感：很多人在網路上發文只報喜不報憂，所以許多青少年並沒有意識到他們的朋友其實也有不如意的時候。如果多花點時間跟朋友親身相處，青少年也許就能發現不只有自己會失敗。一項研究發現，臉書使用頻率較高的大學生，憂鬱的程度也較高──不過這只有在嫉妒心較強時才成立。研究人員用來衡量嫉妒程度的幾個衡量項目，許多社群媒體使用者都會點頭稱是，例如：「我大致上感覺自己不如別人」、「很多朋友都過得比我好」、「很多朋友都比我快樂」等。就讀密蘇里大學的梅根·阿姆斯壯曾罹患憂鬱症，她是這麼說的：「我經常聽別人說誰很好很棒之類的，每次聽了我都會想：我到底在幹麼？我到底該怎麼辦？妳們講夠了沒？」[9]

12 年級生艾莎曾出現在之前的章節中，對於社群媒體上用正面

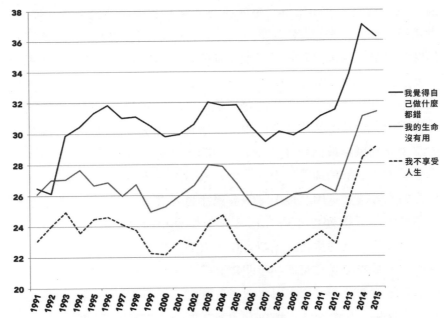

圖 4.5　8 年級、10 年級、12 年級生表示大致同意或同意「我覺得自己做什麼都錯」或「我的生命沒有用」或「我不享受人生」，或對此表示無意見的百分率

資料來源：監測未來調查，1989-2015 年。

態度包裝醜陋、脆弱現實的現象，她有很敏銳的觀察。「很多人在 Instagram 上發的文都很美好，譬如說『我的生活真棒』。她們的生活其實很糟糕吧！她們是青少年耶。」她說：「（她們會發文說）『超感謝我的好閨蜜』，鬼扯。妳才不會這麼感謝妳的好閨蜜，因為再過兩個星期，她們就會劈腿妳的男朋友，然後妳們就會吵架，一邊吵一邊把對方的耳朵扯掉。這樣才叫青春。」艾莎這番評論讓人聽了哭笑不得。她的話充分捕捉到 i 世代的自相矛盾：網路上展現的樂觀自信，都是

為了掩蓋現實生活中不堪一擊的內心，甚至有憂鬱症的事實。這是 i 世代使用社群媒體的真實寫照，也逐漸成為這一代人的寫照。i 世代自拍時都喜歡把嘴嘟得跟鴨子一樣，他們其實也像水中的鴨子：水面上一派悠閒，水面下瘋狂划水。

但還有比感覺自己很無能更嚴重的事情。近年來，認同「我的生命沒有用」這項悲觀描述的青少年有增加的趨勢，覺得自己一無是處的感受達到歷年最高點（見圖 4.5）。除此之外，認同「我跟其他人一樣享受人生」這項描述的青少年則越來越少。不認同這項描述，就是憂鬱的明顯症狀，因為幾乎每個憂鬱症患者都會說自己不再像以前一樣享受人生。從 2012 年到 2015 年，短短幾年內就有越來越多青少年表示不喜歡自己的生活（見圖 4.5）。六個憂鬱症狀項目的調查結果一致顯示，憂鬱症狀在短短幾年間飆高了，這種趨勢橫跨黑人、白人、拉丁裔等族裔，遍及全美國各地和各社經階層，大城小鎮、市區市郊都無法倖免。[10] 從 2013 年到 2016 年，在廣受青少年歡迎的 Tumblr 上，提及心理健康的貼文數量增加了 248%。[11] 康乃爾大學研究員雅妮絲‧惠特洛克（Janis Whitlock）指出：「假如你想營造出一個環境，去劇烈攪動真正焦慮的人，我們已經做到了。這些人就像待在壓力鍋裡，無處可逃。」[12]

在憂鬱症狀增加的巨浪中，女孩首當其衝，一如寂寞感升高的情況。雖然青少年男女出現憂鬱症狀的比率曾有一段時間幾乎相仿，但現在已經顯著偏向女性（見圖 4.6）。[13] 從 2012 年到 2015 年，男孩出現憂鬱症狀的比率增加了 21%，女孩則提高了 50%，足足多了一倍以上。青少女使用社群媒體的時間也比青少男多。20 歲的費絲‧安‧畢夏普（Faith Ann Bishop）接受《時代》雜誌訪問時表示：「我們是第一個完全無法從我們的問題中脫身的世代。」[14]

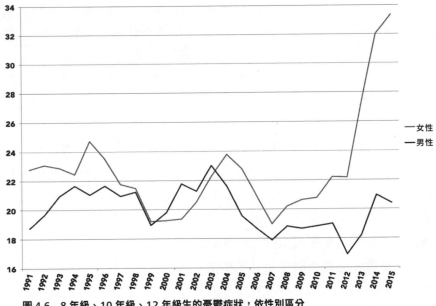

圖 4.6　8 年級、10 年級、12 年級生的憂鬱症狀，依性別區分

資料來源：監測未來調查，1991- 2015 年。

　　大學生的心理健康也在惡化。一項由美國大學健康協會（American Collegiate Health Association）進行的大型長期調查顯示，現今的大學生比以往更有可能表示自己感到極度焦慮，而且憂鬱到無法正常生活。自 2013 年開始，大學生的焦慮感和憂鬱情緒在短時間內顯著增加，這點與高中學生的情形相同（見圖 4.7）。

　　以全美大學新生為對象的美國大一新生調查也顯示出類似的趨勢。調查中的每一項心理健康問題指標，都在 2016 年達到歷年新高——2015 年到 2016 年的短短一年之間，多項指標都出現跳躍式的顯著上升，包括「情緒健康低於平均值」（2009 年以來增加 18%）、「曾

感覺情緒大到無法承受」（增加 51%）、「想要尋求個人心理諮商」（增加 64%），以及（也許最令人憂心的）「曾感到憂鬱」（增加 95%，幾乎多了一倍）。2016 年，首度有超過半數的大學新生表示自己的心理健康低於平均值（見圖 4.8）。總體來說，有越來越多大學生受到心理健康問題的困擾——不僅限於到心輔中心尋求協助的學生，也出現在完成匿名調查、具樣本代表性的學生之中。

　　青少年的憂鬱症狀突然大量出現的時間點，幾乎正是智慧型手機開始普及、親身人際互動開始驟降的時候。這些趨勢若彼此間並不相關，要同時出現未免過於湊巧，尤其憂鬱症狀又和社群媒體使用時間增加、親身社交互動減少有關。由於有這類的相關性資料，社群媒體導致憂鬱症狀、憂鬱的人使用社群媒體的時間較多，或者有第三項因素可以解釋兩者為何同時上升，都是可能的推斷。後面兩種說法即使在個人的層面上為真，卻不能充分解釋憂鬱症狀為何突然增加了。也就是，可能有某些未知的外部因素突然導致青少年更加憂鬱。2007 年到 2009 年的經濟大衰退有沒有可能就是外部因素？這起事件確實是突然出現，但是時間點不對。失業率最佳指標之一，可以用來呈現經濟狀況會如何影響人民，而失業率是在 2010 年達到高峰後開始下降，這模式和憂鬱症狀正好相反——憂鬱症狀 2012 年之前一直保持穩定，其後才開始漸趨嚴重。然而，智慧型手機正是在同一段時間開始普及（見圖 4.9）。

　　為什麼智慧型手機可能導致憂鬱？首先，簡訊或社群媒體上的訊息沒人回覆，就極有可能導致焦慮，而焦慮是憂鬱症的常見前兆。《美國女孩》一書中，有一段三名 16 歲洛杉磯女孩之間的對談，正好體現了這一點。[15] 格里塔說：「我說真的，這件事情我們都想太多了。」她指的是沒回覆簡訊或 Snapchat 私訊的那些男生。她繼續說：「這種

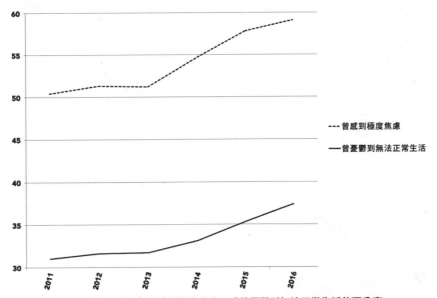

圖 4.7　大學生在過去一年曾感到極度焦慮，或曾憂鬱到無法正常生活的百分率

資料來源：美國大學健康協會調查，2011-2016 年，調查對象為上百所大專院校約四十萬名學生。

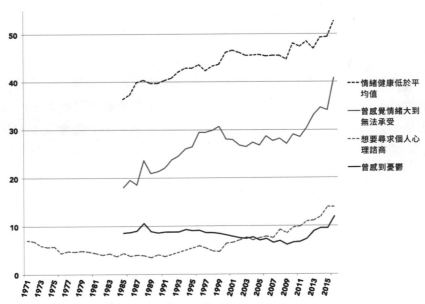

圖 4.8　大學新生表示有心理健康問題的比率

資料來源：美國大一新生調查，1971-2016 年。

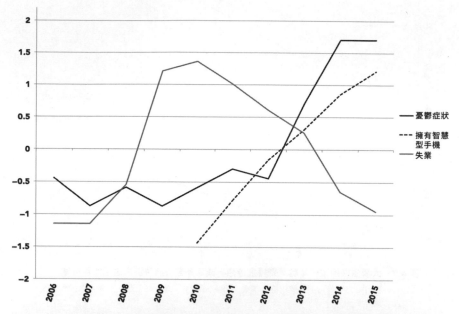

圖 4.9　美國人擁有智慧型手機的比率、年失業率及 10 年級學生出現憂鬱症狀的比率
資料來源：監測未來調查、美國大一新生調查，1976-2016 年。

事有來有往啊。我覺得這樣子很好，那個，比如說，我如果生某個男生的氣，我就可以讓他**知道**我不想理他，因為他會看到我已讀不回的訊息。」梅麗莎說：「可是如果自己遇到這種事，壓力都會很大。」帕德瑪在一旁補充：「還會覺得很沮喪。如果他們故意忽略妳傳的簡訊，妳一定會想：嗯，我還**活著**幹嘛？」

　　青少女的心理健康可能特別容易受社群媒體影響。社群媒體強調完美的自拍照，這會讓女孩子更加在意身體形象：為了博取按讚數，經常一拍照就是數百張，只為了挑出滿意的照片，但最後還是覺得這

些照片全都不合格。《美國女孩》裡有一名 16 歲女孩這麼說：「別人就是會讓妳覺得自己必須改變，覺得應該減肥或變胖一點，妳根本做不了自己。」另一個女孩則說：「那種感覺就像每天一覺醒來都要戴上面具，想辦法變成另外一個人，就是不能做自己。妳永遠不會開心。」今年 19 歲的伊瑟娜‧奧尼爾（Essena O'Neill）是模特兒，靠著在 Instagram 上發照片維生。[16] 2015 年 11 月的某一天，她無預警刪除了自己的社群媒體帳號，並在 YouTube 發布了一段影片。她在影片中說：「我花了很多時間看網路上那些完美女孩，希望自己能變成她們。後來我真的變得跟她們『一樣』了，但我還是不開心、不滿足，無法接受自己。社群媒體並不是現實生活。」她的照片雖然看似拍得很隨性，其實需要好幾個小時準備，而且往往要嘗試上百次才能拍出好照片。她表示在乎追蹤人數讓她「感覺窒息……我好可悲」。

性的雙重標準在網路上也相當明顯。女孩子經常覺得自己永遠無法成功——發性感的照片會有很多人按讚，但同時也會被當成蕩婦來羞辱。誰對誰說了什麼、誰喜歡誰這種女孩子的尋常劇場在社群媒體上也會變本加厲，她們經常二十四小時不停來來回回進行有害的互動，而且都看不見對方的表情、手勢。「她在生我的氣嗎？」這種年輕小女孩最愛問的問題，用智慧型手機太難回答了。

當心中苦痛成為流行病：重度憂鬱、自殘與自殺

麥蒂森‧霍蘭擁有大多數年輕女孩從小憧憬的一切：漂亮、成績優秀、擅長運動。[17] 她在紐澤西州長大，有四個手足，家人關係親密。她後來就讀賓州大學，並加入了田徑隊。就像許多大學生，麥蒂森也會在自己的 Instagram 上發照片，包括田徑賽、朋友、參加派對等。她

母親跟她說：「麥蒂森，妳在這場派對上看起來好開心。」麥蒂森回答：「媽，那只是張照片而已。」

麥蒂森的 Instagram 帳號並沒有呈現她真實的情況——她有憂鬱傾向。她曾經向好友艾瑪傾吐心事，說自己其實害怕長大，一想到未知的將來就驚懼不已。她連汽車駕照都還沒有考到。在賓州大學度過辛苦的第一個學期後，她開始在紐澤西州的家附近看心理治療師。大一那年的一月，有一天她的父親打電話問她有沒有在費城找到心理治療師，這樣她上學期間才可以繼續治療。「還沒，但是爸你不用擔心啦，我會找到的。」她說。幾小時後，她從九層樓高的立體停車場屋頂一躍而下，結束了自己的生命。當時她 19 歲。

我們至今為止所探討的，都是正常人的心理症侯變化，雖然令人擔憂，但不足以證明罹患了臨床憂鬱症。這些感受仍然非常重要，畢竟有越來越多青少年受到影響，而且是導致更嚴重問題的風險因子，但大多數時候，這些感受並不會惡化成令人精神衰弱的心理疾患。那麼問題來了：寂寞、憂鬱、焦慮等感受上升時，罹患憂鬱症以及發生最極端的後果——自殺的可能性，是否會連帶產生變化？

「全美藥物使用與健康調查」（National Survey on Drug Use and Health，簡稱 NSDUH）由美國衛生及公共服務部主持，從 2004 年開始以美國的青少年為對象，進行臨床憂鬱症的篩檢調查。該專案派出訓練有素的訪問人員，每年負責評估全美 17,000 名青少年（12 歲至 17 歲）的代表性樣本。參與者透過耳機聆聽題目，再將答案直接輸入筆記型電腦，以保障隱私和機密。題目參考了美國精神醫學學會出版的《精神疾病診斷與統計手冊》（*Diagnostic and Statistical Manual of Mental Disorders*，簡稱 DSM），該手冊的重度憂鬱症診斷準則在心理健康診斷上向來被奉為圭臬。準則包括：每天都情緒低落、失眠、疲

勞，或生活樂趣明顯消退，且至少持續出現兩週。該研究是專門設計來驗證美國人心理疾病發生的基準率，無論是否曾經尋求治療都包含在內。[18] 這樣的研究在信度與效度方面已經做到盡善盡美。

筛檢測驗的結果顯示，憂鬱症在短時間內呈現驚人的上升：2015年，青少年經歷重度憂鬱症發作的人數，與 2010 年相比，增加了 56%（見圖 4.10），功能受到重度損害的人數也增加了 60%。

越來越多年輕人不只出現憂鬱症狀和焦慮感，更出現能以臨床診斷的重度憂鬱症。超過九分之一的青少年和十一分之一的年輕人罹患重度憂鬱症，這問題非同小可。而比寂寞感、憂鬱症狀節節高升更嚴重的是，這些被奉為圭臬的資料顯示美國青少年的生活出了一些嚴重的問題。

如同憂鬱症狀和寂寞感，在重度憂鬱症發作方面，青少女（比較容易過度使用社群媒體）增加的幅度也大得多。2015 年，每五名青少女中就有一人在過去一年有過重度憂鬱症發作（見圖 4.10）。

憂鬱的青少年更容易自殘，例如割傷自己。紐約市貝爾維尤醫院精神科醫生法迪·哈達德（Fadi Haddad）接受《時代》雜誌訪問時表示：「每個星期都會有一個為社群媒體上的八卦或事件而不安的年輕女孩來掛急診。」[19] 那些病例掛急診的原因幾乎都是割傷自己。2011年到 2016 年，表示曾經刻意傷害自己的大學生人數增加了 6%（依據美國大學健康協會調查結果）。[20] 一些青少年會在社群媒體上討論自殘。一項研究發現，Instagram 上「#selfharmmm」（#自殘殘殘殘）這項主題標籤的貼文數量，從 2014 年的 170 萬則直線上升到 2015 年的 240萬則。標籤中多打了幾個 m 字，顯然是為了表達愉快的心情。有些自殘的人覺得愉快，竟然是因為傷害自己能讓他們感到解脫，這真是殘酷的反話。哈達德指出，許多家長都無從得知自己的孩子在社群媒體

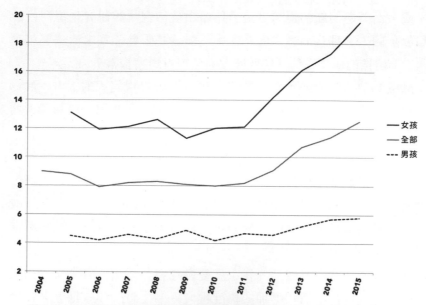

圖 4.10　12 歲至 17 歲青少年過去一年有過重度憂鬱症發作，或重度憂鬱症發作附帶重度功能損害的百分率（整體及依性別區分）

資料來源：全美藥物使用與健康調查，2004-2015 年。

上做什麼，並為此感到無助。一位母親發現她自殘的女兒有十七個臉書帳號後，馬上就刪除那些帳號。哈達德質疑：「但這樣做有什麼用？之後就會出現第十八個。」[21]

　　重度憂鬱症（尤其病情嚴重者）也是導致自殺的主要風險因子。猶他州立大學學生惠妮‧霍華德的高中同學有一次跟她說，她不懂為什麼有人會想自殺，人生有慘到那種程度嗎？惠妮說：「她不知道，其實我就有過自殺的念頭。……我試過服用過量的止痛藥。」她表示，憂鬱症是一種「心裡空蕩蕩的，空虛的感覺。（憂鬱症）會讓妳麻木，

剝奪妳的快樂、希望和生活樂趣，就像《哈利波特》裡的催狂魔」。[22]
從 2009 年到 2015 年，前一年曾經認真考慮自殺的高中女學生人數增
加了 34%，嘗試自殺的人數則增加了 43%。認真考慮過自殺的大學生
人數在 2011 年至 2016 年間躍增了 60%。[23]

　　自殺這種行為會受到密切追蹤，即使自陳報告的調查可能會有不
一致之處，也不會影響數據。自殺是憂鬱症最極端、最悲傷的實質結
果。如果自殺率上升了，就會是憂鬱情緒已經構成問題的有力證據。
遺憾的是，這個現象已經發生：青少年的自殺率在 1990 年代下降、
2000 年代趨於穩定，其後又再度上升。[24] 2015 年，15 歲至 19 歲青少
年的自殺人數比 2007 年增加了 46%，12 歲至 14 歲的青少年則增加了
2.5 倍。[25] 這些數字令人心碎。

　　青少女自殺率的上升尤為明顯。雖然男女兩性的自殺率都上升了，
但 2015 年自殺的 12 歲至 14 歲女孩人數是 2007 年的三倍，男孩則為
兩倍（見圖 4.11）。雖然青少男的自殺率仍然比較高（可能因為男孩的
自殺方式致死率較高），但女孩的自殺率已經開始逐漸逼近。

　　就自殺這樣的結果來看（一條年輕、寶貴的生命就這樣走到終
點），上述的增加趨勢確實令人極度擔憂。自殺率的增加也令人意外，
因為有越來越多美國人在服用抗憂鬱藥物（2016 年的比率為十分之
一，是 1990 年代中期的兩倍）。抗憂鬱藥物用於對抗重度憂鬱症（與
自殺關聯最密切的憂鬱症類型）特別見效，不過雖然有這種藥物，卻
還不足以遏止青少年自殺率的增長（發生時間點約與智慧型手機開始
普及的時候重疊）。智慧型手機是不是禍首還不能確定，但時間點相當
可疑。隨著自殺的青少年人數多了一倍，我們顯然需要有所作為。

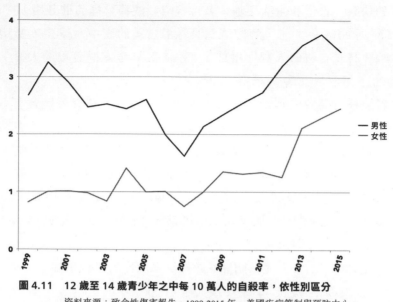

圖 4.11　12 歲至 14 歲青少年之中每 10 萬人的自殺率，依性別區分

資料來源：致命性傷害報告，1999-2015 年，美國疾病管制與預防中心。

心理健康問題為什麼逐漸嚴重？

　　雖然焦慮感、憂鬱症、自殺現象的增加都發生在智慧型手機興起的時候，但也有必要考量其他原因的可能性。《大西洋雜誌》（*The Atlantic*）有篇文章將青少年的心理健康問題幾乎完全歸咎於學業壓力。[26] 一名高中輔導員表示：「學生面臨著沉重課業壓力和成績平均點數（Grade Point Average，簡稱 GPA）的挑戰……上學比以往更辛苦了。」不過雖然課業壓力的良好指標之一，是學生在功課上花費的時間，但正如第一章所示，學生的作業時間與過去十年相比，其實是減少了或近乎相同，而且 2012 年至 2016 年間（經濟衰頹在這幾年迅速

惡化）的變化不大。另外，正如我們在第三章所見，學生花更多時間寫作業，感到憂鬱的可能性實際上會**降低**。因此，花太多時間念書導致焦慮感、憂鬱症增加，可能性似乎非常低。

根據現有證據，其他原因似乎也不太可能。我們可以針對可能原因進行兩部分的檢驗：第一項檢驗是該原因必須與心理健康問題或不快樂相關（參見第三章），第二項檢驗則是必須在上述的同一時期出現變化，且是朝相同方向變化。「寫作業的時間」這項可能原因，兩項檢驗均未通過，顯示與憂鬱症沒有關聯，且在上述時期並未出現太大改變。看電視和憂鬱症有關，但是如今青少年看電視的時間比以前的青少年還少，所以無法通過第二項檢驗。做運動的時間和憂鬱症減少有關，但是自 2012 年以來，這項可能原因的變化不大，因此也無法通過第二項檢驗。

只有三種活動同時通過了兩項檢驗。第一種是新媒體（如電子產品、社群媒體等）的螢幕使用時間，這和心理健康問題與／或不快樂有關，而且在上述時期同步上升。第二、第三種活動，即親身社交互動和平面媒體，這兩者都和較少不快樂、較不憂鬱相關，而且在上述心理健康開始惡化的時期同時呈現出減少的趨勢。有一項合理推論包含了三種可能原因：第一，螢幕使用時間增加，直接導致不快樂和憂鬱症增加；第二，螢幕使用時間增加，導致親身人際互動減少，進而導致不快樂和憂鬱症；第三，螢幕使用時間增加，導致平面媒體使用時間減少，進而導致不快樂和憂鬱症。以上機制最後都殊途同歸，指出新媒體的螢幕使用時間就是問題的核心，是公認的「蘋果核裡的蟲」。

當然，即使有了這項證據，這些資料也無法明確顯示螢幕使用時間的轉變造就了更多心理健康問題，不過其他研究可以。有些實驗以隨機分配的方式，讓受試者體驗或長或短的螢幕使用時間，也有一些

實驗進行長時間的行為追蹤。[27] 兩種實驗皆發現，螢幕使用時間增加確實會導致焦慮感、憂鬱、寂寞感增加，且會降低情感聯繫。很顯然，憂鬱情緒之所以突然大幅增加，至少有一部分原因在於青少年看螢幕的時間變長了。

另一個可能的原因是 i 世代缺乏獨立性，還沒準備好踏入青春期和成年期。i 世代在就讀中學時比較不打工、管理自己的錢、開車，比較少獨立處理事情，因此也就還沒發展出抵抗逆境的韌性。有一項研究以大學生為對象，詢問他們的父母是否會「監督我的一舉一動」、「介入解決我的生活問題」，而且沒有「讓我獨自嘗試解決事情」。[28] 該研究指出，學生的家長如果表現出這些特質（俗稱「直升機父母」），學生的心理幸福感會較低，而且較有可能服用處方藥物治療焦慮和憂鬱症。因此，獨立性的降低也通過了上述兩項檢驗：與心理健康問題相關，而且在同一個時期發生變化。

美國樂壇雙人組合「二十一名飛員」（Twenty One Pilots）在 2015年推出歌曲《壓力爆表》（*Stressed Out*），描繪出青少年慢慢長大和心理健康問題之間的可能關聯。這首歌的音樂影片裡，兩名團員在俄亥俄州哥倫布市的郊區街道騎著特大號三輪車，用吸管喝 Capri Sun 果汁。主唱泰勒・約瑟夫（Tyler Joseph）唱道：「希望時間能倒流，回到過往美好時光，有媽咪唱歌哄我們睡……。」長大成人也是一種突如其來、猝不及防的現實：歌詞中的父母會「嘲笑我們／叫我們起床去賺錢」。他說著，他以為隨著年齡增長，這樣的恐懼會消失，但現在他很沒把握，很在乎別人的想法。這首歌在 2015 年美國《告示牌》百大單曲榜上高居第二名，音樂影片在 YouTube 上的觀看次數更超過 8億次。就讀亞斯伯里大學的艾莉莎・德瑞斯柯爾這麼形容這首歌：「歌詞完全寫出我們在想的事情……聽了真的很有感。」[29]

在音樂影片裡，泰勒的脖子和手上塗滿了黑色妝彩，據他說這是一種隱喻，代表壓力——「一種讓人窒息的感覺」，他在接受採訪時這麼說。這很有道理：如果童年備受呵護，總有人跟你說不用在乎別人的想法，到了青少年時期可能不容易找到自己的方向。到了這個時期，別人的想法突然變得很重要，你突然必須像大人，那種壓力可想而知。泰勒這麼唱著：「學貸和樹屋二選一，我們都會選樹屋。」

睡眠時間被偷走

上床睡覺前，看看家裡的青少年子女在幹什麼吧：他／她房間的燈好像關了，但你不太確定。然後你就看到了：手機發出微弱的藍光，他／她在床上盯著手機看。

很多 i 世代都沉迷於社群媒體，該睡覺的時候總是很難放下手機好好睡覺。一名 13 歲女孩在《美國女孩》一書裡承認：「我整晚都在看手機。」[30] 她經常晚上躲在被窩發簡訊，不讓母親知道她還醒著。她早上醒來通常都覺得很累，但她說：「反正我喝 Red Bull 提神就好。」今年 13 歲的雅典娜也跟我說過類似的事情，她說：「我有幾個好朋友不到半夜兩點都不睡。」我問她：「應該放暑假才這樣吧？」她說：「沒有，學期間也一樣，而且我們 6 點 45 分就要起床。」

智慧型手機的使用可能已經降低青少年的睡眠時間：現在有越來越多青少年大多數晚上都睡不滿七小時（見圖 4.12）。[31] 睡眠專家表示，青少年每晚應該睡九小時左右，所以睡不滿七小時的青少年已經有嚴重的睡眠不足。2015 年，睡眠不足的青少年人數與 1991 年相比增加了 57%。2012 年至 2015 年的短短三年間，沒有睡滿七小時的青少年就增加了 22%。

像這樣維持了一段時間的趨勢，很難說確切原因是什麼。儘管如此，這項趨勢開始上升的時間點依然很可疑——在一次，這發生在大多數青少年開始持有智慧型手機的時候，約落在 2011 年或 2012 年。青少年女性的增加幅度同樣大於男性，[32] 而女孩確實在社群媒體上比較活躍。

如果花比較多時間上網的青少年也睡得更少，就有了進一步的證據去推斷新媒體和智慧型手機可能是睡眠不足的原因。事實也確實如此：每天使用電子產品三小時以上的青少年，睡不到七小時的可能性增加了 28%；每天上社群網站的青少年，睡眠不足的可能性也增加了 19%（見圖 4.13）。在每天使用電子產品兩小時以上的青少年間，睡眠不足的人數上升了；如果使用三小時以上，睡眠不足的人數更是激增。[33] 一項針對兒童使用電子產品的大型整合分析研究也有類似發現：兒童睡前使用媒體裝置，較有可能出現睡眠不足，睡不好的可能性也會提高，白天昏昏欲睡的可能性更增加了一倍多。[34]

與舊形態的媒體相比，電子產品和社群媒體對睡眠似乎有極其獨特的影響。會看書、閱讀雜誌的青少年，睡眠不足的可能性往往較小——若非閱讀可以助眠，就是他們比較捨得放下書本去睡覺。看電視的時間則幾乎與睡眠時間無關；很顯然，電視看很凶的青少年能夠關掉電視去睡覺，看手機的青少年卻做不到。智慧型手機似乎有種吸引力：在黑暗中閃動的藍光，往往難以抵擋。

其他需要大量時間的活動，例如寫作業、打工賺錢等，也會增加睡不飽的風險，但既然青少年在 2015 年打工和寫作業的時間與 2012 年的數字相去不遠，那麼這些活動就不可能成為 2012 年以來睡眠不足的原因。其他需要時間的活動，例如運動、找朋友一起玩等，實際上則和睡眠時間增加有關。新媒體的使用既是與睡眠不足關聯性最強的

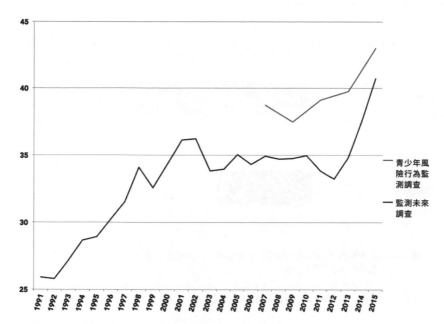

圖 4.12　青少年大多數夜晚睡眠時間少於七小時的百分率

資料來源：監測未來調查（8 年級、10 年級、12 年級生），青少年風險行為監測調查
（9 到 12 年級生之數據），1991-2015 年。

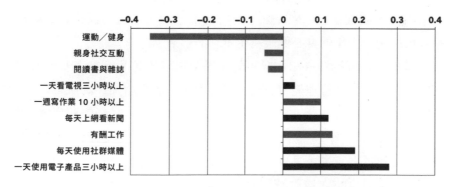

圖 4.13　大多數夜晚的睡眠時間少於七小時的相對風險，分螢幕活動與非螢幕活動

資料來源：監測未來調查、青少年風險行為監測調查，2009-2015 年。圖中黑色長條
代表螢幕活動，灰色長條代表非螢幕活動。

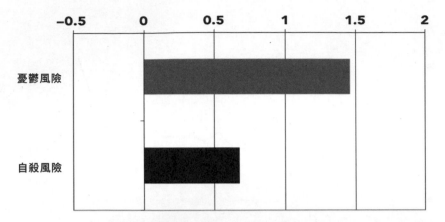

圖 4.14　因大多數夜晚的睡眠時間少於七小時，而出現嚴重憂鬱症狀或至少一個自殺風險因子的相對風險

資料來源：監測未來調查（8 年級、10 年級、12 年級生之數據）、青少年風險行為監測調查（9 到 12 年級生之數據），2009-2015 年。

因素，也是唯一在 2012 至 2015 年間顯著增加的活動。由此可見，智慧型手機可能就是近年來睡眠不足的情況增加的主因，也代表這項新科技已經對青少年的身心健康產生不利的影響。

　　睡眠不足可能造成相當嚴重的後果：睡眠不足和非常多身體狀況有關，包括思考和推理能力受損、容易染病、體重增加、高血壓等。[35] 睡眠不足也會對情緒產生重大影響：睡眠不足的人容易憂鬱和焦慮。[36]

　　是不是很耳熟？沒錯，睡眠不足也可能是 i 世代比較容易憂鬱的原因。睡眠不足的青少年，回報憂鬱症狀較為嚴重的可能性增加了一倍以上（高達 31%，睡眠時間較長的青少年則只有 12% 的可能性）。睡眠時間每晚不足七小時的青少年，至少有一項自殺風險因子的可能

性也提高了 68%（見圖 4.14）。睡眠不足是使人心情低落的終極殺手，長時間下來會引發雪球效應，導致嚴重的心理健康問題。

上述風險在不同性別、種族、社經地位之間都是一致的，所以這些因子並不是起因。一些很有意思的新研究指出，電子產品發出的藍光會告訴我們的大腦現在還是白天，大腦因而需要更長的時間才能入睡。社群媒體上的交流（尤其是青少女）太過情緒化，恐怕起不到助眠作用，實在不適合在睡前需要放鬆的時候看。智慧型手機可能導致睡眠不足，進而導致憂鬱。或者，手機也有可能導致憂鬱，進而導致睡眠不足。總之一切都源於手機莫名的吸引力：當手機的提示音響起，青少年只會一頭栽進愁雲慘霧中，不會一頭栽進床裡。

我們可以做些什麼？

加州理工學院大三學生布萊恩・葛的父母表示，布萊恩曾經寫電子郵件向大學心輔中心的諮商師求助。[37] 他與女友分手之後，不確定自己還有沒有「繼續活下去的意志」。諮商師告訴他，最近幾天內都沒辦法跟他約諮商時間。不久之後，布萊恩自殺身亡。

加州理工學院駁斥了這項說法，堅稱布萊恩否認了自己一直有自殺念頭。儘管如此，該案例還是突顯了一項全美國共通的問題：在心理健康支援方面，大學校園的資源往往並不足夠。常有很多人大排長龍等著看心理治療師，但由於預算削減，求助的學生人數雖然增加，輔導人員卻減少了。許多院校的心輔中心還會限制學生諮詢校內治療師的次數。杜蘭大學的學生謝法莉・阿羅拉用完學校允許的十二次校內心理輔導療程後，輔導室給了她一份校外心理治療師的名單。她說：「但是我沒有車。」她向學校請了一個學期的病假後，曾企圖自殺，幸

好沒有成功。[38]

　　高中學生及家長因心理問題求助的比率，已經達到前所未有的程度。1983 年，（在監測未來調查中）只有 4% 的 12 年級生在過去十二個月曾因心理或情緒問題尋求專業人員協助。這個數字在 2000 年來到 8%（增加一倍），2015 年再上升到 11%。因此，心理健康專業人員的接案數比過去還高，而且很有可能還會持續增高。相關從業人員有必要做好準備，迎接不斷增加的 i 世代個案。

　　年輕族群如果不尋求幫助，將出現更嚴重的問題。i 世代已經開始在大學報刊上大聲疾呼，呼籲大眾更加正視心理疾病，並減少這類疾病的汙名。羅根‧瓊斯投稿給猶他州立大學的學生報紙，他在文中表示：「令我擔心的是，任何關於情緒健康的討論，似乎總是夾帶對這項議題的不理解……看心理治療師仍然是一種忌諱……心理問題很容易被當成只是某種形式的不安，不用特別處理，所以沒有人想被貼上小題大作的標籤——沒有人願意接受診斷。」[39] 庫柏‧隆德也在《奧克拉荷馬報》（*Daily Oklahoman*）投書指出，憂鬱症到現在仍然備受汙名化，而且並未獲得妥善治療。他承認：「如果我覺得自己可能得了癌症，我會趕快去看醫生，但當初我覺得自己得了憂鬱症的時候，我花了四年才終於決定去看精神科醫師。」[40]

　　針對心理健康問題提供協助固然至關重要，但如果能在憂鬱和焦慮出現前就加以預防，當然更好。為了做到這點，不妨預先了解這些心理健康問題的元凶。雖然有些人具有容易焦慮、憂鬱的遺傳體質，但心理健康問題突然增加，說明了一件事：問題顯然不只出在遺傳。近年來的研究發現也證實了這點——遺傳和環境因素會交互作用。先天較容易憂鬱的人，只有身處某些環境才會真正開始憂鬱，例如，睡眠不足就與憂鬱症有關。正如我們在前面所見，青少年的睡眠並不足

夠，這可能是導致越來越多青少年憂鬱的原因之一。親身社交互動的減少和智慧型手機的興起，則可能是另一項原因。換句話說，想改善心理健康，其實有一個簡單又不用花錢的方法：放下手機，找其他事情做。

我不信教：宗教（與屬靈）的流失

幾個男孩子在木夾板製成的坡道上猛力衝刺，腳下的滑板隨著他們躍起而啪啦作響。外頭很冷，他們很開心有室內場所可以玩滑板，但這裡可不是普通的滑板場──這些滑板男孩的上方是壯觀的拱形天花板，一旁還有一尊聖若望石雕像靜靜地看著。這座位於荷蘭阿納姆的滑板場，其實曾是聖若瑟天主堂。[1]

這座聖若瑟天主堂和歐洲各地的許多教堂一樣，隨著越來越多歐洲人不信教而關閉。荷蘭有座教堂目前是訓練雜技演員的學校，另外有一座成了販售高級女裝的商店，還有更多變成了空屋。「數量實在太多，這已經成為整個社會都在面臨的現象。」荷蘭宗教遺產運動分子莉莉安・格羅茨瓦格（Lilian Grootswagers）接受《華爾街日報》訪問時表示：「每個人在自己家附近都會遇到這麼大的空屋。」

數十年以來，美國和歐洲大部分國家相比，一直是更加宗教化的

國家。隨著歐洲教堂逐漸人去樓空，美國人相比之下還是非常虔誠。長期以來，美國的宗教學者都堅稱美國人的宗教實踐和信仰相對穩定。少數確實已經出現的變化，即使是出現在年輕族群中，也以「微不足道」被輕輕帶過。[2] 不會有人在美國的教堂裡玩滑板。

接著來到千禧世代。Pew 民調研究中心的研究顯示，2010 年代中期有三分之一的千禧世代美國人（時年 20 至 34 歲）宣稱自己沒有宗教信仰，遠高於 70 歲以上的美國人（無宗教信仰只占十分之一）。[3] 不過年輕人向來比較不信宗教，老年人則相反。或許千禧世代只是還年輕，所以不那麼信教。由於 Pew 民調研究中心的資料只能追溯到 2007年，因此該調查無法說明千禧世代較不信教的原因究竟是年齡使然，還是真正出現了世代和文化上的轉變。

要真正分辨美國人在宗教信仰上的變化，從可追溯至數十年前的資料著手是比較好的辦法，如此才能比較現今的年輕人和過去幾個世代的年輕人。由於 i 世代即將步入成年，他們的宗教傾向相當於預示了未來幾十年的美國樣貌——是門窗關閉的教堂，或者美國宗教的復興？由於自認有宗教信仰的美國青少年大部分是基督徒（在 2015 年就讀 10 年級的學生中占了 68%），上述的探討多半以基督宗教為主，並討論青少年離開基督宗教的原因。猶太教徒、佛教徒、穆斯林青少年目前在美國仍屬少數族群（在 2015 年就讀 10 年級的學生中分別占1.6%、1.0% 和 1.5%）。這幾種宗教信仰及其如何影響 i 世代的探討，可能會在未來幾年漸增。

宗教參與率的轉變

來自伊利諾州的班是細心周到的 18 歲男孩，也是我訪問過的 i 世

代中，少數愛紙本書籍勝過手機螢幕的人。我問他有沒有上過教堂或參加宗教儀式，他回答：「沒有。我的朋友大部分也都沒有。」我又問他，他是從小到大都這樣，或是在人生某個時間點放棄了宗教信仰。他說：「我爸媽從不帶我們上教堂。他們從小就幾乎算是有宗教信仰了，但從沒要求我們信教。我有一兩個朋友的爸媽還有在上教堂，也希望他們去，但現在都停了。」

信教曾是年輕人近乎普遍的經歷：1980 年代初期，超過 90% 的 12 年級生自認是某個宗教團體的一分子，只有十分之一認為自己「無」宗教信仰。一直到 2003 年，10 年級學生當中仍有 87% 信教。

但上述情形後來出現轉變：從 1990 年代開始，有宗教信仰的年輕人越來越少，到了 2000 年代更是加速下滑。[4] 這項轉變以年輕人最為劇烈，信教的比率到 2016 年已經下降到 66%（見圖 5.1）。至此，足足有三分之一的年輕人不加入任何制度性宗教（organized religion）。

這不只出現在年輕之間，i 世代由無宗教信仰的父母撫養長大的可能性，也比過去任何世代高。2016 年的美國大學生調查顯示，有 17% 的學生家長沒有宗教信仰，而這項數據在 1970 年代後期僅有 5%。學生入教的下滑趨勢更為嚴重，到了 2016 年，沒有宗教信仰的大學生比率已經來到 31%。如圖 5.2 所示，家長及其大學生子女信教的比率差距，近年來有逐漸拉大的態勢。雖然大學生信教的可能性一直略低於父母，但差距如今已經大到形同鴻溝了。

這個現象顯示，有兩股力量同時在拉動 i 世代遠離宗教：有更多 i 世代出身不信教的家庭，以及有更多 i 世代青少年決定不再歸信。青少年似乎會在 8 年級到成年早期之間做出這種決定，這段時期的青少年開始提出更多問題，並為自己做出更多決定。

i 世代成長的年代，社會明顯更能接受大眾拒絕宗教信仰。2009

年，歐巴馬成為美國史上第一位在就職演說中將「無宗教信仰」列入宗教團體的美國總統。有越來越多美國人公開挑戰宗教。2015 年，俄亥俄州哥倫布市的布萊恩‧謝勒（Brian Sheller）在《紐約時報》網站投書指出：「到了 21 世紀，很明顯古老宗教文獻只是人類創作出來的產物。如果還是要信，那就是『錯覺』的最佳註解。宗教所提供的任何東西，都可以找其他沒那麼怪力亂神的信念或行為來替代。」

i 世代也有可能對宗教敬而遠之，卻依然會偶爾做禮拜。過去有許多宗教學者認為，美國人還是像以前一樣愛上教堂，即使宗教儀式出席率有了任何變化，也是很小的變化。

但情況已經不再如此：宗教儀式出席率直到 1997 年左右仍是緩慢下降，但之後就開始暴跌。2015 年，有 22% 的 12 年級學生表示「從未」做禮拜（見圖 5.3）。這項調查的衡量標準已經非常低，即使一年只做一次禮拜也算。出席頻率較高的群體也呈現一樣的態勢：2015 年僅有 28% 的 12 年級學生每週做一次禮拜，這項數據在 1976 年還有 40%。

波士頓學院的詹姆斯‧布雷茨克神父（Father James Bretzke）某次接受全國公共廣播電台訪問時承認，只有一小部分大學生會出席彌撒，但他也指出，他在貝德福德郊區的教堂裡，滿滿都是年輕家庭。[5] 他表示：「這些人會想回到教堂，是因為他們希望自己的孩子接受某種形式的宗教教育。」這代表 i 世代和千禧世代之所以遠離宗教活動，確實是因為還年輕——還沒穩定下來、膝下無子，並且距離死亡、疾病等需要宗教來安撫的情況還很遙遠。或許等到人生安定下來，這些人就會回歸宗教。

然而，年齡不可能隨著時間導致這些數據生變：i 世代和千禧世代的宗教信仰，確實不如同齡時的嬰兒潮世代和 X 世代。以目前正處

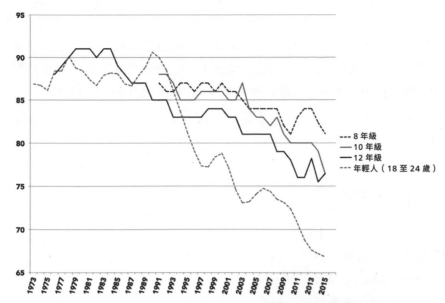

圖 5.1　8 年級、10 年級、12 年級生及 18 至 24 歲成人加入任何宗教的百分率

資料來源：監測未來調查（8 年級、10 年級、12 年級生）、美國綜合社會調查（18 至 24 歲成人），1972- 2016 年。

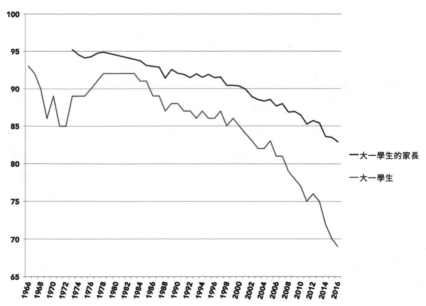

圖 5.2　大學生及其父母加入宗教的百分率

資料來源：美國大一新生調查，1966- 2016 年。

於成家時期的千禧世代來說，近期資料顯示他們做禮拜的可能性小於同齡時的嬰兒潮世代和 X 世代。事實上，千禧世代進入成家的巔峰期後，做禮拜的次數衰退的趨勢幾乎和 18 至 24 歲的年輕人一樣劇烈（見圖 5.4）。千禧世代在 20、30 多歲沒有回歸宗教，i 世代也就不可能這樣做。

虔誠但有所不同

儘管已經晚上十點，20 歲的詹姆斯還是很清醒，隨時可以談話。他剛結束亞特蘭大市郊一所大學的商學課程，我打電話給他，問說：「是詹姆斯嗎？」他回答得很開心：「就是我！」我們花了幾分鐘聊他的主修科目、他的父母，還有他的出生地，之後我問他是否從小上教堂。他告訴我，他以前跟家人最常去的浸信會在亞特蘭大市郊，一開始每星期日都會去，後來越來越少去。「那所教會非常保守，很老派。這沒關係，我們就是老派家庭。我們有一些老派的理想。」他說。儘管如此，有些問題從一開始就已經存在：「我們家有過一段很難熬的日子……我父親是黑人，我母親是白人，我和我弟都是混血。我們一走進教會，大家都會瞪著我們看。」

後來他弟弟在 14 歲公開承認自己是跨性別，這立刻在教會引發風波。詹姆斯說：「我們的教會對 LGBT 不算很友善。」有一次，教會牧師譏諷了另外一所比較願意包容 LGBT 的教會，說他們乾脆也接受騙子和殺人犯算了。那位牧師問大家：「為什麼要歌頌罪惡？」幾年後，中學時期為情感問題所苦的詹姆斯也向家人出櫃，承認自己是同性戀。他很清楚自己受到男性吸引，卻也知道他的教會不可能接受這種事。他說：「那基本上就只有恐懼。你連想都不能想，想了就會下

第五章　我不信教：宗教（與屬靈）的流失
IRRELIGIOUS: LOSING MY RELIGION (AND SPIRITUALITY)

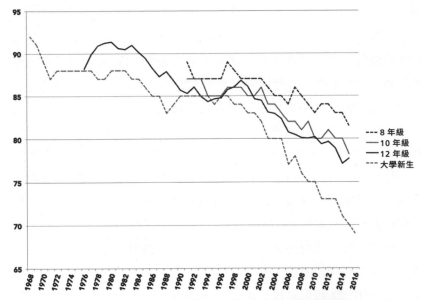

圖 5.3　8 年級、10 年級、12 年級生以及大學新生曾做過禮拜的百分率

資料來源：監測未來調查（8 年級、10 年級、12 年級生）、美國大一新生
調查（大學新生），1968-2016 年。

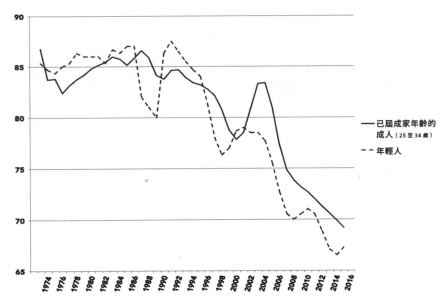

圖 5.4　年輕人及適婚成人做過任何禮拜的百分率

資料來源：美國綜合社會調查，1972-2016 年。

地獄。在教會裡，你必須戴上厚重的濾鏡，才能有容身的地方。你沒辦法坦誠面對自己的困擾，也不能正視自己相信的事情，不然這些都會被扼殺。」可想而知，詹姆斯和他家人後來就不去那所教會了。

不過他也說到：「我們家四個人現在還是非常虔誠的基督徒，信仰都還是非常堅定。」他的弟弟「跟信徒朋友非常親近。我感覺到這讓他在靈性學習方面獲益良多，而且從教會以外的地方獲得靈性感受。」而詹姆斯自己即使已經離開教會，仍然渴望和宗教有所聯繫。「在我心中，我跟上帝和宗教的關係非常穩固，不上教堂也很完滿，這點對我來說很重要。」他這麼說著。

如果詹姆斯和他的弟弟早五十年出生，可能就會留在教會，而且至少一段時間內都不會坦承自己的認同。但他們是 i 世代，不可能隱藏自己的身分。他們現階段的挑戰，在於尋找一所能同時支持他們的身分認同和深厚基督教信仰的教會。詹姆斯和他的弟弟目前還沒得償所願，但他希望等到他們年紀較長之後，這樣的地方就會出現。他說：「我們現在是大學生，都很忙……他 18 歲，我 20 歲。等到我和弟弟都更安心之後，我們就會去找一所比較能久待的教會。」

失去我的宗教：個人宗教信念

我問 14 歲的普莉婭信不信上帝，她說：「我不確定是不是真的有這個人，或者這群人，或者根本沒有。所以我繼續保持開放態度。有一天我會弄清楚的。」她只偶爾去拜神，「有時我媽去（印度教）廟裡會帶我去。」她的語氣聽起來興趣缺缺。我又問她有沒有禱告過，她說：「不算真的有。我有時候會自言自語：『這個申論題拜託讓我拿到 B 或更高分。』我這樣應該算是在向老師或者申論題之神禱告

吧，但我很確定那種神不存在。」

　　二十年來，新聞頭條和學術文章都聲稱道，沒錯，入教的美國人越來越少了，但禱告、相信上帝的人還是一樣多。美國人依然虔誠，只是比較不會公開敬拜神。曾有幾十年的時間，這樣的說法的確沒錯：從 1989 年到 2000 年，相信上帝的年輕人比率幾乎沒有變化。

　　但後來，那就像懸崖一般陡然下降了：2016 年，年齡在 18 至 24 歲的族群當中，有三分之一表示不相信上帝。禱告的比率也遵循類似的驟降走勢。2004 年，還有 84% 的年輕人至少有時候會禱告，但到了 2016 年，已經有超過四分之一的年輕人表示他們「從來不禱告」。同時，越來越少年輕人相信《聖經》是神的默示：2016 年，有四分之一的年輕人認為《聖經》是「一本充滿寓言、傳說、歷史故事、道德準則的古書，由人記述而成」。（見圖 5.5）

　　由此可見，美國人私下仍然信教的說法已經不再是事實。無論公開場合或私下，美國人的信仰都日漸衰退，千禧世代和 i 世代尤其如此。這種現象和族裔或人種構成的變化無關，因為美國白人族群中也有相同趨勢，有時程度甚至更為強烈（2016 年，年輕白人中只有三分之二曾經禱告，只有 60% 的人相信上帝）。個人宗教信念的式微，顯示出年輕世代之所以遠離宗教，不僅僅是因為不信任宗教組織。越來越多的年輕人即使在家中、在心中，也完全脫離宗教。

　　我和 16 歲的麥克斯在他就讀的高中碰面。他坐在教室外面，午餐時間才剛開始。麥克斯深金色的頭髮理成平頭，身上穿著白灰相間的上衣，看起來像 1950 年代的校園少年，不過嗜好方面就比較現代了：課餘時間都在打電動。我問他上不上教堂，他只回答：「不上。」我又問他信不信上帝、有沒有禱告，他給了一樣的簡短答案。我再問他覺得宗教的目的是什麼，他說：「宗教可以給人寄託，譬如遇到困難

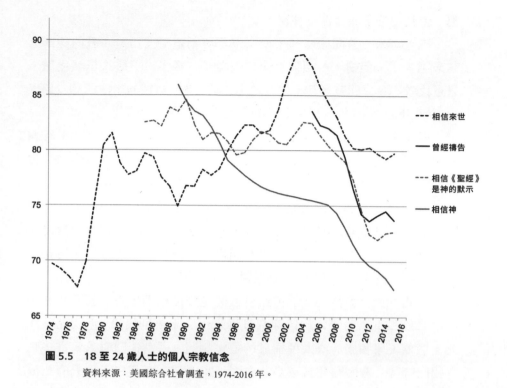

圖 5.5　18 至 24 歲人士的個人宗教信念
資料來源：美國綜合社會調查，1974-2016 年。

的時候。有句話説得好：如果你在壕溝裡，有炸彈炸過來，大家都會禱告。」麥克斯表示，他有些朋友的家長會「逼他們」上教堂，但他的父母不信教。

　　有些 i 世代確實會禱告，但不見得會參與傳統的敬拜。今年 17 歲的提雅拉寫下這麼一段文字：「我已經不再只為了感謝主而禱告了。我只有在自己或別人有需要的時候才禱告。老實説，除非我遇到困境，想改變現狀，不然我都把禱告忘光了。」其他 i 世代的行為確實更虔

第五章　我不信教：宗教（與屬靈）的流失
IRRELIGIOUS: LOSING MY RELIGION (AND SPIRITUALITY)

誠，只不過是以自己的方式。今年 21 歲的瑪麗這麼寫道：「我禱告就只是跟上帝交談而已。我不下跪，也不管『教會那一套』。禱告是很私人的事情。」

數十年來，在脫離個人宗教信念的潮流中，對來世的信仰是值得注意的例外。2000 年代中期的年輕人比 1970 年代的年輕人更相信來世。有些成年的年輕人不想做禮拜，卻可能願意相信死後有永生。但這種來世信仰也在 2006 年以後開始衰微。因此，與年代相隔不遠的千禧世代初期相比，千禧世代晚期和 i 世代更明顯不信教，四種個人宗教信念（禱告、相信上帝、認為《聖經》是神的話語、相信人有來世）都出現了這種轉變。

還有一種個人感受：宗教在生活中的重要性，而從這方面來看，信教的青少年也變少了。2015 年，就讀 10 年級和 12 年級的學生當中，有近四分之一表示宗教在他們的生活中「不重要」。直到 2000 年左右，絕大多數的青少年都還認為宗教對他們至少有些重要，其後則開始下降。總體來說，i 世代幾乎可以確定是美國史上最不虔誠的一代。

大多數的 i 世代仍然會以某種方式參與宗教，但這個世代中不碰宗教、完全過著世俗生活的無信仰人士，比率相對變大了。這些人從不做禮拜、不禱告、不信上帝。這批逐漸增加的族群占了 8 年級學生的六分之一、10 年級學生的五分之一、12 年級學生的四分之一，在大學生和年輕人當中更占了三分之一。這麼大量的年輕人完全脫離宗教，可謂前所未有，也可能預示了美國宗教的未來：信徒越來越少，越來越多教堂關閉。美國雖然還不像歐洲，但有可能走上相同的未來。

宗教 vs. 二十一世紀

　　某個星期一的午餐時間，我和 20 歲的馬克約在他父母位於德州沃斯堡市郊的家裡見面。「這個時間還可以跟你聊嗎？」我問他。「可以的，女士。」他回答，用字遣詞讓我瞬間回到過去，想起自己在德州長大的日子。馬克出身虔誠的基督徒家庭，他說：「我的父母是最正統的基督徒，遵從《聖經》指示，完全相信《聖經》。」他說。他每個星期天都上教堂，有時候去他父母的教會，或者跟女朋友一起去達拉斯的一個大教會。我問他有沒有在禱告，他說：「我每天都禱告。我祈求主的手護持我認識的每個人。我祈求主賜予我人生智慧，他將使我苗壯，成為他期望的那種人。」他這麼說著自己的人生目標：「我希望每天起床，腳踏在地板上，都能讓魔鬼邊逃邊說著：『可惡，他起來了。』」我大聲笑了出來，一邊想著，這才是真正的信仰。

　　馬克同時也是個 i 世代。一個小時的訪談裡，我清楚感受到他的基督教福音派信仰，還有他所處的這個 21 世紀 i 世代世界對他的影響。幾股力量在他身上拉扯，簡直就像在我眼前搏鬥一樣。我們聊到政治，他所列出的重要議題並不包含同性婚姻。等到我終於提出來問他，他才說：「是的，我很清楚同性結婚是錯誤的，因為這種婚姻沒辦法繁衍生命，但是人人都有自己的觀點，如果有人想跟同性約會相愛，那你也真的沒辦法，總不能強迫他們去喜歡異性吧。」

　　在決定要不要有婚前性行為時，馬克陷入了天人交戰。他就讀公立高中的時候沒有加入約炮的圈子，但過了兩年，他就遇到他女朋友，他形容為「對的人」，兩人最終也決定要發生性行為。他告訴我，兩人決定大學畢業後結婚。「但是，那很難吧。誰知道你們大學會念多久，是吧？」我問他。他說：「沒錯。有可能短大念兩年就畢業，也有可

第五章　我不信教：宗教（與屬靈）的流失
IRRELIGIOUS: LOSING MY RELIGION (AND SPIRITUALITY)

能大學念個四年、六年、八年、十年，我還知道有人讀了十二年。」
不過當初沒有等到結了婚才發生性行為，馬克覺得是一大失敗。他說：
「百分之九十的人都失敗了，我也是其中一個。」我說：「你已經等得
比大多數人還要久了，我不會說這樣很失敗。」「是沒錯啦，但我也不
會覺得這是一大勝利。（我女朋友）說這樣做並沒有錯，願意等當然
很好，但我女朋友說她很高興我們決定這麼做。」（事實證明，馬克
屬於多數的那一方：一項近期研究發現，年輕未婚的成人福音派基督
徒中，有 80% 已有性行為。[6]）但馬克仍然不太確定這件事是對是錯。
「如果有年紀比我小的弟弟遇到一樣的狀況，我會叫他等到結了婚再
說。」他表示。

馬克既保持宗教信仰，也承認他所處的 i 世代世界中的現實。他
的觀點可能代表基督教的未來。假設馬克和其他跟他一樣的 i 世代之
後依然維持宗教信仰，他們將迎接一個更寬容的基督宗教信仰新紀元
──不再強調人不該做什麼，而是開始重視人應該做什麼。

「屬靈但不信教」已成為「不屬靈也不信教」

關於美國宗教信仰的另一種常見說法，是靈性取代了宗教。2001
年，宗教學者羅伯特·富勒（Robert Fuller）在他的著作《屬靈但不信
教》（*Spiritual but Not Religious*）中指出，大多數避開制度性宗教的美
國人，其實仍然有深刻而充滿活力的靈性生活。[7] 提到這項理論時，談
的經常是年輕人。這項理論假設，不信任傳統宗教的年輕人仍然願意
探索性靈問題。

這種說法也許曾經屬實，但現在已經不是。i 世代實際上既較不信
教，也較不屬靈。在所有年齡／世代中，i 世代和晚期的千禧世代（年

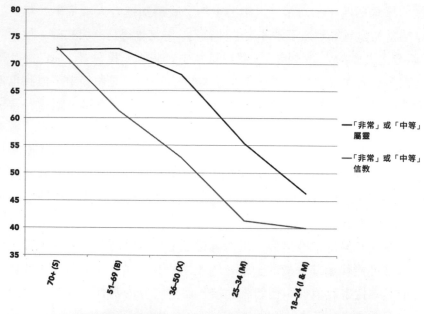

圖 5.6　自認信教或屬靈的程度為「非常」或「中等」的百分率，以年齡／世代分組

資料來源：美國綜合社會調查，2014-2016 年。

齡介於 18 到 24 歲之間）最不可能自認是「屬靈人」，甚至和較年長的
千禧世代（年齡在 30 歲前後）也有顯著的分歧（見圖 5.6）。這種年齡
／世代的差異，同樣表現在個人是否自認是「宗教人士」上──較老
的世代最有可能自認是宗教人士暨屬靈人，較年輕的世代則最不可能。

　　當然，這項差異可能是由年齡而非世代造成，或許年輕人向來就
不那麼屬靈。然而，18 到 24 歲自認「中等」或「非常」屬靈的比率，
卻從 2006 到 2008 年的 56%，微幅下降至 2014 到 2016 年的 48%。

　　其他研究資料也證實了這一點：美國大一新生調查結果指出，自

第五章　我不信教：宗教（與屬靈）的流失
IRRELIGIOUS: LOSING MY RELIGION (AND SPIRITUALITY)

認屬靈的程度在平均之上的大學生比率，從 2000 年的 45% 降到 2016 年的 36%。2000 年代後期，社會學家克里斯蒂安‧史密斯（Christian Smith）曾就宗教信仰問題訪談當時的年輕人，但問到是否屬靈時，大多數受訪者都聽不懂。「『屬靈的探求』是什麼意思？」[8] 很多受訪者都這麼問。因此，認為近年來的美國年輕人比較不信教，但是更屬靈，其實站不住腳。他們比更年長的人更不屬靈。在年輕人之間，屬靈並沒有取代信教。

多年來，宗教學者和觀察家一直都認為，美國宗教生活的衰退有其他因素可以解釋，或者根本不重要──這代人還很年輕，只是不喜歡建制。[9] 美國人還是很有可能信奉上帝並禱告，只是有更多年輕美國人轉向屬靈，變化其實不大。這一章所列出的最新調查資料，已經一一推翻這些解釋：年齡不是原因，因為嬰兒潮世代和 X 世代年輕時對信教是相當滿足的，i 世代卻連不需要宗教組織的信仰都不接受。越來越少美國人相信上帝或禱告，年輕人屬靈的比率也不增反減，不加入宗教的人數更增加了一倍。

i 世代更不信教、更不屬靈，無論在公開場合或私下都是如此。與前幾代人在年輕時相比，i 世代確實截然不同。這個世代背棄宗教已經不是零星、小規模或尚未確定的現象，而是大規模且無可改變的事實。有越來越多年輕美國人徹底世俗化，完全脫離宗教、性靈、生命的終極問題。這種徹底的無信者目前仍然是少數，但數量在非常短的時間內激增。與其他還健在的世代相比，i 世代有更多人背離了宗教。問題來了：是哪些人？

信仰鴻溝：種族、社經地位、地區造成的信仰兩極化

不久以前，宗教還是美國人幾乎都有的經歷。無論膚色是黑是白，富裕、中產或貧窮，無論住在波士頓或亞特蘭大，美國人都會做禮拜，並認同某個宗教傳統。雖然信奉的宗教或教派可能不同：美國南部的浸信會教徒較多，東北部較多天主教徒和猶太教徒，中西部地區有較多的路德教派。聖公會教徒較多富人。基督教教堂有種族之分——但所有族群做禮拜的比率都約略相同。

i世代延續由千禧世代開始的趨勢，改變了這種情況。各個種族、社經階層和地區，在做禮拜上呈現出不同的面貌，相異程度比數十年前要高出許多。宗教的面貌依據身分認同，比以往更加兩極化。

世代趨勢不論在哪個人口族群，大多都十分相似，而種族和宗教參與之間的相關性，則是這項規則的最大例外：黑人與白人青少年的宗教參與，長期以來呈現出截然不同的發展趨勢。1980年代初期，黑人12年級生曾做過禮拜的可能性只比同年級白人學生稍高，但到了2015年，差距擴大許多（見圖5.7）。直到最近，黑人青少年做禮拜的比率仍然沒有多少改變，白人青少年則直線下降。

i世代的黑人青少年可能正追隨白人青少年的腳步——自2009年以來，黑人青少年做禮拜的比率已經開始下降，且呈現出數十年來最穩定的衰退趨勢，似乎也預告了黑人社群未來將繼續遠離宗教。不過，黑人、白人青少年在做禮拜上的差距雖然一度很小，現在卻是巨大的鴻溝。

信仰方面也出現了分歧：1980年代後期，美國的黑人和白人成年人在相信上帝這一點上近乎相同，但到了2016年，黑人顯然比白人更相信上帝（見圖5.8；此圖表涵括了所有年齡的成年人，確保兩個族群

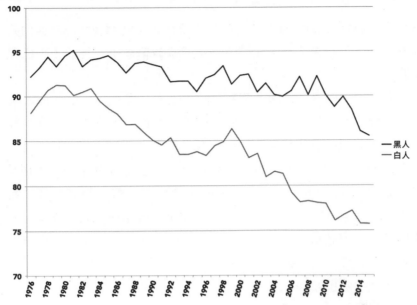

圖 5.7　黑人與白人 12 年級生曾做禮拜的百分率

資料來源：監測未來調查，1976-2015 年。

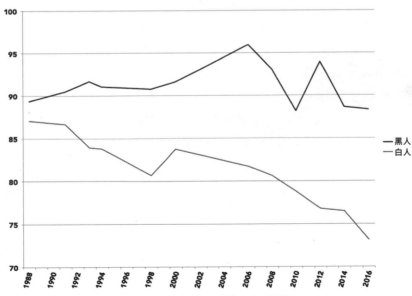

圖 5.8　所有成年人相信上帝的百分率，以黑人、白人區分

資料來源：美國綜合社會調查，1988-2016 年。

都有足夠人數）。因此，雖然美國的黑人及白人可能都曾經認為他們共同信奉上帝，但時至今日，在這種基本的宗教信念上，種族差距已經逐漸擴大。

美國的工人階級和受過高等教育的人士漸行漸遠，2016 年的大選揭露了這股分裂，但美國有一項階級差異或許因為遭到誤解，鮮少有人討論：與普遍的看法相反，父親受過高等教育的青少年，其實比父親沒有上過大學的青少年更有可能做禮拜。過去並非總是如此：1970 年代和 1980 年代，出身自這兩種家庭的青少年做禮拜的頻率幾乎相同，都相當高。這在 1990 年代開始產生變化。近年來，高社經家庭的子弟比較有可能做禮拜（見圖 5.9）。這項近年才出現的差距不像種族所導致的差距那麼大，但隨著時間流逝，極化的趨勢不斷加劇，過去的青少年幾乎都做禮拜，如今則隨著出身背景的不同，開始有了不一樣的宗教經驗。不過這項趨勢並不適用於宗教信念：無論教育程度為何，美國成年人對上帝的信仰都衰退了。

美國各大地區的宗教信仰也漸趨極化。美國南部向來有「《聖經》地帶」之稱，在德州城市歐文長大的我，有第一手的親身經歷：有段時間，這座城市的「人均教堂數量」據說在全美城市中居冠。1970 年代和 1980 年代初期，禮拜的出席率在美國各地區相差不大（見圖 5.10），但到了 2015 年，各地區的禮拜出席率已有很大的不同，其中南方青少年至少偶爾做禮拜的比率較高（1997 年開始，在加州進行的美國大一新生調查已經不問這個問題，所以無法和美西地區比較）。

對上帝的信仰在各地區之間也存在差異。1990 年代，南方人相信上帝的比率曾經和美國其他地區相去不遠，南方人只高出一點。但自此之後，宗教觀出現了急劇分化：相信上帝是唯一至高無上力量的信仰在南方變化不大，卻在東北部、中西部和西部出現衰減（見圖

第五章　我不信教：宗教（與屬靈）的流失
IRRELIGIOUS: LOSING MY RELIGION (AND SPIRITUALITY)

圖 5.9　12 年級生曾做禮拜的百分率，以社經階層高低區分

資料來源：監測未來調查，1976-2015 年。

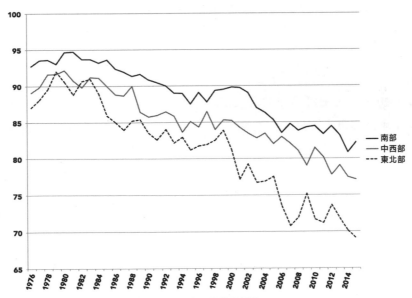

圖 5.10　12 年級生曾做禮拜的百分率，依地區劃分

資料來源：監測未來調查，1976-2015 年。

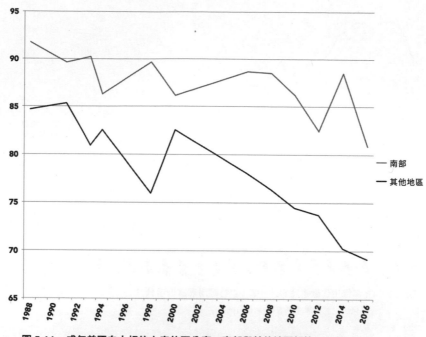

圖 5.11　成年美國白人相信上帝的百分率，南部與其他地區相比
資料來源：美國綜合社會調查，1988-2016 年。

5.11）。2016 年，美國南方的白人不相信上帝的比率只有五分之一，南方以外地區的白人則逼近三分之一。美國北部的無神論形象也許由來已久，但到了 21 世紀才（在一定程度上）準確反映出來。

　　這種因地而異的信仰落差，或許源於過去幾十年來美國人在居住上有了全新的選擇，可以隨心所欲搬到任何地方。物以類聚、人以群分，美國人往往選擇和同類比鄰而居，結果是觀念不同的人更加形同陌路。

直到 1990 年代，宗教在美國還近乎普遍——無論黑人或白人，北方或南方，富裕或貧窮，以前美國高中生周圍坐著的同學，應該都有宗教信仰。時至今日，美國約有四分之一的人不信神。若身處東北地區白人學生居多的學校，比率可能更高；身處南方黑人學生居多的學校，比率可能較低。長期來看，這種兩極化可能隨著美國黑人和南方居民的信仰衰退而漸趨和緩。不過目前，鴻溝仍然存在。

規矩太多：宗教為何衰落

今年 19 歲的布蘭妮寫下這麼一段話：「我不禱告，也不相信有全知全能的上帝。我會這樣想：人的一生並非早就註定，是你的選擇造就了你。」

布蘭妮的觀點為何越來越普遍？為什麼時下美國年輕人越來越不信教？與其他趨勢一樣，我們可以找出在同一段時期出現變化，且和信仰衰退也有關的現象。布蘭妮的思路暗示了一個可能的原因：美國文化越來越著重個人主義，也就是她說的「你的選擇」。

為了更精確分析宗教與個人主義長期以來的關聯，我比對個人主義的各項指標與美國青少年逐年的禮拜出席率，如此一來，每個年份都會有對應的禮拜出席率，以及個人主義的平均水平（例如書中出現的個人主義語彙）。[10] 個人主義因子的上升，和宗教信仰風氣的衰退步調一致——給自己更多時間，給宗教的時間就會變少。這樣的發展相當合理，因為以定義而言，信教就包含信奉某種比個人還大的東西，往往也包括要遵循特定規則及團體參與，而這兩者並不契合個人主義的思維。現在的年輕人常常聽到「感覺對了就去做」和「相信自己」，在這樣的社會中，宗教離反文化似乎只有一步之遙。透過詹姆斯和馬

克的故事，我們發現 i 世代的宗教信仰往往要在現代個人主義的現實及傳統宗教教義之間謹慎取得平衡，尤其是在性關係、性別認同、性傾向等方面。

即使是信教的青少年，也常堅持以更個人主義的眼光來看待信仰。克里斯蒂安·史密斯撰寫《靈魂探尋》（*Soul Searching*）一書時，訪問了一些年輕人，他發現許多年輕人都堅信一種他稱為「道德治療性自然神論」（Moralistic therapeutic deism）的信仰體系。[11] 這種體系擁抱對上帝的信仰，但也包含某些現代獨有的觀念，例如強調活得快樂、自我感覺良好，以及「除非需要上帝來解決問題，否則上帝不必特別介入人的一生」的概念。史密斯也發現，大多數青少年都接受一個他稱為「道德個人主義」的概念，即「我們都不一樣，這樣很好」。我們在第二章提過的 12 歲青少女哈珀認為上教堂的其中一個目的和個人主義有關。她説：「上教會是為了展現自己的信仰。不同的教會適合不同的人，視他們的信仰而定。你在教堂可以認識跟自己信仰相同的人。」

大衛·金納曼（David Kinnaman）在他的著作《你留不住我：年輕基督徒為何離開教會……以及重新思考信仰》（*You Lost Me: Why Young Christians Are Leaving Church...and Rethinking Faith*）中描寫了年輕前基督徒的故事，書中提到許多年輕人感覺自己的教會和他們在教堂之外體驗到的事物（包括科學、流行文化、性關係等）已經脫節。舉例來講，有半數的 13 至 17 歲青少年未來想從事科學工作，卻只有 1% 的青年事工表示過去一年研究過任何與科學相關的主題。[12] 金納曼的書中提到 20 歲的麥克受邀到一個坐滿事工的房間演講，聊他為什麼不再信奉基督教。麥克一開始就説：「我跟出席事工會議的無神論者一樣緊張。」但之後他講：「那是我 10 年級的時候。我開始學到關於演化的知識……教會教我不能同時相信科學和上帝，所以我決定了：我再

也不信上帝。」如果他的教會當初講述事情時不這麼非黑即白，他也許會留下來。其他 i 世代也有類似的想法。今年 23 歲的提摩西寫道：「我父親是無神論者，我母親是不可知論者。我們是講科學的人。」我們在第一章見過的馬修則說：「至少對我這個年紀的人來說，宗教是過去的事物，感覺就是不屬於現代。」

接著要談到眾人不願面對的真相：許多千禧世代和 i 世代之所以不信任宗教，是因為認為宗教推動反同性戀的態度。如今有越來越多年輕人將宗教與僵化、不寬容連在一起，對於一個高度強調個人至上、更加包容的世代來說，這必然會招致厭惡。今年 22 歲的莎拉寫道：「我覺得那些最壞的人，那些最冥頑不靈、最保守的人，都是信教的人。我的繼姊常在臉書上發文說自己多好，她信的宗教多好，一邊還發文罵同性戀、吃豬肉的人，或者任何她看不順眼的事情。」這種行為打擊到某些 i 世代。21 歲的厄尼斯特寫道：「我不祈禱，我質疑上帝的存在。我不再去教會了，因為我是同性戀，卻信了一個打壓同性戀的宗教。」

2012 年，一項針對 18 至 24 歲年輕人所做的調查發現，認為基督宗教反同（64%）、苛刻（62%）、虛偽（58%）的人，在調查中都占了大宗。[13] 有 79% 無宗教信仰的人認為基督宗教反同性戀。今年 22 歲的蜜雪兒寫道：「我很虔誠，也很愛上帝，但是教規太嚴格了，有些還帶著偏見，例如不贊成同性戀。把同性戀、跨性別者、不信我們的神的人排除在外，你的愛怎麼可能一視同仁？我認為再也沒有人會接受這種思想了。用這種方式對待別人很噁心。」

我問 i 世代關於宗教的問題時，這樣的看法一再出現。今年 23 歲的凱西講到她一名同性戀朋友的故事：「他念初中時被踢出《聖經》學校，就因為他是同性戀。之後很多年他都不敢說自己是同性戀，而

且害怕自己這樣的身分。」她最後說：「這就是很多人不想跟宗教扯上關係的原因。宗教說你的性傾向是罪，沒有人願意接受。神愛世人。神只要你更友善。」大衛‧金納曼在《論盡基督徒》（*unChristian*）一書中提到，十個不是信徒的年輕人當中，就有四個對基督宗教有「不好的印象」。[14] 為什麼？正如金納曼所言：「我們是以我們反對的事情而聞名，而不是以我們為誰付出而聞名。」

今年 18 歲的社區大學學生海莉本身不信教，但打工時會跟不少教徒相處。有一天我們約在聖地牙哥見面吃午餐，她告訴我，她有很多同事都不能接受同性戀和跨性別人士。她對這些人的宗教信仰沒有意見，但不能接受他們的不寬容。海莉說：「如果你信教，如果宗教可以幫助你成為更好的人，那很好，宗教不就應該這樣，幫助你成為更善良、待人更好的人。如果宗教不這樣做，而你拿宗教來仇恨別人、來建立你自己的社會和道德準則，那麼你這個人就毀了。」

那麼，i 世代想藉由宗教獲得什麼？很多人贊同金納曼，表示他們希望透過宗教變得更加積極正面，能夠專注於應該做的事，而不是不該做的事，並且能接納所有人。今年 21 歲的泰絲從小就是天主教徒，她寫道：「我表姊 21 歲那年發現自己懷孕了，她跑去告解，想尋求神的指引。結果神父不說她已經得到主的寬恕，給她和她未來的孩子一點希望，反而羞辱了她，罵到她哭著跑回家。這種行為怎麼吸引人入教？即使直接羞辱她的不是上帝，教會的主持人好歹也是為主傳話的媒介。主的話語應該要能促成幸福和信念，而不是自怨自艾和絕望。」i 世代覺得沒有必要為性關係設下種種規定，這些規定在他們心目中已經過時到無藥可救。今年 19 歲的米莉指出：「宗教的理想牴觸了人們心目中現代社會的正常運作，例如《聖經》說不能有婚前性行為，但是在如今的社會，性生活是非婚姻關係中正常、健康的一環。如果婚

前沒有上過床，現在還會有人覺得奇怪。（我們）就是不認為結婚是必要的，而只是各種選擇的其中一種。」

i 世代希望能與宗教互動，而不只是被教導該做些什麼。今年 20 歲的崔佛寫道：「年輕人想知道人生和自己存在的解答，想了解人生的意義和自己能怎麼努力。可是他們只會叫我們禱告，不然就發《聖經》經文的講義給我們。」今年 21 歲的凡妮莎也認同這種想法：「教會應該更互動，讓人可以積極思考，而不是只能聽某個人對他們講話。」

這代表宗教組織應該全力和 i 世代一起坐下來討論，解開 i 世代對於生命、愛、上帝、存在意義的「終極問題」。金納曼發現，出身基督宗教家庭的年輕人當中，有 36% 表示覺得自己「無法在教會問人生中最迫切的問題」。如同教育方式正由課堂聽講的形式逐漸轉變為更具互動性的小組討論，宗教組織也可以考慮在聚會時鼓勵教區民眾參與討論、提出問題。先前提到的馬克就表示，他喜歡他常去的那所大型教會，因為「上教堂就是想要更了解主，知道不管經歷什麼，你都不是孤身一人。教會常有人分享自己的見證。知道有人跟你經歷了一樣的事情，而且人都還好好的，你就知道自己一定也會好好的。」美國在這方面已經有某種程度的進展：奧勒岡州一所教會邀請教區民眾提出任何關於信仰的問題，透過簡訊或 Twitter 發問都可以。[15] i 世代不想要有人指導他們如何過自己的人生、該要相信什麼，但那可以成為一種優勢，因為一旦他們主動接近了宗教信仰，就有可能長久保持下去。

宗教的未來

很多美國人認為，遠離制度性宗教的趨勢會帶來非常深刻的負面

影響。羅瑞恩・卡斯塔諾里說：「教會就是家。」[16] 2015 年，紐約州的西徹斯特郡和羅克蘭郡共有八所天主教會關閉，羅瑞恩常去的教會就是其中之一。「教會一關閉，我的靈魂和心就有一部分逐漸死去。」宗教領袖一邊哀嘆社區痛失信仰的依託，一邊指出信教的人往往更健康、更快樂。波士頓學院的詹姆斯・布雷茨克神父表示：「我們大多數人都會發現，我們都有那麼一面，能帶著我們超越自己，我們的生命中都有股超脫的力量，而且……（宗教提供的是）更深層的意義（和）更深刻的解答。」[17] Pew 民調研究中心於 2012 年的一項民意調查顯示，多數美國人（56%）認為宗教衰退不是好現象，只有 12% 的人樂觀其成。

也有人觀察到宗教衰退的正面意義，包括教育查詢中心（Center for Inquiry）的羅納德・林賽（Ronald Lindsay）。[18] 該組織致力於降低宗教對公共政策的影響。羅納德的理論指出，美國人「認為教會在諸多議題上已不再是權威，這些議題他們更樂於自己決定……美國人仍在尋找自己的歸屬……但他們已經不會在制度性宗教的脈絡下尋找。」許多人在網路上討論宗教的衰落時，都會提到宗教在迫害、仇恨上的負面歷史，通常會特別提到 LGBT 的議題。

在歐洲，有一半的人口否定宗教，許多教區人去樓空，美國也有越來越多教堂關閉，宗教組織經營的慈善機構更將面臨崩解。等到 i 世代有了自己的孩子，國家和宗教互動的方式將大為不同。

任何宗教都能生存嗎？在過去的幾十年間，福音派教會與其他教派相比，信徒的流失並沒有那麼嚴重，原因可能在於他們意識到 i 世代和千禧世代希望宗教能讓他們的人生更完整——強化他們的人際關係，以及給予他們生命目標。隨著婚前性行為、同性婚姻、跨性別人士逐漸融入社會主流，甚至融入信徒之間，部分教會也開始對這些議

題放寬態度。

　　宗教會生存下來，但會成為靈活、開放、平等的宗教，給人歸屬感和生存意義，去影響不到一半的美國人。i世代會在哪裡找到取代宗教的社群互動形式，目前還不清楚。或許他們找不到，或許社群媒體網路就能令他們滿足，只是心理健康也會因此受到衝擊。i世代也有可能選擇和志趣相投的人建立緊密關係，並不需要透過宗教來建立社群。無論走上哪一條路，美國未來的社群結構都將產生根本的變化。

第六章

備受保護，欠缺內在動力：
更安全，也更少走入社群

　　我抵達聖地牙哥我最愛的那家壽司餐廳時，太陽才剛開始發揮熱力，蒸散早晨灰濛濛的雲。時間是六月的某一天，接近中午。18歲的海莉已經到了，我一走進去她就站起來迎接我。她有一半白人血統、一半亞洲血統，臉上掛著溫暖的笑容，照亮了她眼鏡後方的雙眼。

　　我們一邊大快朵頤著炸蝦天婦羅和火龍卷壽司，一邊聊各式各樣的事情，從工作聊到心理學，再聊到談戀愛。海莉剛在社區大學完成第一年的學業，目前與父母同住。她有一份兼職工作，但整個夏天都沒去上課。她說：「夏天我要留給自己。如果不這樣，我會瘋掉。」跟時下越來越多的年輕人一樣，海莉不抽菸、不喝酒，而且戀愛經驗相當有限。

有趣的地方來了：為什麼呢？簡單來說，她認為不安全。「喝醉的時候出去玩、開趴，妳的心理狀態會跟平常不一樣，會做出一些清醒的時候絕對不會做的事。譬如說酒駕，還有別人會趁你喝醉占妳便宜。這樣很不安全。妳可能會傷害到自己，或者有人會傷害妳。我不做這種事。」

海莉對安全的關注已經超出人身的範疇，來到了重視「情緒安全」的程度——這是我最近才從 i 世代那裡聽到的詞。舉例來說，海莉認為高中談戀愛太早了，牽涉到性關係的尤其不行，還搬出科學研究來支持她的論點。她是這麼說的：「隨著（發生性關係時）催產素的分泌，妳會在情感上跟對方產生連繫，不管你喜不喜歡對方都一樣。我認為在情感上開始依賴某個人很危險，尤其高中那種年紀，因為妳的大腦那時候還在發育。」

注意安全

對安全的關注並不是 i 世代所獨有，大多數的世代趨勢都如此。i 世代還在成長的時候，這方面的疑慮就已經融入文化、風氣中。i 世代小時候坐車會坐安全座椅，放學由家長接送，不用自己走回家，遊戲場所的塑膠器材都經過消毒。嬰兒潮世代和 X 世代小時候都可以在住家附近亂跑，i 世代卻從小就時刻受到嚴密監看。就連我們使用的語言，也顯示出對安全的日益關注：美國書籍中使用「保持安全」、「注意安全」等詞句的頻率，從 1990 年代初期至中期開始直線上升，i 世代中最年長的一批人正好就在這段時期出生。[1]

這種對安全的關注，或許至少有一部分源於 i 世代步調較慢的成長歷程：年幼的兒童比年長些的孩子更受到保護，兒童受到的保護也

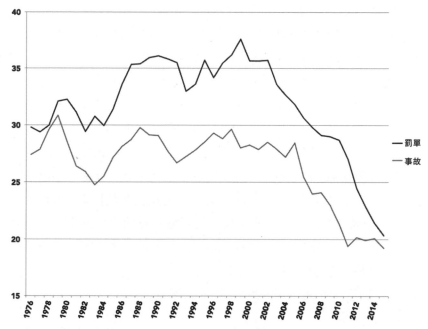

圖 6.1　過去一年曾開車的 12 年級生收到交通罰單或捲入交通事故的百分率

資料來源：監測未來調查，1976-2015 年。

比青少年更多。請留意海莉怎麼把青少年性行為的危險性和大腦發育緩慢的概念聯繫起來的——父母不想把車鑰匙交給青少年的時候，就會搬出這套理論，而現在的孩子也會引用這個說法。

　　從許多方面來看，這種對安全的關注都帶來了好結果。以初學開車來說，i 世代青少年確實是比較安全的駕駛：12 年級生捲入交通事故的人數較低，收到罰單的人數也較少。這是近年才出現的趨勢，收到罰單的人數從 2000 年代初才開始減少，發生交通事故的人數則在 2000 年代中期才開始下降（見圖 6.1）。不久前的 2002 年，12 年級學

生收過罰單的比率還超過三分之一，但到 2015 年只有五分之一。

　　i 世代也把繫好安全帶視為理所當然，比過去任何世代都要來得注重：2015 年的 12 年級生表示自己「隨時」繫著安全帶的比率，比 1989 年的同年級生高出一倍。安全帶的使用度增加，雖然有一部分可能來自 1990 年代全美通過強制繫安全帶的法規，但法律向來就不太能成功說服青少年注重安全，而且上述的增加是逐步的，如果單純是法律起了作用，應該要瞬間升高才對，這點相信各位都想得到。2016 年，有一項調查詢問 i 世代青少年最重視汽車的什麼功能，並請千禧世代的年輕人回憶自己 10 幾歲時的偏好，收集回答後再與 i 世代的意見相比。[2] 什麼功能是 i 世代比千禧世代更加重視的呢？答案是安全功能。不要忘了，他們是青少年，通常不會要 Volvo 之類標榜安全的車子。但這就是 i 世代。

　　i 世代的青少年也比較不會去乘坐酒駕者開的車：1991 年，曾經這麼做的青少年占了 40%，到 2015 年則減少一半，來到 20%，[3] 也就是仍有五分之一的青少年可能遇上危險駕駛，而這樣的比率還是太高了。不過事情可能沒有這麼簡單：雖然 i 世代有駕照的可能性較低，喝酒的可能性也較低，代表上述 20% 的青少年當中，有一部分可能是他們坐上了喝了一兩杯酒之後的母親所開的車（父母們可能剛喝完酒，就收到兒女的簡訊：「媽，可以來接我嗎？」）。

喝酒很危險、吸（大麻）菸很安全

　　如同第一章所述，i 世代比較少喝酒。酒只是淺嘗一下並不危險，狂飲（定義通常為一次連續喝下五杯以上）可就危險了。成年人警告青少年要注意的就是這種喝酒方式。

第六章　備受保護，欠缺內在動力：更安全，也更少走入社群
INSULATED BUT NOT INTRINSIC: MORE SAFETY AND LESS COMMUNITY

i世代狂飲的可能性較低——12年級生狂飲的比率至今為止已經降低了一半以上。青少年認為狂飲安全嗎？趨勢從這裡開始變得有意思：不久以前，青少年狂飲超出安全界線的比率還增高了（見圖6.2）。青少年敢於冒險，很願意冒點險喝到醉醺醺，喝到痛快。嗯，不過這已經是過去的事了——i世代登場之後，世代趨勢出現了黃金交叉：狂飲超出安全界線的青少年變少了。i世代青少年並不想冒險做點危險的事情，而是會待在他們認為的安全範圍之內。我們比較常把這種態度和年長一點的人聯想在一起。上述的現象生動說明了這個世代比以往更趨向安全。

圖 6.2　12 年級生在過去兩週曾單次喝酒連續五杯以上（狂飲）的百分率，以及認為狂飲的風險為「無」或「輕微」的百分率
資料來源：監測未來調查，1976-2016 年。

有些人認為 i 世代比較不狂飲的原因，在於他們害怕喝茫了會在 Instagram 上被嘲笑。這帶出了接下來要探討的主題：對 i 世代來說，安全的意義不只是人身安全，更要避免名聲敗壞，甚至包括情緒安全。20 歲的蒂根這麼寫道：「我不喝酒，原因是不安全。喝酒可能會導致觸法，也可能會在社群媒體上出糗。老闆（可能）不會雇用你，因為你靠不住，而且很失態。」請注意：蒂根避免喝酒的原因並不包括人身安全。她更重視 i 世代主要會擔心的面向：心情和經濟方面的安全問題。

　　如同第一章所述，i 世代使用大麻的機率和千禧世代差不多。如果 i 世代這麼在乎安全，為什麼大麻的使用率大致維持不變？簡單來講，因為他們認為大麻是安全的。事實上在 i 世代的眼中，經常使用大麻比狂飲還安全；他們是第一個這樣想的世代（見圖 6.3）。或許這就是喝酒的青少年減少很多，抽大麻的比率卻大致沒變的原因。

　　20 歲的布莉安娜寫了這麼一段話：「我認為只要抽了之後不操作機具或開車，大麻其實十分安全。大麻的害處遠比酒還要低。喝酒雖然完全合法，但是導致的問題比大麻嚴重太多了。」有些 i 世代還有一個觀念：大麻不但安全，對身體還很好。19 歲的伊森這麼寫道：「大麻對健康的好處已經獲得證明。大麻有助於解決疼痛、癌症和許多疾病。大麻還可以防止人對其他更有害的藥物上癮。」有些 i 世代會用大麻來自療。21 歲的妮莉表示：「我認為大麻是非常安全的藥物。我個人已經持續用三年了，用來治療慢性脊柱疼痛、憂鬱症、焦慮和乾癬性關節炎。停用止痛藥那段時間是我一生中最難熬的時期，但我可以用大麻同時解決停藥和疼痛加劇的問題。大量使用了這麼多年，我身上從來沒出現過有害的副作用。」很遺憾的是，很少有 i 世代意識到使用大麻的長期風險，其中可能包括智力減退、思覺失調風險增

圖 6.3　12 年級生同意「狂飲和使用大麻的風險非常高」的百分率
資料來源：監測未來調查，1976-2015 年。

加等，青春期就開始使用尤其危險。如今的大麻藥效也比嬰兒潮世代
在 1970 年代所吸的還要強。

　　不過 i 世代依舊相當小心。即使他們更有可能認為大麻很安全，
但使用率並沒有增加。從歷史上來看，呼麻的風氣會隨著大麻給人的
安全觀感而上升或下降，但 i 世代打破了這種模式，小心翼翼的程度
甚至超出他們自己的想像：和喝酒一樣，在 i 世代，有更少青少年在
使用大麻時越過了安全界線，這是史上首見。在這方面，世代趨勢再
度出現了黃金交叉（見圖 6.4）。

　　面對酒和大麻，i 世代的人首先會問：這安全嗎？即使他們覺得安

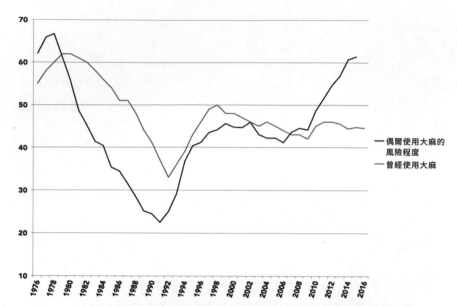

圖 6.4　12 年級生曾經使用大麻的百分率，以及認為偶爾使用大麻的風險為「無」或「輕微」的百分率

資料來源：美國監測未來調查，1976-2016 年。

全，很多人仍然會躊躇不前——以傳統上應該敢於冒險的年紀來說，做出這種選擇相當不尋常。現在的青少年不想再冒險了，所以他們待在家裡、小心開車，用藥也會把量控制在他們認為安全的範圍內，或者根本不用……因為安全為上。

暴力行為減少與性侵害問題減輕

　　大部分的嬰兒潮世代和 X 世代都記得讀中學時看過學生打架——在學校走廊上扭打、放學後鬧事、爭端靠拳頭來平息。我在 1980 年代初期念初中時，每次有人要下戰帖，台詞都一樣：「放學後肯德基後面見。」

　　近年來，肯德基後方空地的鬥毆已經減少了很多：1991 年，整整一半的 9 年級生曾在過去十二個月跟人拳腳相向，但到了 2015 年，比率只有四分之一（見圖 6.5）。[4]

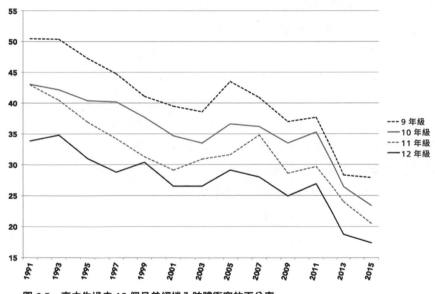

圖 6.5　高中生過去 12 個月曾經捲入肢體衝突的百分率

資料來源：青少年風險行為監測調查，1991-2015 年。

很多 i 世代認為，拳腳相向可能會受傷，所以既危險又沒意義。20 歲的艾登寫道：「打架根本沒有意義，我不想要受傷，也不想看到別人受傷。」

極端的暴力如今也較不常見：如同第三章所述，青少年和年輕人的凶殺率在 2014 年降到四十年來的最低點。在美國青少年風險行為監測調查中，如今會攜帶武器到學校的青少年人數，只有 1990 年代初期的三分之一。

由於近年來性侵害議題（尤其大學校園性侵害）受到不少關注，不免令人想到，在暴力行為整體下降的趨勢中，性侵害是否可能屬於例外。不過事實並非如此：性侵害事實上也比以前少。[5] 美國聯邦調查局以報案資料為基礎提出的「全國犯罪報告」（Uniform Crime Reports，簡稱 UCR）指出，1992 到 2015 年，強暴率降低了近乎一半。當然，強暴案件的報案率向來偏低，這是眾所周知——大部分研究都顯示，強暴案的受害者絕大多數不會報警。因此，想了解真實發生的強暴案，從代表性樣本著手是比較好的方式。由美國司法部主理的「全國犯罪被害調查」（National Crime Victimization Survey，簡稱 NCVS）就是這種調查的其中之一。在 2014 年的調查報告中，美國司法部依年齡和在學狀態細分研究資料。圖 6.6 顯示出 18 至 24 歲大學生的強暴率，而有鑑於校園性侵害議題近年來備受關注，這個人口群體是重要的參考依據。此處也可以看出強暴率近年來的下降—— 1997 到 2013 年間下降了超過一半（從千分之 9.2 降至 4.4）。

來自 NCVS 的數據以千分率計算，美國聯邦調查局的數字則以十萬分率計算，因此 NCVS 顯示的比率實際上會比聯邦調查局的犯罪報告高得多。不過即使是 NCVS 所顯示的比率，也低於（約半個百分點）2011 年美國疾病管制與預防中心所做的「全國親密伴侶暨性暴力調

查」（National Intimate Partner and Sexual Violence Survey）。該調查發現，如採用較廣泛的性侵害定義，則有 1.6% 的女性曾在前一年遭到強暴。美國疾病管制與預防中心目前只有 2010 年和 2011 年的性侵害調查資料，因此根據該調查並不能斷定強暴率與過去相比是否降低了。美國疾病管制與預防中心的調查也發現，有 19.3% 的女性（約占五分之一）一生中曾經遭到強暴（這是相當高的數據，原因在於調查的是終生經歷，而不是某一年的經歷）。新罕布夏大學兒童侵害研究中心等機關所公布的調查中，也顯示兒童和青少年遭受性侵害的比率下降了。

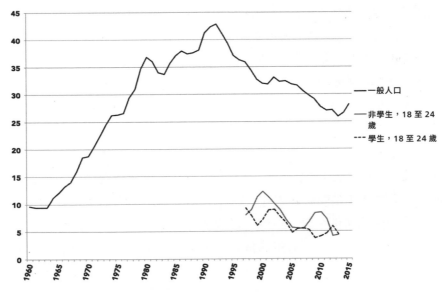

圖 6.6　前一年的強暴（性侵害）率
資料來源：一、警方報案資料，一般人口中每十萬人之比率（美國聯邦調查局統一犯罪報告，1960-2015 年）；二、針對 18 至 24 歲學生與非學生之受害者調查，每千人之比率（美國全國犯罪被害調查，1997-2013 年）。

總結：性侵害的定義和衡量標準存在不小的爭議，此處提供的資料必定要以各個調查中的定義為依據。毫無疑問，性侵害的發生率依然居高不下，但比率似乎持續在下降，這確實是令人振奮的消息。這也是 i 世代更注重安全的另一項證據。

拜託，不要有風險

i 世代不只在行為上規避風險，更在整體態度上避開風險和危險。如今的 8 年級和 10 年級學生不太可能表示「我喜歡偶爾冒點險，給自己一點考驗」（見圖 6.7）。1990 年代初期，還有近一半的青少年覺得這樣做很吸引他們，但到了 2015 年，比率已經不到 40%。

i 世代的青少年也不太可能同意「做有點危險的事情能讓我得到真正的樂趣」這項說法。一直到 2011 年，還有超過半數的青少年認為能透過冒險獲得刺激感，但是幾年之內，比率就降到了半數以下。

大多數情況下，這種求安全的態度是正面的趨勢：飆車、縱火、掄球棒砸信箱的青少年變少了，對大家來說都是好事。但當我們談論的不只是身體風險，還包括心智、社交、情緒方面的風險時，就有微妙的差別了——如果敢放膽一試，年輕人就有可能迎向最偉大的冒險旅程。有些人不禁開始思考：i 世代這麼在乎安全是否會壓抑探索和創作。曾任美國文化小報《村聲》搖滾樂評，目前在亨特學院任教的理查・戈德斯坦（Richard Goldstein）觀察到他的學生比他所屬的嬰兒潮世代要謹慎得多。[6] 他稱讚學生的志向，但也寫了這麼一段話：「我知道安全很重要，但安全至上所帶來的後果，我很擔憂。如果不冒險，怎麼自我創造？如果無法享受不穩定，如何創造改變？」

如果無時無刻都想要有安全感，人就會想要抵抗不安的情緒——

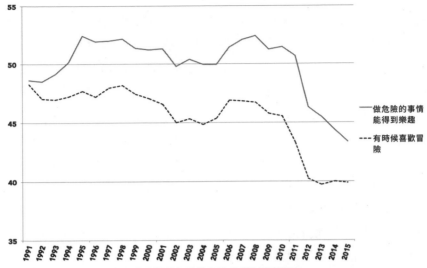

圖 6.7　8 年級、10 年級生喜歡做危險的事情或冒險的百分率

資料來源：監測未來調查，1991-2015 年。

對「情緒安全」的關注，似乎是 i 世代獨有的特質。這種特質可能包含抗拒糟糕的經驗、迴避可能令人不自在的情況，以及避開想法不同的人。到了這個地步，事情怎麼發展就很難預料了——對於 i 世代是如此，對於努力想了解他們的老一輩也一樣。

所有學生都需要的安全空間

作家克萊爾‧福克斯（Claire Fox）某次到英國一所女子高中出席辯論會，她本來期待女同學會挑戰她的發言，沒想到卻有人當場落淚。[7] 這些女生不同意她的觀點時，反應是哭泣，並說：「妳不能這樣

講！」卻不為自己的立場提出合理論證，這讓她很震驚。她把 i 世代稱為「雪花世代」——極為脆弱，遇到一點小壓力就融化。

　　i 世代對安全的關注有其反面：不只避開交通事故和性侵害，還要遠離那些觀點與你不同的人。以「安全空間」為例，根據最新的解釋，認為某些意見冒犯到自己時，可以到安全空間去保護自己。近年來，安全空間在大學校園蔚為流行，當具爭議性的講者到校內演講時，如果學生為講者的言論感到不安，可以聚在另外一個地點，互相安慰。安全空間不僅呼應了 i 世代對安全的關注，也反映出他們會把安全和童年經歷聯想在一起。2015 年，格雷格‧盧基亞諾夫（Greg Lukianoff）和強納森‧海特（Jonathan Haidt）在《大西洋雜誌》發表了一篇文章，引起廣泛討論。[8] 該篇文章探討安全空間和美國大學校園的其他爭議現象，題為〈美國人的溺愛之心〉（"The Coddling of the American Mind"），文章的插圖描繪了一個滿臉困惑、還在學步的小孩，身上穿著印有「大學」字樣的上衣。美國歷史學家喬許‧塞茨（Josh Zeitz）也在《政治家雜誌》（*Politico Magazine*）中撰文指出：「過去的學生運動分子希望別人把他們當大人，如今的學生希望別人把他們當小孩。」[9]

　　安全空間最初是為弱勢學生或 LGBT 而設，他們知道自己在那裡可以獲得接納。他們可以在那裡自己人聚在一起，不需要擔心別人的批判。然而近年來，安全空間一詞的定義已經擴大，泛指可以避開爭議性意見的地方。這種概念招致不少訕笑，例如動畫影集《南方四賤客》就用主題曲〈在我的安全空間裡〉（"In My Safe Space"）大開玩笑。（「在我的安全空間裡，大家都喜歡我，覺得我好棒棒／我們什麼都能面對，但不用管現實。」）

　　喬治亞學院與州立大學的學生詹姆斯認為安全空間對 LGBT 人士

有益，因為他們在那裡就不至於受到批判，但他不贊成建立安全空間給學生避開爭議性意見。他表示：「不過是有人想法跟你不一樣，或說了一些冒犯到你的話，或者講的話激怒了你之類的，這些都是生活的一部分。離開大學之後，可沒有什麼規則可以照顧你的感受。」他認為，安全空間的概念如今已經扭曲，悖離了初衷。「安全空間應該是給那些需要一個地方表達想法的人，讓他們在那裡不用擔心受到言語上或肢體上的傷害。只是害怕被冒犯的人，並不需要安全空間。（個性那麼神經質的話）你在我們這個世界很難正常生活。」這是耐人尋味的反轉：原本的安全空間是要促進校園對認同或信念的包容，新的安全空間卻暗示學生可以不必接納他人的認同或信念。

班是出現在第三章的 18 歲大學新生，認為安全空間反映出情緒健康方面的問題。他說：「（安全空間）應該要用在你感到驚慌，或憂鬱、壓力很大的時候。這種時候進到安全空間，你就可以稍微放鬆。」因此，他認為要求提供安全空間是一種個人權利。「我的想法是：大家都很清楚自己最需要什麼；如果有人說他快崩潰了，需要有個地方可以去，這種時候難道我們可以對那人說他不會崩潰嗎？」

這種安全空間的全新觀念已經普及到什麼程度？我和我指導的研究生哈娜・凡蘭丁漢姆（Hannah VanLandingham）想要知道，只有少數想法比較極端的學生才認為安全空間是躲避對立觀點的地方嗎？我們在聖地牙哥州立大學調查了超過兩百名心理學概論課的同學，全是 21 歲以下的 i 世代學生。調查結果顯示，新型態的安全空間已經獲得普遍支持：有四分之三的學生同意「如果很多學生不認同受邀到校內的講者所發表的言論，學生應該建立『安全空間』，讓同學在演講時有地方可以去」。有高達 86% 的受訪學生同意「大學的行政單位有責任為了全體學生的蓬勃發展建立安全空間」。由此可見，絕大多數受訪同學

都認同設立校園安全空間的想法——既可供爭議性演講時用，也作為學校的整體目標。這不是偏激的想法，而是大部分 i 世代都接受的概念。

另外一個應對爭議性講者的方式，則是「取消邀請」，根本不讓對方來。許多邀請最後都讓校方以維護學生的「健康」或「安全」為名義取消了。這裡指的通常不是身體上的健康或安全，而是情緒上的。美國麻州的威廉士學院曾經取消某位人士到校演講的邀請，當時校報對此發表意見，指出如果該名講者出現在校園裡，會引發學生的「情緒傷害」（這又是 i 世代獨有的詞）。[10] 比起去討論可能引起不適的言論，照顧學生的心情、讓同學免於苦惱還比較重要——如果會造成同學不安，那種思想我們就不歡迎，那種講者我們就列為拒絕往來戶。為什麼想法跟講者相左的學生不能選擇不出席就好？我問過一些 i 世代同學，但答案始終不令人滿意。

i 世代學生對於安全和保護的執著，現在也延伸到課程讀物上——課程讀物必須先過濾，去除任何可能冒犯到某些人的內容。愛德華・施勞瑟（Edward Schlosser）在他的文章〈我是自由開明的教授，我自由開明的學生嚇壞了我〉（"I'm a Liberal Professor, and My Liberal Students Terrify Me"）中指出，許多教師因為擔心學生投訴課程讀物的內容令人反感，會讓他們失去教職，因此更改了課程大綱。[11] 他還提到一位兼任教授被迫離職，「有學生投訴，說他讓他們接觸愛德華・薩伊德和馬克・吐溫『令人反感』的文本。他回答說，那些文本原本就是寫來讓人輕微不安，結果學生只是更憤怒，他的命運也就此註定。」施勞瑟表示，現在最重要的是學生的心情，而不是他們的智性發展，由於擔心學生可能會不安，就犧牲了引人深思的討論。

i 世代大學生的觀念和他們引發的校園事件有一些共通的主題。一

個是將言論與肢體暴力相提並論：當安全的概念延伸到情緒上，代表言語也有可能造成傷害。西北大學的勞拉‧基普尼斯（Laura Kipnis）教授這麼寫道：「許多人認為情緒上的不適（現在）相當於實質傷害，而所有傷害都必須彌補。」[12] 或許 i 世代的人身安全和前幾個世代是那麼高，也或許他們花了很多時間上網，所以認為話語之中處處潛藏著危險。在 i 世代的網路生活中，言語會作用在他人身上及並傷害他人，即使獨處時也依然如此。2016 年美國《告示牌》單曲榜的年度冠軍單曲，是由 18 歲的 i 世代——尚恩‧曼德斯（Shawn Mendes）創作的〈心之痕〉（"Stitches"）。有一句歌詞是這麼唱的：「你的話割出的傷口比刀鋒還深。」還有一句是這樣：「我需要縫補傷口。」這首歌的音樂影片裡，有股無形力量在攻擊曼德斯，把他打倒在地上，讓他的頭撞破車窗，還推著他撞穿一堵牆，在他的臉上留下可見的瘀傷和割傷。等到他洗完臉，站起來照鏡子時，傷口已經消失。雖然表面上這首歌講的是分手，但也可以看出 i 世代在暗喻言語的力量有如刀割，只不過痛是在心上，而不是在身上，但（在 i 世代看來）造成的傷害一樣嚴重，即使不會留下傷痕。由於 i 世代的憂鬱較為嚴重，心理已經比較脆弱，因此也會被言語所傷。不像千禧世代是透過玫瑰色眼鏡看世界，i 世代是透過更憂鬱的藍色。

　　為了一探這種心理狀態，我問了十位 i 世代是否認為安全也包括了「情緒安全」。所有人都認為情緒安全非常重要，也都能清楚說明原因。20 歲的歐文說：「安全代表必須避開危險。危險分為身體上和情緒上，創傷經歷可能影響心理，造成情緒痛苦，這種痛苦跟身體有病痛的感覺一樣負面。」在 20 歲的艾薇眼中，情緒安全甚至比身體安全更重要。她是這麼寫的：「妳的情緒可能會受嚴重傷害，那甚至比身體上的傷害（更）痛切。」

根據 i 世代的說法，他們的難處在於保護內心比保護身體還要困難。「我相信沒有人能保證情緒安全。如果有人想動粗傷害你，你總是可以事先預防，但如果是用講話來傷害你，你也不能怎麼樣，只能聽。」19 歲的艾登這麼說。i 世代的這種想法非常耐人尋味，而且或許是他們獨有的想法：這個世界原本就充滿危險，因為每一次社交互動都有受傷的風險。你永遠不知道別人會說什麼，而且面對人言，你無從保護自己。

有些學生更進一步延伸這種概念，不只套用在冒犯或偏激的言論上，也用在任何讓他們感到不舒服，或是挑戰他們，讓他們質疑自己行為的言語上。奧克拉荷馬州衛斯理大學的校長艾弗雷特・派博（Everett Piper）表示，有一名學生告訴他，《聖經・哥林多前書》裡有段文字描述愛的表達，他聽這段佈道時覺得「很受傷」。[13] 為什麼？因為「那個段落讓他很難過，因為他沒有把愛表達出來！他覺得講道的人有錯，因為讓他和他的同儕很難受」。照這種方式思考，會令學生難過的話都不該講，即使能啟發他們、讓他們變得更好，也不行。派博指出，他的大學「不應該是『安全』的地方，而應該是學習的地方」──學習關懷他人、學習把壞心情轉化為改進自己的力量。他最後這麼寫道：「在這裡，你會很快就知道你該長大了！這裡不是安親班，是大學！」

認為發牢騷的學生就像幼兒的這種想法不應無限上綱，許多校園內的抗議行動和學生的投訴都是針對正當的議題，而且抗議向來就是表達異議的一種行之有年的傳統。但學生在阻絕一切挑戰時，也是在質疑高等教育的核心理念，並要求生活在一個受到保護的童稚世界中。大學重視的不是保護，而是學習和質疑。派博提到的例子說明了安全空間如此有多麼全面，也暗示了任何令人不舒服的感受，不論是出於

什麼原因，即使是由自己的失敗所造成，都要不惜一切代價去避免。但你不能逃避，因為那才叫學習。

到處都像家一樣安全

2015 年 10 月，耶魯大學的行政單位建議學生不要穿著可能會冒犯人的萬聖節服裝。[14] 之後學院宿舍的舍監艾莉卡・克里斯塔基斯（Erika Christakis）寫信給她宿舍的學生，建議他們自己決定要穿什麼服裝，不需要一味聽從校方的話。她這麼寫道：「美國的大學曾經是安全的空間，不僅因為有成熟的風氣，更因為能體驗到一定的反骨，甚至離經叛道的精神。現在的大學似乎已經變成訓誡、禁令越來越多的地方，而這些訓誡和禁令都來自上層，不是你們自己想出來的！這種權力轉變，我們真的可以接受嗎？我們是不是對年輕人的能力，對你們的能力失去了信心？認為你們不能在社會的規範下自我約束，也不相信你們有能力忽略或拒絕令你們不安的事物？」

學生群起要求她辭職，認為她沒有為弱勢學生建立安全的環境。接著有一群抗議的學生在校內找上克里斯塔基斯的丈夫尼可拉斯（Nicholas），在行人通道上圍住他。[15] 其中一名學生開口表示，克里斯塔基斯應該在這裡「建立所有同學都需要的安全空間」，尼可拉斯想回應，那名學生卻大聲咆哮：「安靜！」並繼續說下去：「你們的工作就是為西利曼住宿學院的學生建立一個舒適的、像家一樣的環境……你們寄了那封電子郵件，就等於違背了你們身為舍監的職責。」克里斯塔基斯回答：「不，我不同意。」學生開始大喊：「那妳他媽的為什麼要接這個職位？他媽的是誰雇用妳的？！……這跟建立知識空間無關！而是要建立一個家！」

部分人士指出，把大學當成「家」可能是i世代緩慢成長歷程的其中一環。在耶魯大學任教的道格拉斯・史東（Douglas Stone）和梅伊・史瓦布—史東（May Schwab-Stone）投書《紐約時報》表示：「耶魯這樣的大學，並沒有強調讀大學的意義在於走出家庭的庇護，邁向成人的自主和責任感，反而屈服於某種內隱觀念——校方應該提供相當於家庭的環境。」[16] 換言之，這一切對保護、安全、自在感、家的重視，就是青少年成長步調較慢所導致的負面現象：他們還沒準備好獨立，所以希望大學像家一樣。他們喜歡大學賦予他們成年人的自由（沒有宵禁！），但仍然希望隨時都能感到「安全」。

保護我們，確保我們的安全，是你們的職責

許多校園事件都有一個主題，即學生會呼籲更高層的權威出面解決問題，而非自己處理。耶魯大學的情況就是如此：學生對於需要自己解決問題感到反感。問題來了：為什麼處理這些問題現在屬於行政單位的權限，而不是學生的事務？答案很明顯：i世代的漫長童年。他們希望大學行政單位要像孩子眼中的父母一樣無所不能。不過在這當中可能還受其他文化變遷的影響。社會學家布拉德利・坎貝爾（Bradley Campbell）和傑森・曼寧（Jason Manning）在文章〈微侵略與改變中的道德文化〉（"Microaggressions and Changing Moral Cultures"）中指出，美國已經從重視榮譽的文化（受到輕蔑會自行回擊），轉變成強調受害的文化（避免直接衝突，並轉而訴諸第三方和／或交由公開羞辱來解決衝突）。[17]

舉例來說，達特茅斯學院曾有兩名學生受到另一名學生的侮辱，說他們「在鬼扯」。這兩名學生沒有挺身對抗出言冒犯的人，反而向學

院的「多元主義與領導力辦公室」（Office of Pluralism and Leadership）舉報這起事件，學院的「校園安全事務部和歧視事件因應小組」隨後也開啟調查。坎貝爾和曼寧指出：「在其他社交場合，相同的冒犯言行可能會引來強烈反擊，可能直接批評冒犯的人，可能是反唇相譏，也有可能拳腳相向。但是在有強大組織主持正義的地方，受到委屈的人卻會仰賴投訴，而不自己採取行動。總而言之，如果有社會地位較高的人，尤其是階層較高的，例如法務或私人行政人員，就會助長這種對第三方的依賴……即使沒有權威人士採取行動，訴諸流言蜚語與公開羞辱也能成為有力的制裁。」作者認為，這種文化在地位相對較高的個人之間尤其容易產生，這些人彼此的聯繫不深，卻又認為對方與自己是平起的——這正是 i 世代大學校園的實際寫照。

i 世代對安全的關注在這裡也發揮了影響。我問就讀喬治亞大學的達內爾，如果有同學向他說些令人反感的種族言論，他會怎麼做？他會當面回應，還是去找學校人員？達內爾表示他會去找學校人員。他說：「當面回應絕對不是好主意，因為你不知道會發生什麼事，或者跟對方講一講會有什麼結果。這樣對公共區域的其他學生或民眾來說並不安全。有可能爆發肢體衝突，接下來想必會有人趁機起鬨，或者對方可能帶著刀子——會怎麼樣你真的說不準，而且我也不喜歡陷入自己無法控制的局面。所以我會退一步，讓第三方介入。」

達內爾說，他會希望跟別方和校方人員好好談談。「我希望讓對方了解，我不喜歡他們的所作所為，他們冒犯到我了，我希望他們不要再這樣。但是因為我不可能叫他們別這樣，他們想怎樣都可以，只要別當著我的面，或當著我這類人的面。如果是種族歧視的言論，而且讓我覺得反感，也許其他外表跟我很像的人也會覺得受到冒犯。」

達內爾準確指出了種族歧視言論傷人的本質，他對於衝突的疑慮

在 i 世代間也當相普遍。不過向權責單位舉報也有相當明顯的缺點：請行政單位出面通常會擴大而不是解決衝突，且往往會導致出言不遜的人激烈反擊。這麼做也有可能讓人不敢發言，扼殺重要議題的討論。《大西洋雜誌》記者康納・弗里德斯多夫（Conor Friedersdorf）在雜誌上撰文指出，向管理者舉報微侵略行為（指無意間傷害到女性或少數族群的言論）會使學生幼兒化，因為「處在一個風險比第一份工作、與人同住或結婚成家還要低的環境」，他們無法學會如何自行處理類似情況。[18]

2016 年 3 月，埃默里大學的學生有一天早上發現，有人在校園內的人行道上用粉筆寫了「川普 2016」的標語。部分學生表示這種訊息讓他們感到不安全，抗議的學生還向學校行政單位大喊：「你們沒在聆聽！跟我們談談，我們很痛苦！」[19] 該起事件廣受奚落，喜劇演員賴瑞・威爾墨爾（Larry Wilmore）就在他的節目中模仿一名抗議學生說的話：「我不知道我去上學，會遇到想法跟我不一樣的人。好可怕。」[20] i 世代凡事狀告高階權責單位的心態，使得學生在有人（甚至是與學校沒有直接關係的人士）出言冒犯時，針對學校行政單位發起多次抗議行動。2015 年的秋天，密蘇里大學就發生這種情況，最終導致校長辭職，即使他和最初引發抗爭的事件無關（開卡車經過的民眾以種族歧視字眼辱罵學生）。該校學生表示，他們的校長並沒有為他們建立安全的環境。

另一起事件就發生在我任教的聖地牙哥州立大學。[21] 2016 年 4 月，有校外的親以色列組織在校園內張貼傳單，指稱「特定學生及校方人員與巴勒斯坦恐怖分子勾結，意圖延續……這座校園仇恨猶太人的風氣」。此舉引發學生不滿，而校長第一時間選擇以一封電子郵件回應，聲明支持言論自由，但也指出傳單不應該指名道姓。

第六章　備受保護，欠缺內在動力：更安全，也更少走入社群
INSULATED BUT NOT INTRINSIC: MORE SAFETY AND LESS COMMUNITY

抗議的學生認為，該電子郵件對傳單張貼陣營的譴責不夠嚴厲，並舉起寫有「聖地牙哥州立大學認為我們是恐怖分子」的大型抗議布條。[22] 後來學生更包圍了校長乘坐的警車超過兩小時，阻止他離開學校。學生紛紛要求校長道歉。一名學生對校長說：「我本來希望你能保護我。他們說我們是恐怖分子，你卻沒有保護我們。」該起事件讓許多人感到奇怪：為什麼抗議不是針對張貼傳單的組織，卻是學校管理者？

事件發生兩週前，我們才剛針對聖地牙哥州立大學生進行調查，結果恰恰預示了抗議學生會把火力集中在校長身上。有三分之二的受訪學生同意「如果大學校園內發生種族方面的負面事件，即使校長並未涉入，他／她也需要道歉」。由此可見，絕大多數受訪學生的意見都和抗議的學生相同：該道歉的是學校行政單位，而不是引發事件的個人或團體。聖地牙哥州立大學的學生也強烈認為，行政單位有責任建立正面的種族風氣。有五分之四的受訪學生同意「如果弱勢學生覺得自己在校園裡不受歡迎，學校行政單位有責任設法處理」。

盧基亞諾夫和海特發表在《大西洋雜誌》的文章指出，學生對安全空間、敏感警告、微侵略等概念的重視，會讓發展倒退——無微不至地保護學生情緒，實際上可能損害他們的心理健康。[23] 在治療憂鬱症上，最常見、經過最多實證的談話療法是認知行為療法。這種療法會教人盡量更客觀地看待事物。宣導安全空間、敏感警告、微侵略概念的言論卻反其道而行：任由感覺引導你對現實情況的詮釋。

也有人認為，這種風氣很難幫助學生做好準備進入職場。在職場上，學生會遭遇許多觀念不同的人，如果他們跟老闆抱怨，說有人傷了他們的心，老闆不會給他們溫暖體貼的回應。記者茱蒂絲・史秋拉維茲（Judith Shulevitz）曾在《紐約時報》社論版批判安全空間，她這

麼寫道:「大學層級的討論保持在「安全」範圍,可以讓高敏感者感覺良好,而這對他們和其他人都不利……保護他們,讓他們不用接觸不熟悉的觀念,……在踏出風氣受到嚴密管控的校園之後,他們會沒有充足的準備去面對社交上、智性上的逆境。」[24] 部分 i 世代同意這樣的說法。大學生詹姆斯認為,對某些議題敏感的人,做選擇時需要謹慎。他表示:「如果主修科系的必修課程經常觸發你的敏感神經,也許這個科系不適合你。我的兄弟主修刑事司法,那邊的課程都有敏感警告,因為課堂上都在討論謀殺案。抱歉,現實世界中的警察面對那種事情可沒辦法逃避。如果警察因為大學的敏感警告而沒有受到完整的訓練,無法應對各種狀況,事情就過頭了。」

班,即我們先前提過的 18 歲大學新生,他認為學生之所以越來越支持安全空間和敏感警告,單純是因為心理健康。他說:「社會似乎認為我們這個世代嬌生慣養、喜歡抱怨,而且臉皮薄得要命,但我認為他們歪曲了事實。目前的趨勢是要越來越了解人的感受和心理健康。這種趨勢看在某些人眼裡像是在寵溺,因為我父母小的時候,很多人都受到壓迫。以前同性戀很危險,大家都認為創傷後壓力症候群不是真正的疾病,對焦慮的了解也還不夠充分。我們正在努力更加了解這些,而這並不是壞事。」他說,了解是為了建立安全感,是為了幫助脆弱的人。「我們相信有創傷後壓力症候群的人是生理出了狀況,需要接受治療。我們認為焦慮的人需要人們的理解,而不是只會說他們臉皮很薄。」對班來說(我猜對許多 i 世代也一樣),他們之所以支持安全空間和敏感警告,是因為他們感受到別人的需要,如果不支持似乎就太殘忍了。

怎麼會變成這樣？

i 世代對安全的關注，可能至少有一部分源自童年時期。如果父母把孩子當成幼童看，就會更加保護孩子。一般來說，孩子的年紀越小，我們就越不會讓他們離開視線範圍，會幫他們裝更大的汽車安全座椅，也會覺得需要對他們的安全負起更多責任。當 10 歲的孩子被當成 6 歲，14 歲被當成 10 歲，18 歲被當成 14 歲，孩子和青少年就會生活在童年的繭裡，在更長的時間中充分感覺自己很安全、受到保護。等到他們上了大學，會突然感到自己毫無防備又脆弱，並且會嘗試重建幾個月前家裡的那種安心感。嬰兒潮世代和 X 世代比較有可能在上大學前就體驗過自由，也比較不需要劇烈的調整。這些人現在都已經成為教職員和行政人員，想破了頭也無法理解 i 世代年輕人為何希望自己被當成小孩，為何一發現情緒可能會不安就畏縮。

總體而言，如今兒童受到的保護比過去要嚴密得多。作家漢娜・羅森（Hanna Rosin）在《大西洋雜誌》上提出她的觀察：「陪 3 年級學生走路上學、禁止孩子在街上打球、把孩子放大腿上一起玩溜滑梯，這些在 1970 年代會被當成偏執狂，現在都很常見。事實上，這些行為還代表了良好、負責任的教養。」[25] 上述這些可不只是作家的個人觀感：1969 年有 48% 的小學、初中學生走路或騎腳踏車上學，到了 2009 年，只剩下 13%。[26] 即使住家離學校不到一公里半，走路或騎腳踏車上學的比率也從 1969 年的 89% 大幅下降，到了 2009 年只有 35%。學校的政策往往會把這些選項明文化。我的小孩就讀的學校只有 4、5 年級學生可以騎腳踏車上學，而且家長必須簽同意書，代表他們會為孩子的安全負責。這樣的規定和應運而生的同意書，在嬰兒潮世代和 X 世代的童年前所未聞。

密西根州有所小學禁止學生玩兒童最愛的鬼抓人遊戲，說這種遊戲很危險。[27] 還有一所學校禁止學生側手翻，除非有教練監督。[28] 很多城市已經禁止玩街頭曲棍球（一種用球棍和橡皮球玩的街頭遊戲。喜劇電影《反斗智多星》裡呈現了遊玩的情景：有車子來的時候會先暫停，同時大喊「有車！」）。[29] 加拿大的多倫多有幾位市政府官員希望能解禁街頭曲棍球，在街頭設立了帶有防護措施的曲棍球場，還附帶一長串規則──這種玩法和 1980 年代自製球棍與球門、不戴頭盔或護具的傳統玩法已大不相同，而且以前的規則是小孩子想出來的，而不是大人。

最近的一項民意調查中，有 70% 的成人認為從他們小時候到現在，這個世界對兒童來說已變得越來越不安全，即使一切證據都顯示，現在的兒童其實比較安全。[30] 我們總是保護孩子，讓他們避免遭遇（真實和虛構的）危險，等到他們上了大學，建立起拒斥現實世界的安全空間，我們卻很驚訝。

保護有利有弊

那麼，對安全的關注是好事還是壞事？與許多文化和世代趨勢一樣，可能兩者皆是。美國人對安全的關注始於一項令人讚揚的目標：保護兒童及青少年免於受傷及死亡。相關的推廣行動當中，最顯著的當屬行車安全，包括強制使用汽車安全座椅、強制繫安全帶、限制青少年駕駛權的「漸進式」駕照法規，以及將全國合法飲酒年齡提高到 21 歲的一系列法規。加裝了安全氣囊、防鎖死煞車系統，以及內裝材質變軟的汽車，也更能保障各年齡層乘客的安全。這些措施效果卓越：車禍死亡率直線下降，且以兒少族群的下降幅度最大。2014 年死於車

禍的兒童與青少年人數與 1980 年相比只剩不到三分之一。[31]

　　越來越少兒童和青少年在汽車裡喪命，這無疑是件好事。汽車安全座椅雖然不免造成父母的麻煩，卻能拯救人命。安全帶和青少年更安全的駕駛行為，也能產生一樣的效果。上述這些都是關注安全的明顯好處，而從這些方面來看，重視安全其實沒有壞處。每次有嬰兒潮世代和 X 世代發表對汽車安全座椅和安全帶的看法，說「以前沒有這些東西，我們還不是活下來了」，我總覺得厭煩，對啦，你們是活下來了，但那些沒活下來的已經不在我們身邊，再也沒辦法懷念他們在旅行車後座滾來滾去的往事了。

　　其他安全措施也受到了褒貶不一的評價。舉例來說，如今的遊樂場地板都是塑膠材質，表面柔軟，（有些人表示）玩起來很無聊，不會特別引起小孩子的興趣。漢娜・羅森在《大西洋雜誌》上指出，對安全的重視已經扼殺了兒童對於探索、透過自己做決定來學習的本能需求。[32] 她提出了一項替代方案：英國有一種遊樂場，以過去的兒童可以自由嬉戲的常見廢棄停車場或垃圾場為設計藍本。孩童在那裡可以到山坡上玩滾輪胎，攀著繩索當鞦韆玩，盪一盪偶爾還會盪到小溪裡，還可以在鐵桶裡生火。羅森提出以下觀察：「如果有 10 歲的小朋友在美國的遊樂場生火，有人會去報警，那個小朋友應該會被帶去接受輔導。」有一部以遊樂場為主題的紀錄片，其中一幕拍攝一個看起來大約 8 歲的小孩子在鋸一塊沒有擺穩的木板。我猜不只是我，應該有很多現代父母也會立刻想：「他會把自己的手指鋸掉。」但他沒事。

　　羅森並不是第一個觀察到我們可能過分保護孩子、把他們養成軟腳蝦的人。《今日心理學》（*Psychology Today*）編輯哈拉・艾斯妥夫・瑪拉諾（Hara Estroff Marano）在她的著作《軟腳蝦國度》（*A Nation of Wimps*）裡指出，父母的過度保護和形影不離，會使孩童變得脆弱，

因為他們沒有學會如何自己解決問題。她寫道。「看看完全消毒的童年，膝蓋上沒傷疤、歷史課偶爾才 C。孩子需要知道，他們有時需要覺得難受。我們能透過經驗學習，尤其是不好的經驗。」[33] 蕾諾·斯肯納齊（Lenore Skenazy）也提出了與現今觀念背道而馳的育兒法，在《學會放手，孩子更獨立》（*Free-Range Kids*）一書中稱之為「自由放養法」。[34] 她在自己的網站上解釋，她「一直在對抗一個觀念——我們的孩子不斷面對怪人騷擾、綁架、病菌、分數、暴露狂、沮喪、失敗、偷嬰賊、蟲子、霸凌、男人、在外過夜，與／或非有機葡萄帶來的危險」。她認為對安全的過度執著，代表了扼殺孩子的創造力和獨立性。2016 年她接受《衛報》訪問時表示：「這個社會逼我們總是設想最糟的情況，行動時要想著那可能會發生……社會上的一切都是這樣建構起來的，這讓父母嚇得要命。為了因應，他們只好讓孩子時時待在有人監看的環境……這毫無樂趣可言。」[35] 由於 i 世代的恐懼、謹慎小心，而且熱愛安全空間，我有一個朋友說，我應該把這個世代改稱為「P 世代」——P 代表英文的 Pussy（娘炮）。（我跟他說，我覺得這個稱呼不會受到歡迎。）

那麼，為什麼變得更安全的世界，沒有孕育出願意冒險的世代？孩子為何沒有因為覺得安全而敢於冒險？簡單來講，因為人性不是這樣。一般來說，人克服恐懼的方法是挺身面對，而不是畏縮逃避。舉例來說，治療恐懼症最有效的方法是讓恐懼症患者起身迎戰最大的恐懼。此時若沒有任何壞事發生，恐懼感就會減輕，接著消失。如果沒有類似的經驗，恐懼感則會持續存在——或許這就是 i 世代的遭遇。

如同許多世代趨勢，關注安全有得也有失。眾所周知，i 世代是美國歷史上最安全的一代，一部分因為他們自己選擇少喝酒、少打架、繫上安全帶，開車也更注重安全。i 世代謹慎小心的程度明顯較高，因

此因車禍或凶殺喪命的可能性較低，但卻更有可能死於自殺，這可能顯示出他們潛藏的脆弱。正如第四章所述，i世代的焦慮和憂鬱在最近幾年直線飆升。i世代似乎驚懼不已——不僅害怕人身方面的危險，還擔心成年人的社交互動帶來的情緒危機。他們的謹慎性格有助於保障安全，但也使他們變得脆弱，因為每個人最終都免不了受到傷害。並不是所有風險都能消除，對於一個認為話不投機也會構成情緒傷害的世代而言，尤為如此。

不再重視內在

　　我看了一眼人格心理學教室裡的時鐘，我們還有時間可以稍微討論一下。我剛剛才跟教室裡的兩百個學生（大部分年紀都20歲出頭）說到，心理學家定義的人生目標有兩種，一種是內在的（intrinsic，指人生意義、幫助他人、學習等），一種是外在的（extrinsic，指金錢、名聲、形象等）。「你們覺得對你們這個世代來說，哪一種比較重要？為什麼？」我問他們。一個坐在教室後方的男同學舉手說：「金錢，因為收入不平等。」好幾個學生都點頭，一個女同學舉起了手說：「我們父母所擁有的東西，我們現在比較買不起。我們有學貸要還，而且現在什麼東西都很貴。」換句話說，金錢比人生意義更重要。

　　如果你讀過媒體對這個世代的描述，以上觀點可能會令你意外。時下的年輕人不是對追尋人生意義越來越有興趣嗎？舉例來說，2013年《紐約時報》一篇社論引述了一項調查，該調查發現年輕人最重視的職涯目標就是尋找人生的意義。[36] 問題是，該調查只問了現下的年輕人，並沒有和過去幾個世代的年輕人相比，甚至也沒有跟目前年齡較長的人相比。[37] 世代的數據比較將呈現出不同的樣貌。

簡單說，錢入選了，而意義出局了。現在的大學新生更有可能認為變得富裕很重要（外在價值），比較不可能說活出有意義的人生很重要（內在價值；見圖 6.8。由於最近幾個世代有個傾向：把一切都評得更加重要，因此圖表中的數字經過校正。）。[38] 即使不經過校正，差異仍相當大。2016 年的受訪學生當中，有 82% 表示「富裕」很重要，47% 則表示「活出有意義的人生」很重要。

此一轉變絕大部分發生在嬰兒潮世代（1960 和 1970 年代就讀大

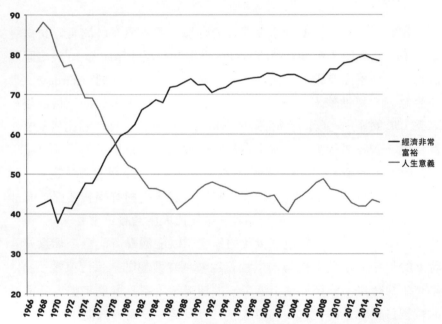

圖 6.8　大學新生認為各項人生目標「重要」或「非常重要」的百分率，依相對重要性做過校正

資料來源：美國大一新生調查，1967-2016 年。

第六章　備受保護，欠缺內在動力：更安全，也更少走入社群
INSULATED BUT NOT INTRINSIC: MORE SAFETY AND LESS COMMUNITY

學）和 X 世代（1980 年代和 1990 年代就讀大學）之間。千禧世代的想法基本上跟 X 世代在 2000 年代時一致，但到了 i 世代，重視富裕的程度持續增加，重視人生意義的程度則不斷下降。i 世代對賺大錢（贏得經濟競賽）的重視程度，甚至超越了前面的千禧世代。有說法認為經濟衰退會導致文化重整，使人更看重意義、更看淡物質，實際上的發展卻背道而馳。

1960 年代經濟繁榮，嬰兒潮世代發現一畢業就能找到好工作，因此擺脫了金錢的桎梏，轉而思考人生的意義。i 世代對於經濟收入並沒有那麼強的信心；他們覺得自己需要全力付帳單，包括高高築起的學貸債台，這可能會讓他們難以投注大量時間思考生命的意義。

還有一項因素會影響一個人對財富的渴望：使用螢幕的時間。看電視和上網會使年輕人接觸到更多廣告、更多金光閃閃的財富、更少的知識刺激。一般來說，現代的電視和網路提供的是簡短、鮮明的片面觀點，和書籍相比往往缺少細緻內容。22 歲的薇薇安寫道：「我們把自己的注意力分給網路上無關緊要的東西，永遠都在被『逗樂』。我們不再關注生活，以及人生中更深層的意義，反而讓自己沉浸在一個大家只重視 Instagram 發文拿到多少按讚數的世界。」

重視金錢、名聲、形象是高度自戀的人常見的模式，但 i 世代和千禧世代不一樣，自戀程度並不特別高。各世代的自戀程度在 2008 年左右達到高峰，此後則一直下降。[39] i 世代在過度自信、享有權利、輕浮誇耀上，都不如同齡的千禧世代，而從許多方面來看，這都是正向的發展。然而，i 世代少了自戀心態，卻多了疏離感和憤世嫉俗，而這樣的態度在教室裡是首次出現。

我來，只是因為不得不來：對讀書和上大學的態度

第一個學生屈身坐在椅子上，看樣子不是半睡半醒就是已經入睡
——不只今天這樣，每天都一樣。第二個學生則坐得直挺挺，熱切且
興致勃勃。每個老師都希望坐在教室裡的是上述的第二個學生。那麼 i
世代是哪一種學生？

很遺憾，現在比較多學生屬於第一種：興趣缺缺，不太確定想不
想待教室。青少年對上學的興趣從 2012 年左右開始突然下降，越來越
少學生認為上學很有趣、開心或有意義（見圖 6.9）。2000 年代期間，

圖 6.9　12 年級學生上學的內在動機
　　資料來源：監測未來調查，1976-2015 年。

教學科技的強烈吸引力似乎緩解了學生的厭倦感,但到了2010年代,教室裡已經很少有學生抵擋得了智慧型手機前所未有的誘惑。

　　i世代甚至認為,他們所受的教育無法幫助他們找到好工作,或者提供他們未來所需的資訊。如今相信上學對未來人生有幫助的12年級學生比以前少,也越來越少人認為學業成績優秀是找到好工作的重要條件(見圖6.10)。越來越多的高中生看不出上學有什麼意義。高中教師的工作原本就已經充滿挑戰,現在還要面對一群認為自己所學跟人生、職涯都無關的學生。短短幾年間,學生上學的內在、外在動機都大幅下滑。

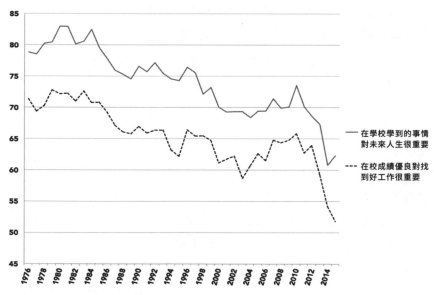

圖 6.10　12 年級學生上學的外在動機

資料來源:監測未來調查,1976-2015 年。

學校雖然嘗試跟上科技發展的步伐，但是變化實在太快，快到學校始終望塵莫及，而這一點學生也很清楚。13歲的雅典娜講到她在德州休士頓就讀的初中，說：「他們要我們從書本中學習所有知識，五十年前他們就是用這方式教每一個人，但我們不再這樣學習了。書本不再能幫助我們學習了，因為書上的內容不一定都正確。」她舉了好幾個例子，提到教科書和網路對於德州歷史（美國7年級學生必修課）的某些方面有不同的說法。我問她：「課本跟網路上的內容，妳覺得哪一邊比較常是正確的？」她回答：「網路。」我又問：「妳為什麼這麼認為？」她說：「因為這些課本都已經五十年歷史了，有些事情現在證明了跟書上講的不一樣。」講到自然課（科學課），雅典娜說：「現在什麼東西網路上都有。我們有平板電腦，他們給我們網址讓我們查資料，然後我們就上那些他們允許我們上的網站，我們是這麼學東西的。」雅典娜的數學課本每年都會改版，但她說：「我們不用課本，只用平板電腦。除非平板沒電了，我們才會拿課本來看。」很多i世代的學生都跟雅典娜一樣，似乎認為學校跟不上時代，不屬於這個步調快速、科技發展日新月異的世界。

　　即使是在學生更能自由選擇要不要上課的大學，也出現了類似的發展模式：i世代與前幾個世代相比，更重視未來能否找到更好的工作，對於通識教育則較不重視（見圖6.11）。i世代的大學生認為上課是為了畢業後能找到更好的工作，學習沒那麼重要。

　　總體來說，i世代比前幾個世代更講求實際。職涯發展向來是就讀大學的重要原因之一，但這項因素受重視的程度近年來不斷提高。越來越多i世代的學生覺得上學沒有樂趣，更對學校的重要性嗤之以鼻。如今上學、讀大學只是達到目標的一種手段，而高中學生甚至連這種手段有沒有用都很懷疑。

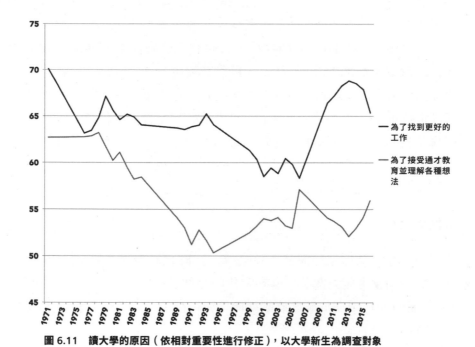

右圖圖例：
— 為了找到更好的工作
— 為了接受通才教育並理解各種想法

圖 6.11　讀大學的原因（依相對重要性進行修正），以大學新生為調查對象
資料來源：美國大一新生調查，1971-2016 年。

　　這樣的態度助長了近年來大學校園內發生的諸多爭議。對於嬰兒潮世代、X 世代，甚至許多千禧世代的教職員和行政人員來說，大學是學習、探索的地方，而那包括接觸到與自己不同的新想法。他們深信，那正是上大學的全部意義。i 世代不同意，他們覺得大學是提供安全的環境，讓他們為迎接職涯做好準備的地方。不同的想法不但可能令他們不安，進而感到不安全，探索這些新想法更是毫無意義，因為找到好工作重要得多。學生的這種「消費者心態」早在 1990 年代的 X 世代身上就已經出現，但 i 世代又把這種心態和他們對安全的關注結

合，提升到另一個等級。如果嬰兒潮世代的大學教授希望學生多多探索，X 世代和千禧世代都會照做，但 i 世代出於對安全的重視，不太能接受就讀大學就意味著應該要去探索新觀念、不同思維——要是失去「情緒安全」怎麼辦？而且這跟找到好工作、賺錢有什麼關係？嬰兒潮世代重視想法，i 世代則重視安全和實用，這樣的世代價值觀鴻溝解釋了校園內出現引發爭議的觀念時，這兩代人為什麼難以理解對方的想法。

關懷與社群

2009 年，全球金融海嘯正值高峰，《時代》雜誌提出了一項推論：經濟崩盤可能意味著「過剩時代的終結」，文化將經歷一番「重整」，2000 年代中期的過度放縱就此消弭，迎接充滿關懷與社群主義的新時代。

i 世代在當時還是兒童和青少年，因此許多觀察家都猜測，經濟衰退中的一絲曙光，將體現在他們的身上——這個世代長大之後會更關心他人，並會更積極參與社群活動。i 世代也是第一個全面屬於後網路時代的族群。很多人寄望線上社群的力量能將眾人團結在一起，促進改變，畢竟值得支持的志業更容易宣揚，而且想捐款給慈善機構，現在傳一則訊息就能辦到。這讓一些分析家猜測，i 世代會更願意幫助他人。

與前面的千禧世代相比，i 世代確實如此。有更多大學新生表示「幫助有困難的人」很重要，也有較多高中生認為「貢獻社會」很重要。越來越多 i 世代的 12 年級生表示想從事可以幫助他人、具有社會價值的工作，讓這些價值回復到 1970 年代嬰兒潮世代的那個等級。根

據這些資料，我們應該可以下此結論：i 世代希望世界能因他們而變得不一樣。他們有遠大的夢想，而且這些夢想包括一種無私利他的願景。

不過，i 世代還沒能夠掌握夢想的實現之道。i 世代較不同理異己。舉例來說，「他人遇到困難而且需要幫助，並不真是我的問題」、「有些弱勢族群也許確實受到不公平的待遇，但這與我無關」這種冷酷的描述，有越來越多 i 世代表示同意或不置可否。這個世代會說幫助他人很重要，但至少在某些情況下，他們認為伸出援手的人不需要是他們（見圖 6.12）。

i 世代的言行不一，在捐款給慈善機構的意願上更加明顯（見圖 6.12）。援助慈善組織的風氣在經濟衰退時期曾經短暫復甦，但隨後持續下滑，並在 2015 年達到歷史新低。（該項調查的內容是：你有沒有、願不願捐款給九大類慈善機構，包括國際救援組織、弱勢族群組織、環境團體、防治疾病的慈善機構。）

總結來說，i 世代想貢獻一己之力，卻沒有相應的行動。很顯然他們認為，利他主義固然重要，卻往往伴隨著麻煩。這可能與 i 世代的生活離不開網路，而網路上會有大量談論，但很少實際行動有關。21 歲的克里斯指出：「人們會在社群媒體上發文說要『多伸出援手』，但是社群媒體的發文並沒有什麼實質上的幫助。」這在網路上有時被稱為「懶人行動主義」（Slactivism）。另一方面，i 世代很懂得如何加入迅速席捲社群媒體的公益活動，這至少能提升對於諸多議題的意識。長大成人的 i 世代，也許較擅長轉發網址連結，宣傳值得支持的**志業**，卻不那麼擅長實際參與。不過這樣的狀況也有可能改變，或者其實正在改變——i 世代確實曾經採取行動去捍衛平權。如果 2017 年女性抗議川普政策的大遊行算是新一波改變的開端，那麼 i 世代的確可能正一步步走向言行合一。

圖 6.12　12 年級學生與大學新生同意「幫助有困難的人」與「貢獻社會」很重要的百分率，關於「同理他人」的八項描述，以及「願意捐款」給九大類慈善機構的平均同意度

資料來源：監測未來調查（12 年級生）、美國大一新生調查（大學新生），1968-2016 年。

他們上網都在學些什麼？

　　網路擁有匯集資訊、促進行動的巨大潛力。2011 年，中東地區的年輕人在「阿拉伯之春」期間利用社群媒體組織抗爭，影響國家變革。很多人希望網路也能提升美國年輕人的公民參與，讓他們能隨手取得

新聞資訊和各種消息,透過與世界各地的人互動,提升對他人的同理。

這個希望成真了嗎?要解答這個問題,我們可以檢視上網時間和重要的價值及行為之間的關聯。我們可以比對兩項指標:以助人為主的社群參與(思考社會議題、願意解決環保問題、採取行動幫助他人等),以及強調個人權利、個人享樂的個人主義態度(支持性別平權、渴望結交其他種族的朋友、認為即使沒有付出努力也有權獲得財富、崇尚物質等——這些價值在世人眼中有「好」有「壞」,但都是個人主義社會的特有產物)。

結果相當明確:青少年在社群媒體上花費的時間越多,越有可能重視個人主義,同時較不重視社群參與。社群媒體重度使用者重視擁有新車、度假住宅等昂貴物質享受的可能性高出了 45%,表示自己會思考影響國家、全球的議題的可能性則低了 14%(見圖 6.13)。總體來說,社群媒體使用時間較長的青少年參與重要社會議題的程度較低。好消息是,他們支持種族平等和性別平等,這是個人主義的主要產物之一,不過他們的公民參與程度也較低,而且傾向於認為自己可以不勞而獲。

上網總時數和上述價值之間的關聯比較弱。花很多時間上網的人,社群參與的程度大約在平均水準。他們思考社會議題的可能性比低度網路使用者略高,想要保護環境、救助飢民,或知道自己屬於哪個政治陣營的可能性卻略低。重度使用網路和公民參與程度偏低之間的關聯性,並沒有重度使用社群媒體那麼高,但也無助於提升對社群參與的興趣。使用網路和使用社群媒體一樣,都與個人主義態度有關(見圖 6.14)。

總結來說,使用網路並不代表高度的社群參與。長期來看也是如此:第十章我們會提到,總是在上網的 i 世代對新聞和時事的興趣反

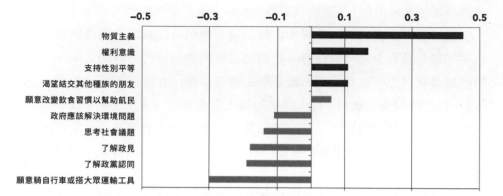

圖 6.13 個人主義與公民／關懷態度及行為的相對風險評估（以每週使用社群網站十小時以上的 12 年級生為調查對象）

資料來源：監測未來調查，2013-2015 年。圖中黑色長條代表個人主義，灰色長條代表公民／關懷。

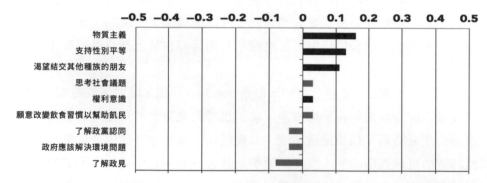

圖 6.14 個人主義與公民／關懷態度及行為的相對風險評估（以每週休閒時間使用網路二十小時以上的 12 年級學生為調查對象）

資料來源：監測未來調查，2013-2015 年。圖中黑色長條代表個人主義，灰色長條代表公民／關懷。

第六章 備受保護，欠缺內在動力：更安全，也更少走入社群
INSULATED BUT NOT INTRINSIC: MORE SAFETY AND LESS COMMUNITY

而不如前面的幾個世代。i世代當然可以利用網路進行社群參與，而且很多人正在這麼做，但上網時間最長的那一群人並沒有這麼做。他們把時間花在跟朋友打電動、在 Snapchat 上交流有趣的照片、在 YouTube 上看貓咪掉進馬桶的影片。社群網站的情況更糟，非但沒有成為社群參與的溫床，而且最常上這些網站人，正是那些對政治、社會議題、環保比較沒興趣的青少年。

　　i世代投入網路世界的最大貢獻，可能是提高了他們的人身安全。當他們花更多時間玩手機、玩電腦，開車、找朋友的時間就會減少，結果就是人身安全程度達到前所未見的高水平。i世代比較不願意承擔風險，對安全的定義擴展到情緒安全和身體安全並重的程度。他們越常用打字來交流，身體承受的危險就越少，情緒承受的風險則越多。難怪i世代這麼渴望擁有安全空間來保護自己。在那個空間，他們更有可能支持助人的理念，但也比較不願意踏出舒適圈，實際伸出援手。

收入的不安全感：
努力工作為賺錢，而非血拼

　　我問到未來需不需要找工作還清大學學貸的時候，20歲的達內爾咯咯笑著說：「當然要啊。」他的笑聲讓我想到艾迪·墨菲（Eddie Murphy），既友善又譏譙。達內爾今年大三，就讀位於亞特蘭大附近的一所州立大學，主修商科。他在喬治亞州、佛羅里達州交界附近的中型小鎮長大，就讀的私立高中給了他到銀行實習的機會。我問他為何決定主修商科，他說：「我覺得可以找到工作。我不想要主修某個領域，可是將來在那個領域找不到工作。」我又問他是不是一直都想讀商科。「我其實曾經想當演員，但是那個領域非常競爭，不能保證找得到工作，所以我只好放棄了。」達內爾說。

我在聖地牙哥跟 18 歲的海莉約中午吃飯，她一開頭就自稱是藝術家兼演員，接著滔滔不絕講起自己在社區劇場、中學表演過的戲劇和音樂劇。她跟一個朋友目前在創作一款電玩遊戲，為了這件事已經花了兩年時間。為了創作而努力，顯然就是她最熱衷的事情。「妳以後會把藝術和表演當成職業嗎？」我問她。她回答：「不會。我本來想去美術學校學動畫，但我爸媽說我應該學實用一點的東西。我其實也知道，這個領域非常非常競爭，如果你不是非常厲害、令人驚嘆，又有人脈，不可能成功。所以我選了第二志願。我想成為法庭心理學家。」海莉目前還在製作電玩，也還會畫畫，但只當作愛好，而非職業。

19 歲的大二學生艾哈邁德來自俄亥俄州的辛辛那提。他決定主修會計，而且能講出明確原因。「會計真的是很有保障的。公司要裁員或重組，幾乎不可能找會計開刀，因為你掌握的是公司營運的關鍵資料，不可能隨便換人。」

i 世代務實、放眼未來，而且不冒險。這和高呼「人都有無限可能」、「勇敢追夢」的千禧世代簡直天差地遠。數十年來，經營者注意的是千禧世代的員工，並沒有花太多時間了解如何在職場上激勵 i 世代。這個情況即將改變：i 世代是大學畢業生中的大宗，並且很快就會成為初階人才庫的主力。由於 i 世代和千禧世代有著重大差異，企業領導用來招募、留住年輕員工的策略可能不再奏效了。針對 i 世代的行銷策略也面臨一樣的問題：i 世代和千禧世代有截然不同的心理剖繪，行銷方式也需要大幅改變。企業和經營者需要注意，一個新的世代已經近在眼前，而且他們可能跟你想的不一樣。

工作最棒的部分

新年過後的第二天，我來到朋友在洛杉磯城外的家。她的父母也來這裡度假，正在廚房裡忙得不亦樂乎。我和我的朋友則坐在客廳，一旁是她 14 歲的兒子李奧和 16 歲的女兒茉莉亞。茉莉亞和李奧就讀的私立中學離家有段距離，茉莉亞最近剛考到駕照，現在都由她開車載著弟弟一起上下學。兩個孩子都很文靜、內向，直到我問兩人長大後想從工作中獲得什麼時，姊弟倆才終於開口說話。茉莉亞說：「我想要可以賺錢的工作，錢要夠多，但是不用太多。」李奧說：「我想要能讓自己開心的工作。」茉莉亞回嘴：「我的話只要不討厭就可以了。我想找的是不會完全占據我的生活，錢又夠多的工作。」她繼續說：「我不想要上很多小時班的工作，像律師。」講到想從工作中獲得什麼，兩人都把金錢擺在第一位。

兩人的想法與年輕上班族的觀念不同。目前的典型說法是：千禧世代想要有趣、能獲得內在獎賞的工作。這假定了時下的年輕人如果不能在工作中得到大量樂趣，就會離開。

然而長期的研究資料顯示，i 世代其實比印象中實際得多，就連千禧世代也一樣。與前面幾個世代在相同年紀時的想法比較，i 世代和較年輕的千禧世代跟先前的世代相比，稍微較少人重視工作有不有趣、能不能學習新事物、努力能不能看到成果等內在獎賞（見圖 7.1）。[1] 許多 i 世代就跟茉莉亞一樣，覺得只要不討厭自己的工作就好。

另一個重要現象是工作的社交屬性，例如在職場結交朋友、從事的工作可以和很多人互動等，不再像以往那麼重要。i 世代比較不重視這些屬性，他們不但在閒暇時間較少與朋友親身互動，對於工作中的親身社交互動也比較不感興趣。許多跨世代諮詢顧問可能會感到相當

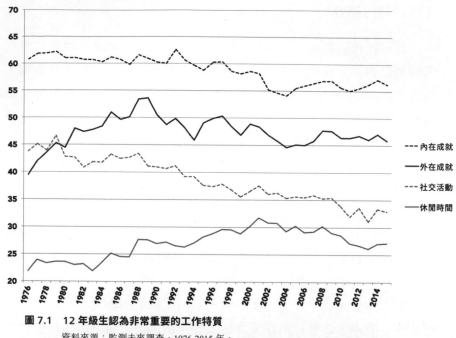

圖 7.1　12 年級生認為非常重要的工作特質

資料來源：監測未來調查，1976-2015 年。

意外，因為他們參考許多一次性研究後，會設想千禧世代和 i 世代對工作的社交層面比較感興趣。但職場上的年輕人對社交活動有興趣，和他們的年齡比較有關，跟世代的關聯反而較小：未婚、沒有子女的年輕人，有更多時間參與社交活動，對於社交的需求也較高，但是與先前幾個世代在同年紀時相比，i 世代對於在職場結交朋友**較不**感興趣。

　　總體來講，許多嬰兒潮世代和 X 世代認為工作上最令他們開心的事情（有趣的工作內容、結交朋友等），對於 i 世代來說並沒有那麼重

第七章　收入的不安全感：努力工作為賺錢，而非血拼
INCOME INSECURITY: WORKING TO EARN—BUT NOT TO SHOP

要。i世代只想要工作本身。23歲的喬丹寫下這麼一段文字：「那些很有意思或鼓勵創新的工作，我們都不應該太感興趣，因為做那種工作沒什麼錢。所以，你才會看到很多跟我一樣年紀扛著十萬債務在星巴克上班。」

i世代的講求實際，還表現在工作與生活的平衡上——工作不應該擠縮生活。我和我的同事在2006年分析相關資料時，發現重視休閒價值觀的程度是最主要的世代差異：千禧世代比嬰兒潮世代更有可能希望工作提供較多假期、輕鬆的步調、自主空間，並留給他們大量時間去享受生活中的其他事物。i世代某種程度上並不堅持以上的要求，對於工作與生活要保持平衡的期望回到了1990年代早期的水平。可能因為i世代在全球金融海嘯期間長大，對於工作本身，以及對於工作的要求，都更為務實。

i世代可能也正在扭轉年輕人工作態度中最顯著的趨勢之一——他們越來越不相信工作是生活的重心。千禧世代顯然不像嬰兒潮世代那麼重視工作，而更看重生活中的其他層面。i世代扭轉了這樣的思考：工作在他們心目中的重要程度，已經回到1990年代X世代的水平，不過還是遠低於1970年代嬰兒潮世代（見圖7.2）。不同意「工作只是為了謀生」的比率也呈現類似下降，不過到了i世代已經趨緩，然而也沒有回升。還是有很多i世代跟茱莉亞一樣，並不希望工作「占據我的生活」。

工作倫理方面呢？嬰兒潮世代出身的管理者經常抱怨千禧世代的員工不像他們過去那樣專注於工作，但也許管理者向來就是這樣看待手下的年輕人，畢竟做主管的人應該都希望員工投注更多心力在工作上，而且有些年紀的成年人幾乎都會放大過去的美好。2016年，《富比士》雜誌上有篇文章提出了大膽的主張，認為沒有證據可以證明工

作倫理存在世代差異。² 不過該篇文章只提及一些小型研究，其中一個研究無法區分「年齡」和「世代」，另一個研究完全沒有提出世代間的比較，還有一個研究的主題是商學院學生期望的工時，而不是他們「願意」花幾小時工作。上述這些資料並不適合用於判斷各世代在工作倫理方面是否存有差異。

事實上，**確實**有明確的證據可以證明工作倫理會隨著世代而變，這驗證了管理者的觀感。千禧世代的工作倫理低於同齡的嬰兒潮世代和 X 世代：願意加班的人變少，錢夠了就不想工作的人變多，有更多人說「不想努力工作」可能會使他們找不到想要的工作（見圖 7.3）。別忘了：這個資料是以年輕族群的自述為基礎，而不是他人的評判。2000 年代，正讀高中最後一年的千禧世代當中，有近 40% 表示不想那麼努力工作（有同樣想法的嬰兒潮世代只有 25%），明確表示願意為了做好工作而加班的比率則不到一半。

但管理者也許快要可以鬆口氣了：初入職場的 i 世代具有較堅實的工作倫理。2015 年，有 55% 的 12 年級生表示願意加班，高於 2004 年的 44%。i 世代表示「錢夠了就不想工作」的比率也下降了，但在「不想努力工作」方面，i 世代則延續了千禧世代以來的趨勢。很顯然，i 世代很清楚他們可能不得不加班，但也認為他們想要得到的許多理想工作，都需要付出太多心力。如今要成功實在太難了——i 世代似乎會這麼說。

這樣的態度可能可以從 i 世代覺得他們不得不取得大學文憑說起。我問我在聖地牙哥州立大學的學生，他們的人生跟父母的人生有什麼不同？大多數人都提到大學學位的必要性。這些學生中有許多人的父母是移民，從事低階工作，但仍能買房和養家。我的學生說，如今為了得到高中以下學歷的父母擁有的東西，他們必須接受大學教育。21

第七章　收入的不安全感：努力工作為賺錢，而非血拼
INCOME INSECURITY: WORKING TO EARN—BUT NOT TO SHOP

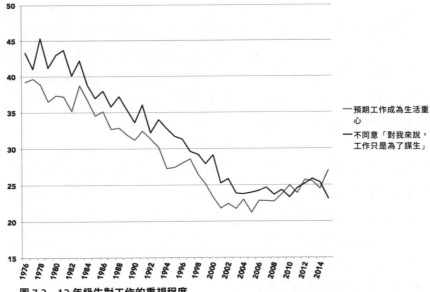

圖 7.2　12 年級生對工作的重視程度

資料來源：監測未來調查，1976-2015 年。

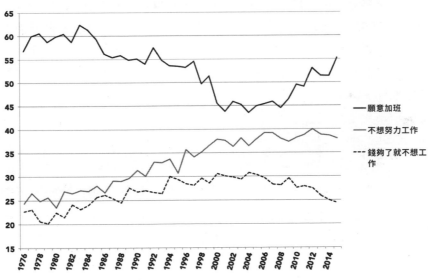

圖 7.3　12 年級生的工作倫理

資料來源：監測未來調查，1976-2015 年。

歲的潔絲敏寫道：「因為要讀大學，我們這一代的壓力大到不可思議！高中畢業了會被迫上大學，念到碩士才有很好的工作。我父親那一代就不一樣了。他在 1970 年代出生，儘管沒上過大學，卻有薪水很高的工作。對於我們這一代來說，現實不是這樣。就算讀到大學，也不一定保證能找到工作！而且我們一畢業就要背貸款！」

潔絲敏的說法確實帶有一點權利意識的色彩（「你這什麼意思，我不能保證找得到工作？」），但字裡行間也隱約透出疲倦。她覺得自己的努力是事倍功半。我的學生似乎都很羨慕父母，沒受過高等教育，不需要花許多錢讀四年（或更久）大學就可以找到好工作。

他們說得很有道理：1990 到 2013 年，只有高中學歷的美國人薪資下降了 13%。為了留在中產階級，大學學歷變得更為重要。[3] 與此同時，讀大學也越來越貴：在教育預算遭到削減及其他因素的作用下，大學學費持續激增，迫使許多學生背負貸款。2016 年，大學應屆畢業生平均要背負 3 萬 7,173 美元的債務，高於 2005 年的 2 萬 2,575 美元和 1993 年的 9,727 美元。[4] i 世代陷入了困境：為了出人頭地，他們需要接受大學教育，但為了付學費，他們不得不背負鉅額學貸。難怪 i 世代會這麼意興闌珊，只想要一份工作就好——只要可以還學貸，任何工作都好。

找一份工作

有些觀察家指出，企業招募 i 世代和較年輕的千禧世代時，可能會遇到困難，因為他們都想自己創業當老闆。廣告公司史巴克斯與哈尼（Sparks & Honey）的研究報告結論中有這麼一句話：「創業精神存在於 i 世代的 DNA 當中。」[5] 原因在於該研究發現，有更多高中生（相

對於大學生）想在未來創業。不過這可能跟年齡有關：高中生對於未來能否擁有自己的事業可能向來就比大學生樂觀（遑論有些真正出來創業的人還是大學中輟生）。儘管如此，還是有許多專家認為，相同的創業家精神正在千禧世代心中升起。管理學教授弗雷德‧塔菲爾（Fred Tuffile）接受《富比士》雜誌訪問時表示：「千禧世代正逐漸意識到，即使開公司可能倒閉、燒錢，創業兩年能學到的東西也比坐辦公桌二十年還多。雖然他們知道沒什麼機會創立臉書這樣的公司，但認為開一間很酷的新創公司還算容易。」[6] 塔菲爾教授的論點是基於本特利大學的一項調查，該調查發現，有 67% 的年輕人想自行創業。但請注意：該調查只收集了一段時期、一個世代的樣本資料，沒有對照組。或許嬰兒潮世代和 X 世代在年輕時想要創業的可能性也一樣高，甚至更高。

事實證明，i 世代有創業意願的可能性，比同齡的嬰兒潮世代和 X 世代還要低，這延續了由千禧世代帶起的趨勢（見圖 7.4）。[7] 一如他們在開車、喝酒、約會等方面展現出的小心謹慎，i 世代對於創業也抱持相同態度。

大學新生也呈現相同趨勢：2016 年，只有 37% 的大學新生認為「在自己的事業中取得成功」很重要，低於 1984 年的 50%（依相對重要性做過校正）。由此可見，與 X 世代的大學生相比，i 世代的大學生**較不嚮往創業精神**。

這樣的想法影響了實際的行為。《華爾街日報》分析美國聯邦準備理事會的資料後發現，戶長年齡在 30 歲以下的家戶當中，擁有或至少共同擁有一間私人企業的比率在 2013 年只有 3.6%，低於 1989 年的 10.6%。[8] 年輕世代嚮往創業精神的說法，終究只是說說而已。

為什麼創業意願下降了？創立公司原本就有一定的風險，而正如

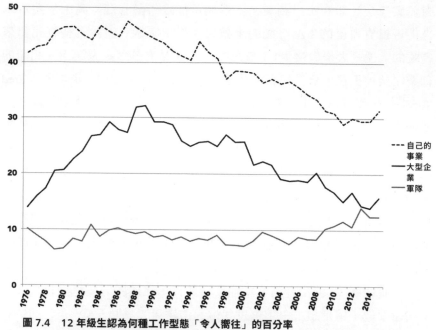

圖 7.4　12 年級生認為何種工作型態「令人嚮往」的百分率

資料來源：監測未來調查，1976-2015 年。

第六章所述，i 世代不喜冒險。「工作穩定代表收入有保障，可以買我們想要的東西，也有安全感。」22 歲的凱拉這麼說。她在一週後即將畢業，拿到護理科系的學位。對凱拉來說，穩定的意義不包括自己創業。她表示：「過去十幾年來，我們看到很多企業失敗了。我不想淪為街友，其他人也不想。」

　　i 世代也不太喜歡在大企業工作，但他們對於心目中比較穩定的產業的興趣比千禧世代更高。對於軍職的興趣尤其反映出這種想法（伊拉克和阿富汗戰爭的結束可能與此有關）。i 世代對於警職也表現出比

第七章　收入的不安全感：努力工作為賺錢，而非血拼
INCOME INSECURITY: WORKING TO EARN—BUT NOT TO SHOP

較高度的興趣。即使從事軍警工作可能有人身危險，但薪資穩定、很少裁員。總體來說，i世代對於各種職場的看法都較為中立：對於受歡迎行業的，評價比嬰兒潮世代低；對較不受歡迎行業，評價卻比嬰兒潮世代高。很顯然，與前面幾個世代相比，這些大異其趣的工作環境在i世代眼中更無差別。他們給出高評價的可能性變低了，但也不太可能給低分。他們對於在哪裡工作似乎沒那麼在乎，他們只是想要……一份工作。

至少某些i世代是這樣。

工作，等長大一點再說

「每次看到那個數字，我都會大吃一驚。」芝加哥大學經濟學家艾里克・赫斯特（Erik Hurst）在2016年表示。[9]他指的是未受過大學教育的20幾歲年輕人在過去一年完全沒有工作的比率，他根據美國勞工統計局資料計算出來的數字，是四分之一左右。在幾乎整個20世紀期間，所有人口群體中實際就業率最高的就是20多歲的男性，占整體勞動力達85%，但現在已經不是這樣了。

我不禁思考，這種低就業的趨勢是否不分教育程度，擴展到所有男性？確實如此。20歲出頭的男性，就業比率在2010年代來到史上最低點。2016年，20歲出頭的男性中有四分之一不在職。近年來就業率下降的原因並不是大學生增加了。男大學生的入學人數相當穩定，卻還是有更多年輕男性不工作。（赫斯特的研究結論也指出，入學率不是造成就業率降低的原因。）這種趨勢也不能完全歸咎於全球金融海嘯。年輕男性就業率的下降（約2000年開始）始於海嘯之前，海嘯之後也持續下探。2016年的就業率（73%）與2007年（79%）相比，還

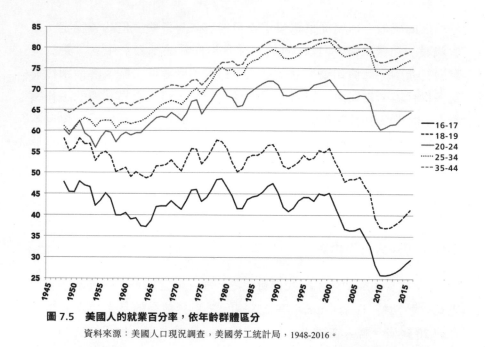

圖 7.5　美國人的就業百分率，依年齡群體區分
資料來源：美國人口現況調查，美國勞工統計局，1948-2016。

低了幾個百分點。上述這些年份的失業率都在相同的低點，但失業率並沒有算入根本不求職的人。

　　長期比較男、女性合併計算的就業率通常比較困難，因為過去幾十年有許多年輕婦女都在家帶小孩。後來這種情況已經沒有那麼普遍，這可能就是男女性（合併）就業率在 1960 年代到 2000 年間穩定增長的原因。但到了 2000 年左右，這種趨勢開始出現轉變（見圖 7.5）。2000 年到 2016 年的十六年間，擁有工作的年輕人越來越少，且各年齡層的降幅幾乎完全和年齡成反比，年齡較小的青少年下降的幅度最大，其次是較年長的青少年，接著是 20 歲出頭的族群。另外一方面，25 歲

第七章　收入的不安全感：努力工作為賺錢，而非血拼
INCOME INSECURITY: WORKING TO EARN—BUT NOT TO SHOP

以上的美國人在 2016 年的就業率與全球金融海嘯前大致相同，只差了幾個百分點。圖 7.5 和第一章分析喝酒的圖表非常相似：最年輕的族群下降幅度最大，其後降幅隨著年齡增長逐漸趨緩，顯示該活動延遲到較年長的時候。對現在的年輕人來說，工作就跟喝酒一樣，是 21 歲以後，甚至可能是 25 歲以後的事。

如同上述的男性就業率趨勢，最年輕的族群就業率下滑的主因，似乎和大學入學率在 1980 年代、1990 年代大幅增加，隨後在 2000 年代中期趨緩的走勢無關。大學入學率也無法解釋 16 至 17 歲青少年的就業率為何下降最多。

那麼，這些無業的年輕人如果不去工作或上學，都在做什麼？赫斯特找到的答案很單純，至少就男性來說是這樣：打電動。[10] 年輕男性每週的閒暇時間比 2000 年代初期多了四小時，而他們用其中三小時（或四分之三的時間）打電動。其中，一天打電動三小時以上的人占了 25%，10% 的人每天打電動至少六個小時。赫斯特說：「這些不在職、工作能力低的年輕男生，生活跟我兒子現在想要過的日子很像：不上學、不工作，可以打一堆電玩。」正如第二章所述，電玩占用了年輕人越來越多的時間——2015 年的每週平均時數是十一小時左右。

年輕人是因為沒有工作才打電動，還是因為打電動才不工作？赫斯特認為可能是第二種情況——如果可以待在家裡打電動，何必去上班？「這些創新的科技產物讓人的閒暇時間變得更愉快了……在低薪的就業市場中，對於工作能力偏低的勞動者來說，現在還是閒閒在家比較有吸引力。」赫斯特表示。

喬治亞大學的 20 歲學生達內爾告訴我，去年暑假他花了很多時間打電動。「我爸不太高興。我那時候就覺得說，這是我唯一可以休息的時間，當然要好好享受。」我問他：「你爸希望你去找工作嗎？」

他回答：「天哪，對啊。每次他下班回來就一直講：『你找到工作了嗎？』我就會說：『你走開好不好？』」後來達內爾的父親堅持要他每天至少投一份履歷，結果有一家連鎖零售商店錄取了達內爾，但當時暑假已經接近結束，所以他最後根本沒有去那家店上班，暑假結束後就回到大學。達內爾說，回到學校他必須遠離電玩，否則他永遠不會去上課。

我能成功嗎？

部分 i 世代之所以遠離工作，可能是因為時代讓他們相信，受到操控的體制裡，他們的努力不太會有作用。以 20 歲的安珀為例，當她描述她所屬的世代時，文裡行間都是惱怒：「我們如果想要出人頭地，就必須上大學，但是讀大學真的很貴，我們如果不申請學貸，就要找全職工作付學費。如果申請學貸，我們的未來會更麻煩，而且充滿壓力。不然去找工作好了，但是薪水好的工作多半都要求經驗或者學歷，所以我們只能打工、領最低時薪，因為我們的老闆不願意給我們福利。結果我們還是得申請學貸。」換個說法就是，形勢對我們很不利。

許多 i 世代都跟安珀一樣，不確定自己以後能不能成功，導致心情越來越消沉。心理學家把這種想法稱為**外控取向**（external locus of control）。內控取向（internal locus of control）的人會相信人生能由自己掌控，外控取向的人則認為自己的人生受外部因素控制。i 世代明顯更外控取向（見圖 7.6）。越來越多 i 世代認為人生只要安於現狀就好，也有越來越多人表示在前進的路上頻頻受阻。

因此，越來越多的青少年認為成功遙不可及。這種想法可能源自收入不平等和全球金融海嘯的後遺症：經濟不景氣的期間，i 世代看見

第七章　收入的不安全感：努力工作為賺錢，而非血拼
INCOME INSECURITY: WORKING TO EARN—BUT NOT TO SHOP

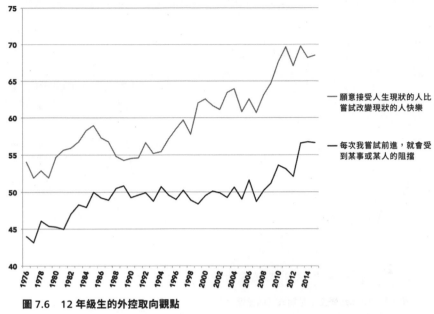

線條標示：
— 願意接受人生現狀的人比嘗試改變現狀的人快樂
— 每次我嘗試前進，就會受到某事或某人的阻擋

圖 7.6 12 年級生的外控取向觀點
資料來源：監測未來調查，1976-2015 年。

父母、兄姊為了找到好工作而不斷拚命，覺得自己未來也會碰到一樣的問題。這種趨勢可能也和 i 世代比較負面消極的心理狀態有關：正如第四章所述，i 世代比較常出現焦慮和憂鬱，這些心理健康問題往往和失敗主義者的態度有關，例如外控取向。

與先前幾個世代相比，i 世代也認為邁向成功的路上會遭遇比較多阻礙。越來越多 i 世代認為自己缺乏能力，因此找不到理想的工作，認為沒有合適的人脈會無法前進，也認為自己的家庭背景會成為絆腳石。此外，正如先前所述，也有越來越多 i 世代認為，想得到心目中的理想工作，需要付出的心力實在太多。

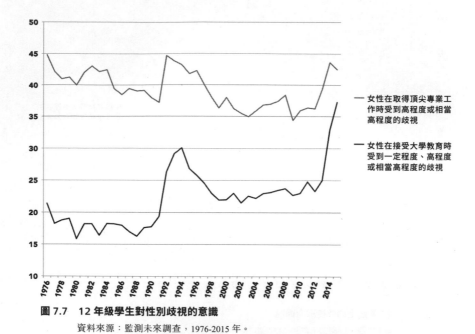

圖 7.7　12 年級學生對性別歧視的意識
資料來源：監測未來調查，1976-2015 年。

女性在取得頂尖專業工作時受到高程度或相當高程度的歧視

女性在接受大學教育時受到一定程度、高程度或相當高程度的歧視

　　在 i 世代看來，成功還有一個可能的阻礙：性別歧視。與千禧世代相比，i 世代認為女性受到職場歧視比率大幅增加，相信女性在大學教育中遭到歧視的比率增幅更高：與 1980 年代後期的 X 世代相比，有這種想法的 i 世代增加了一倍（見圖 7.7）。

　　關於性別歧視的意識，上一波高峰出現 1990 年代中期，當時在幾個備受矚目的案件中，性別議題都成為爭議焦點，包括在辛普森案審理期間，對公訴檢察官瑪西婭·克拉克（Marcia Clark）冷嘲熱諷的性別歧視言論。近年來性別歧視議題的重要性上升，代表大眾意識到性別歧視不斷在發生，究其原因，可能有一部分在於近年來校園性侵害

第七章　收入的不安全感：努力工作為賺錢，而非血拼
INCOME INSECURITY: WORKING TO EARN—BUT NOT TO SHOP

議題引發關注，以及臉書營運長雪柔‧桑德伯格在她 2013 年出版的《挺身而進》一書中所指出的性別不平等。不過，在女性大學畢業生占了 57% 的美國，青少年在大學教育中感覺受到性別歧視，多少令人感到意外。[11] 從「行業中的最高職位」來看，美國的性別平權進展明顯變慢了——商業、醫學、政治等領域離性別平權都還很遙遠。舉例來說，最近的一項研究發現，女醫師的年薪比男醫師低了 2 萬美元，即使列入專業考量仍是如此（有人稱之為「廉薪醫師」效應）。[12] i 世代顯然對這種落差更具意識，並且更有可能歸因於性別歧視。

期望有多高：泡沫終於破滅？

千禧世代是期望高漲的一代。他們從小就被灌輸「人都有無限可能」的想法，求職面試時，往往自認無所不知。問他們五年後會在哪裡，他們會回答：「公司的執行長。」（這種故事會傳開，代表這樣回答的人夠多。）這種觀感的背後有堅實的資料：千禧世代對於取得大學或研究所文憑的信心明顯偏高，實際取得（尤其研究所文憑）的比率則只以偏慢的速度提升。i 世代稍微沒那麼好高騖遠，而且相對比較務實：期望自己能取得四年制大學文憑，或取得碩士、專業文憑的比率，和十年前的千禧世代大致相同，不過確實取得的人數則提升了。[13] i 世代仍對自己有高度的期望，但他們比千禧世代更加實事求是。

從 i 世代希望年紀更大後能從事的工作來看，更能明顯看出他們的想法。千禧世代反映的趨勢值得先討論：從 1970 年代的嬰兒潮世代到 2000 年代的千禧世代，12 年級生希望 30 歲時成為專業人士或管理者的比率急劇上升，雖然真正獲得相應職位的比率幾乎沒有改變。該調查也問了學生自認有多大的可能性從事自己選擇的工作類型。既然

獲得專業工作或管理職的難度比低階工作高，千禧世代的 12 年級生對於能否得到他們想要的工作，照理說應該沒那麼有自信。但相反地，他們的信心卻比嬰兒潮世代高了一些，畢竟信心是千禧世代的特色。

再來看 i 世代。i 世代的 12 年級生在 2011 年加入調查樣本後，期望能成為專業人士的比率就開始下降，到 2014 年則驟減（見圖 7.8）。i 世代翻轉了長期以來朝向高度期望發展的趨勢，變得更為務實。

學生也越來越不確定能否從事自己選擇的工作類型。這項比率在 2014 年回到 1970 年代的水平，2015 年則進一步下探。總而言之，i 世代對於工作的期望比同齡的千禧世代要來得穩健，對於能不能得償所願比較欠缺信心。

對於尋找年輕人才的企業來說，這種態度的轉變最終可能成為絕佳的契機。i 世代比之前的千禧世代還要飢渴：他們知道自己需要成功，才能在競爭日益激烈的世界中生存，不過他們不像千禧世代那樣過度逞能。他們不確定自己能不能成功，而且在職場上高不成、低不就時，可能也不會像千禧世代對自己那麼失望。此外，i 世代的工作倫理也會稍微強一點。i 世代紛紛進入就業市場後，可能會比千禧世代更需要鼓勵，因為他們對於自己和前途比較沒有信心。這是一個戰戰兢兢的世代，而他們想在不安全的世界裡找到保障。管理者只要能給他們一些保障，以及一些呵護，就有機會和十年、甚至二十年來最勤奮的一群年輕人共事。

他們想要什麼：面向 i 世代的行銷手法

2010 年代後期的 i 世代，就像 2000 年代的千禧世代——人人都想接觸這群年輕人，也還在嘗試了解他們。2020 年，占總人口 25% 的 i

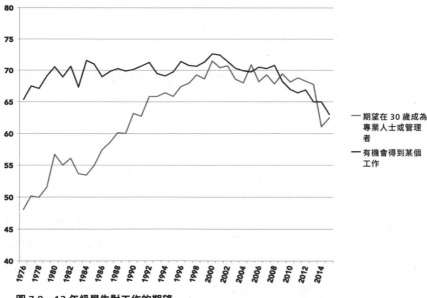

圖 7.8　12 年級學生對工作的期望

資料來源：監測未來調查，1976-2015 年。

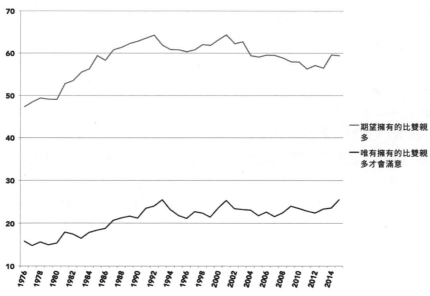

圖 7.9　12 年級學生對物質的期望

資料來源：監測未來調查，1976-2015 年。

227

世代將具有 3.2 兆美元的購買力。[14] i 世代就在那裡，等著能激發他們購買欲的產品。

即使 i 世代對自己和前途抱著疑問，他們對於最終希望達到的生活水平仍然相當清楚（見圖 7.9）。

2015 年的 12 年級生當中，預期未來收入會超越父母的比率有 60%，略低於千禧世代在 2000 年代初期的最高點（64%），但和較不樂觀的嬰兒潮世代相比仍高出 28%。在某種程度上，i 世代認為自己能夠賺得比父母多。這個世代敏銳地意識到，自己需要在收入不平等所塑造出的經濟環境中取得成功，而個人經濟上的成功對他們來說非常重要（回憶一下：2016 年有 82% 的大學新生表示「經濟富裕」很重要，這個數字創下 1967 年開始調查以來的最高紀錄）。有四分之一的 i 世代認為，唯有他們擁有的比他們的父母還要多時，他們才會滿意。此一比率和 X 世代、千禧世代相同，比 1976 年的嬰兒潮世代高了 50%。

這對廣告商和行銷人員來說是好消息：傳言畢竟還是不可信，而 i 世代確實想擁有自己的東西。所以接下來的問題就是：如何賣給他們？世人普遍假定千禧世代和 i 世代對廣告免疫，而且時下年輕人都有後物質主義傾向，比較著重生命意義的探尋。正如上一章所述，這不是事實，i 世代對於富裕的生活非常有興趣，而且比過去幾個世代都還不重視生命的意義。i 世代逐漸願意接受廣告，有越來越多人同意「廣告吸引人購買他們不需要的東西是無可厚非的」。i 世代也擁護資本主義，和嬰兒潮世代相比，有越來越多 i 世代同意「應該鼓勵購買，因為有助於經濟發展」（見圖 7.10）。

那麼，i 世代想買什麼？幾年來，行銷人員面對不願購買高價品（例如汽車）的千禧世代，只能急到焦頭爛額。千禧世代還會選擇住在父母家裡，這也讓房市買氣旺不起來。

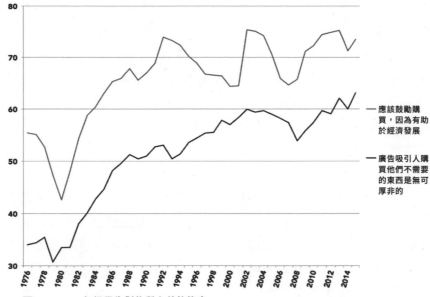

圖 7.10　12 年級學生對物質主義的態度

應該鼓勵購買，因為有助於經濟發展

廣告吸引人購買他們不需要的東西是無可厚非的

資料來源：監測未來調查，1976-2015 年。

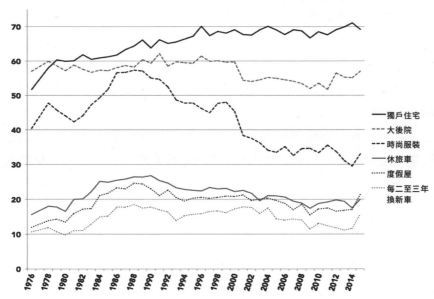

獨戶住宅
大後院
時尚服裝
休旅車
度假屋
每二至三年換新車

圖 7.11　12 年級學生同意擁有六種特定物質商品相當重要或極度重要的百分率

資料來源：監測未來調查，1976-2015 年。

很顯然，這並不是千禧世代自己選擇的：千禧世代在就讀高中最後一年時，對於擁有自己的房子非常感興趣。i世代也延續了這種趨勢。其實在所有世代當中，i世代最有可能認為擁有獨戶住宅很重要（見圖7.11）。這代表隨著年輕人逐漸長大並購屋，房地產應該還是值得投資的項目。假使年輕人真的會買房，家電、家具、日用品的買氣也將隨之提升。只要美國的年輕人能在經濟上站穩腳步，他們會非常樂意買房，以及需要一併購買的一切東西。

現在還有很多人認為千禧世代和i世代不想買車。這項調查詢問了每二至三年購買新車的重要性——這不是很理想的衡量標準，因為汽車已經越來越耐用了，但即使如此，i世代和1970年代後期的嬰兒潮世代相比，還是更有興趣買新車。2016年的一項調查也支持同樣論點，指出i世代並不想放棄買車：調查中有92%的12歲至17歲年輕人表示未來打算擁有汽車。[15]雖然該調查只是一次性的研究，缺少世代間的比較，但至少顯示出i世代一般來說並不想放棄車子。i世代想擁有汽車、不考慮共乘的主要理由，反映出他們的心理特質：他們認為開自己的車「更安全」，而且「更能為自己量身打造」。汽車製造商該振作起來了，別再聽信謠言，i世代可不打算只靠Uber——如果他們能忍住不叫車的話。他們太注重安全、太個人至上了，不可能放棄擁有自己的車子。

最大的變化出現在服裝上。i世代對於「擁有最新時尚服裝」的興趣低了非常多，這可能是個人主義的影響使然。如今的時尚更取決於個人，不像過去那麼取決於從眾心態。1980年代，我還是青少年的時候，牛仔褲的款式每季都變——今年流行高腰，明年流行低腰，一年深色系，下一年又換成淺色系（或者還有酸洗、刷破、褪色，或者……）。穿錯款式如果被抓到，就會像笨蛋一樣被笑。現在不一樣了，

牛仔褲還是那幾種款式來來去去，但是穿搭似乎更有彈性。2016 年，《哈潑時尚》發表了一篇文章，談論「丹寧牛仔褲的十二種最酷趨勢」。在 1980 年代，時尚趨勢只會有一種，不可能有十二種。[16] i 世代反映了這樣的現象——穿不穿最新款式已經不再那麼重要。

英國的 24 歲作家瑞秋·朵芙（Rachael Dove）把 i 世代稱為「乏味世代」（Generation Yawn）。她觀察到 i 世代就連時尚選擇也打安全牌，「現在的文青熱愛 Normcore，這是一種男女皆宜的流行趨勢，特色是平淡、重視機能的服裝。……這種樣貌主導了秋冬的時裝伸展台，香奈兒的網球鞋、史黛拉·麥卡尼走平淡風的舒適針織毛衣、浪凡的賈伯斯風格黑色翻領毛衣。」[17] 強調的就是不誇張、不怪異、不冒險的全新 i 世代風格。

雖然 i 世代也喜歡物質，但是他們不太理解把購買的物質商品展現給別人看有什麼意義，也不懂為什麼買東西可以變成比賽。越來越少 i 世代表示他們在意朋友和鄰居擁有什麼、介意穿著是否走在時尚尖端（見圖 7.12）。雖然 i 世代還是很重視消費，但對於跟風從眾並沒有那麼感興趣。

2016 年一項關於汽車的調查也發現這樣的態度。千禧世代能夠回想青少年時期喜愛的車，相較之下，i 世代青少年重視汽車的「風格」、「品牌」或「受歡迎程度」的比率則沒有那麼高。[18] 他們沒有興趣跟大家一樣，反而更重視實用。如同 i 世代對工作的態度，他們也只是想要一輛車而已。

i 世代重視物質、不追隨主流，願意把錢花在能突顯自己的商品上，不想跟其他人一樣。23 歲的蕾貝卡寫道：「我們喜歡保持個體性，所以別人還沒開始使用的東西，我們比較有可能去購買。」16 歲的艾希莉說她喜歡購物，但是「我不會因為大家都有某樣東西就跟著

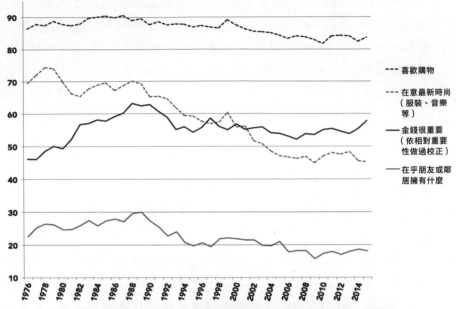

圖 7.12 12 年級生的購物、時尚、金錢觀，以及對「別人有的我也要有」的態度
資料來源：監測未來調查，1976-2015 年。

買」。行銷人員很有機會賣東西給這個世代，只要別把「跟大家一樣」
當行銷話術就好。i 世代想要的產品是有用的、能讓他們感覺獨一無
二、能提供他們想要的便利或舒適。21 歲的蘇菲亞寫道：「我們只是
在找對日常生活有幫助的產品，不是為了趕上別人或跟風，我們只需
要實用、能發揮功能的東西。」

　　商家還面臨另一項挑戰：i 世代還是青少年時，並不像先前幾個世
代那麼喜歡購物。大多數青少年仍然喜歡購物，但購物的方式要能迎
合他們缺乏耐心的性格。i 世代完全不能想像過去那個沒有購物網站的

第七章　收入的不安全感：努力工作為賺錢，而非血拼
INCOME INSECURITY: WORKING TO EARN—BUT NOT TO SHOP

世界，他們已經很習慣利用網路速戰速決。i世代偏好迅速完成購物流程，並且能快速收到東西。商家要有能力打造專屬個人且快速的購物體驗，才最有可能吸走i世代口袋中逐漸增加的錢。有些i世代表示，他們要的是體驗和必需品，小東西他們不要。23歲的丹尼爾寫道：「（我們）付錢要買的是重要的東西，例如房子、食物、教育、醫療等。另外像旅遊、晚上跟朋友出去玩，或者上有趣的餐廳吃飯這種體驗，可以用錢購買也不錯。如果有多出來的錢，也不能只是去買更多『東西』擺滿你住的地方，而是要考量到生活品質。」

　　2016年，Waggle Dance市場調查機構進行了一項調查，透過與千禧世代的比較，進一步檢視i世代的消費態度。在所有世代當中，千禧世代（當時是25歲至34歲）最有可能同意「我有時候去購物只是為了開心」，這個可能性高過了i世代（當時是18歲至24歲）。[19] 由於這是一次性的調查，裡面出現的任何差異可能都是由年齡而非世代造成，但青少年對購物的興趣應該比年輕人高，因此這種態度的落差很明顯是世代差異。千禧世代比i世代更有可能同意「比起思考，我更相信感覺」，而這項態度和青少年及年輕人的關聯，也一樣高過25歲以上的人士。該調查顯示，千禧世代也更有可能同意「如果覺得擁有某樣東西會給人深刻印象，我會比較有可能去買」和「我迷上了一個現在很有名的人」。想給人深刻印象和追星，兩者都通常都是年輕人的專利，但年紀更輕的i世代並不像千禧世代那麼感興趣。總體來說，i世代和千禧世代相比，更注重實際的層面，比較少受到商品名氣吸引，也更傾向邏輯思考，比較不會訴諸感覺。如果用一樣的行銷話術，對i世代恐怕不會有效。

　　隨著廣告商開始接觸i世代，我們可能會看見廣告回歸過去那種以事實為主的內容。即使視覺性與情感性的訴求依然有吸引力，廣告

商仍然更有可能引入 i 世代關注的主題，例如安全、保障等。廣告商也應該揚棄主打從眾的訴求，轉而強調產品對個人的功用，像是便利、安全功能、使用體驗等。另外也要注意：i 世代的名人情結似乎沒有千禧世代那麼高，也比較不受商品名氣的左右。

　　i 世代更加踏實的態度，應該有助於他們在競爭激烈的就業市場中找到自己的位置，並在有時令人摸不著頭緒的消費市場中認清方向。他們較為務實的職涯觀與較優秀的工作倫理，應該可以讓他們和那些充分見識過千禧世代難搞態度的管理者相處愉快。不過 i 世代對物質的期望仍然很高，且關注的不是「血拼」時會買的那些小東西，而是房子、度假、最新科技產品等高價項目。i 世代比千禧世代更了解自己需要努力工作，並且保持期待，才能在現今的經濟環境中成功。他們比任何人都清楚，這樣做才有未來。

第八章

不確定：性、婚姻與子女

「20 幾歲應該是我們的一生中最美好的一段時光。在這段歲月裡，我們可以完全自私，放縱自己，不去管做錯決定會有什麼後果……老實說，一段長久的關係有時候只會破壞這些樂趣。」[1] 蕾伊‧塔費洛夫（Leigh Taveroff）在《今日生活方式》（*Today's Lifestyle*）上這麼寫。塔費洛夫這篇的文章標題是〈20 幾歲談戀愛沒有好結果的 8 個理由〉（"8 Reasons Why Relationships in Your 20s Just Don't Work"）。

不久之前，30 歲前應該避免談戀愛的這種想法還很讓人震驚，甚至覺得荒謬。在距今不遠的 1990 年代，大多數年輕女性都在 20 歲出頭結婚，也有很多人在 10 幾歲就遇到未來的丈夫。i 世代出現後，他們選擇的道路可能會重新定義戀愛及家庭。

在第五章首次出場的 18 歲女孩海莉已經跟一個男生交往六個月了，但在此之前她一直避開戀愛。「我很慶幸（之前）沒有談戀愛，

因為我覺得那段時間可以發展自己的人格，同時學習獨立。」我們某天中午一起吃飯的時候，她這麼告訴我。「我以前會努力避免在情感上依賴其他人。我知道很多人真的、真的很年輕就開始約會了，並且開始在情感上依賴男朋友或女朋友。這些人現在只能談戀愛，沒辦法單身，學不會一個人過得開心，因為他們一直在追尋那種關係。我覺得這樣不健康。所以我認為不能太早約會，這樣比較安全，也比較健康。」

i 世代比較緩慢的成長步調，以及注重個人主義和安全的心態，在在體現於他們對戀愛關係極其謹慎的態度。正如第一章所述，i 世代的高中學生願意約會、發生性關係的可能性，比先前幾個世代都要低，導致發展戀愛關係的時間往後延，有些人甚至認為上大學談戀愛還太早。21 歲的哈里遜這麼寫：「我認為大學期間根本不應該談戀愛，因為你需要專心求學、探索知識，還要賺錢、讀書、跟朋友相處。在這個年紀談戀愛，會讓你感覺好像快要窒息，讓你患得患失，還會讓你發揮不了自己的真正潛力。我遇過很多跟我年紀相仿、很有才能的人，因為談了戀愛就不再朝著自己的目標邁進。只要別陷入一段認真的戀愛關係，你就可以有更好的成就。沒有戀愛，就沒有問題。」

隨著約炮文化（Hookup culture，21 世紀版本的一夜情）的興起，「不談戀愛」不見得代表「沒有性生活」。那麼，約炮文化有多普遍？ i 世代的性生活究竟是什麼樣子？

Tinder 世代的性生活

2015 年，一篇刊登在《浮華世界》雜誌的文章宣稱，Tinder 等交友（約炮）應用程式讓約會「走向末日」。[2] 該篇文章主張，這種交友

模式現在已經成為常態，年輕人很容易就能找到多名性伴侶，並避開穩定的交往。一名年輕男性表示：「不可以一條路走到底……永遠有更好的選擇。」25 歲的布萊恩接受記者訪問時則說：「只要不到 20 分鐘，你就可以跟某個人見面加打炮。這樣很難管得住自己。」

不過就像大多數記錄約炮文化的作品一樣，《浮華世界》雜誌上的那篇文章也是集結一些故事寫出來的——多半是流連酒吧的人發生的故事。該篇文章生動描繪了這個世代當中某一群人（私生活比較混亂的那群人）的行為，但如果想知道一般年輕人的行為，問酒吧裡的人很難問出個所以然，因為沒那麼放蕩的人並不會出現在酒吧。寫出該篇文章的記者也沒有想到把這種景象和 1970、1980 年代的酒吧、夜總會相比，這些地方當年也有大量隨意性行為。為了了解一般行為及其變化，仰賴具有樣本代表性、包含世代間比較的全國調查，當然是比較好的做法。我們很幸運，美國社會概況調查正好符合上述的條件。

i 世代和千禧世代對性的態度，確實和十年前的年輕人不一樣。[3]不久前的 2006 年，18 到 29 歲年輕人認為未婚成年人發生性關係「完全沒有錯」的比率是 50%，和 1970 年代大致相同。2006 年之後，贊同婚前性行為的比率直線飆升，到了 2016 年已經有 65% 的年輕人主張婚前性行為「完全沒有錯」（見圖 8.1）。

甚至青少年（16 歲以下）性關係的接受程度也變高了：2016 年的調查中認為「完全沒有錯」的比率，是 1986 年的五倍。i 世代本來就比較不願意把任何事情貼上「錯誤」標籤，一切都是個人的選擇。而且隨著平均結婚年齡上升到接近 30 歲，i 世代可能會認為結了婚再上床這種想法太荒謬。

如今有越來越多 i 世代接受未婚人士，甚至青少年發生性關係，這可能會讓人以為他們也會行使這種自由，跟更多人發生性關係。家

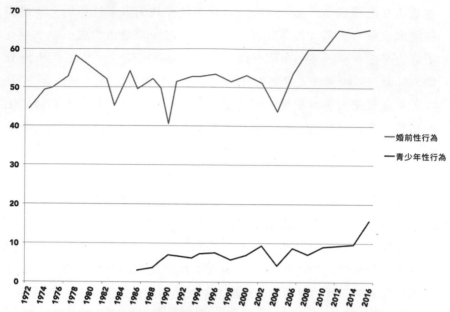

圖 8.1　18 至 29 歲人士認為兩名未婚成年人間的性行為，以及兩名 16 歲以下青少年間的性行為「完全沒有錯」的百分率

資料來源：美國社會概況調查，1972-2016 年。

長一定會擔心，而媒體也是如此假定——網際網路色情的猖獗，加上高度性化（sexualized）的文化，會導致青少年提早「開機」。此外，拜 Tinder、網路約會之賜，年輕人的床伴數量恐怕會超越以往。

　　然而，i 世代的青少年和年輕人發生性關係的可能性並沒有比較高，反而**比較低**。我們從青少年談起。正如第一章所述，i 世代的高中生發生性關係的可能性，其實比千禧世代和 X 世代在同年紀時還低。這種趨勢的成因和種族構成的改變無關：黑種人、白種人、拉美裔的 i 世代青少年發生性關係的可能性都比較低，其中黑人青少年的下滑

幅度尤其大。[4] 不久前的 2007 年，當時的一般高中男生通常都已經失去童貞，但 2009 年以後，只有低於半數的高中男生（43%）以及 39% 的高中女生曾經發生性關係。青少年性行為的趨勢在這裡出現反轉：1940 年代出生的嬰兒潮世代女性平均約 19 歲時失去童貞，但 1970 年代出生的 X 世代大約 17 歲就開始發生性關係。[5] 其後平均年齡又開始上升，來到 1990 年代出生的世代時，初次性行為的年齡約落在 18 歲。

有人猜測，青少年性行為的減少是因為口交的人變多了。佩吉·奧倫斯坦（Peggy Orenstein）近來為了撰寫《女孩與性：探索複雜新現狀》（*Girls & Sex: Navigating the Complicated New Landscape*）一書，曾經訪談過多名青少年，其中有人表示口交「沒什麼……這不是性行為。」[6] 還有人說口交是「喇舌的下一步」。安全方面的主題也再次浮上檯面。一名來自芝加哥市郊的 18 歲青少年這樣告訴奧倫斯坦：「口交沒有陰道性行為會造成的負面後果。你不會失去童貞，不可能懷孕，也不會得性病。所以口交比較安全。」當然這種講法不完全正確。性病可以透過口交傳染，只不過沒有透過性交來得容易而已。不過話雖如此，青少年的性病感染率確實從 2012 年開始下降。而且這是唯一呈現下降的年齡群體。[7] 有性行為的青少年變少，代表得性病的人也會變少。

如果性行為也遵循喝酒的模式，年輕人為了彌補在高中期間的節制，會和先前幾個世代一樣沉溺在性愛之中。如今有了約會應用程式，只要在智慧型手機上按幾下就有機會約到人上床，發生性關係可能會比以往更加容易。

以上的說法或許已經廣為流傳，但事實並非如此：完全沒有性生活的年輕人其實變多了。年紀 20 歲出頭的 i 世代和千禧世代（出生於 1990 年代者）自 18 歲起就完全沒有過性行為的比率（16%），與 X 世

代在相同年紀時比較（6%；見圖 8.2），高了一倍有餘。[8] 另一項較為精細、涵蓋所有成年人，且控制年齡與時間段因素的統計分析，也證實 1990 年代出生的人選擇「成年無性」的比率，比 1960 年代出生的人高出一倍。

一名 19 歲女子在《洛杉磯時報》報導上述發現的新聞下方留言表示：「我沒有性生活，我也不想要有性生活。那種程度的親密關係會讓我分心。」[9] 另外一名似乎比較年長的人則這樣回應她的留言：「讓妳做什麼事會分心？這種關係本來就是生活的一部分。」對於 i 世代來說，自我關注和贏得經濟上的競爭比較重要，性生活和戀愛關係都會使他們「分心」。

有些 i 世代提到，安全考量是他們從未發生過性關係的原因。20 歲的山姆，投稿到《赫芬頓郵報》的文章有這麼一段話：「發生性關係……我從來沒有想要過，而且除非我的伴侶讓我覺得安全和放心，否則性行為應該會讓我很不安。」[10] 越多 i 世代感到寂寞、憂鬱、沮喪、信心不足，可能就有越多人害怕性所帶來的身體及情緒上的弱點。

當然，如果 16% 的年輕人沒有性生活，就代表另外 84% 的人有性生活。這樣看來，雖然有一小群人選擇不要性關係，而且人數還逐漸增加，但一般的千禧世代或 i 世代還是有性生活，而且同樣會有好幾個對象——考量到他們的約炮文化，對象可能還會更多。如果這是事實，這些人的性伴侶人數應該會超越先前幾個世代。

除非人數其實沒有這麼多。即使控制了年齡變數，1970 年代出生的 X 世代一生中的平均性伴侶人數有 10.05 個，而 1990 年代出生的千禧世代和 i 世代平均則有 5.29 個性伴侶。由此可知，以速食、隨意性愛著稱的千禧世代和 i 世代，其實性伴侶的數量比較少——平均少了約五個人。圖 8.3 顯示，1990 年代出生的男性比 1970 年代出生的男性

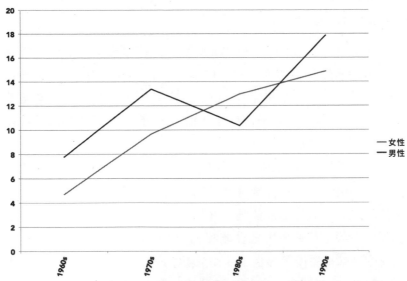

圖 8.2　20 至 24 歲人士自 18 歲起沒有性伴侶的百分率，按出生年代、性別區分

資料來源：美國社會概況調查，1989-2016 年。

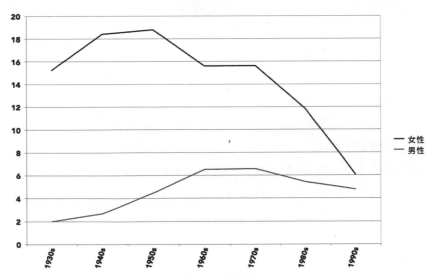

圖 8.3　18 歲之後的性伴侶人數，依出生年代區分

資料來源：美國社會概況調查，1989-2016 年。調查對象為全體成人（控制年齡變數）

少了九個性伴侶，女性則少了兩個。

這是完全沒有性生活的人數增加所導致的結果嗎？並不是，在 18 歲後至少有一名性伴侶的人當中，1970 年代出生的人有 10.67 個性伴侶，1990 年代出生的千禧世代和 i 世代則有 6.48 個（控制了年齡變數後的數字）。所以即使只比較有性生活的人，i 世代和較年輕的千禧世代也比 X 世代少了四個性伴侶。

我告訴一群 i 世代，說他們在性方面其實沒有先前幾個世代活躍，他們多半不相信──這沒什麼好意外的，因為年輕人往往會高估同儕當中有性生活的人數，以及他們的性伴侶人數。不過他們還是提出了一些合理的原因，這些原因確實能呼應 i 世代的一些主要特點，尤其是注重安全、講求實際等層面。「10 幾歲的青少年會被嚇得不敢發生性關係。我讀高中的時候，鼓吹『不可以上床』的宣傳打得很凶。我們看過展示生殖器得病的影片，還聽過很多未成年媽媽的故事。」22 歲的克莉斯汀這麼寫。「後來《少女媽媽》（*Teen Mom*）播出，沒有人想跟節目裡那些女生一樣。她們的人生太慘、太可悲了。」克莉斯汀提到電視節目的刻畫可能產生的影響：一項研究發現，實境節目《我 16 歲，我懷孕》（*16 and Pregnant*）在美國首播後的 18 個月內，美國的青少年生育率大幅下降。[11]

其他 i 世代則提到他們對性的恐懼，特別是性病。20 歲的泰隆認為，發生性關係的比率之所以下降「是因為擔心懷孕和疾病。這種事情很多廣告和電視節目都會教」。20 歲的薇若妮卡則寫道：「性不是可以掉以輕心的事情。我們越來越常討論到性病，而且更清楚擁有很多性伴侶可能會發生什麼事。」

對性侵害（甚至更糟糕的行為）的恐懼，可能也有一定的影響，對女生來說尤其如此。23 歲的愛梅莉雅完全沒有性經驗，她接受《赫

芬頓郵報》訪問時表示：「有太多風險了……尤其女性的危機意識非常強，她們非常清楚跟陌生人回家的危險性，也會合理擔心自己還能不能活著出來。」[12] 先前幾個世代的人可能也有過類似的恐懼，但媒體的頻繁報導及 i 世代關注安全的態度這兩者的加乘，導致了當前恐懼情緒的升高。

i 世代可能也比較少有機會發生性關係，因為他們和同儕相處的時間太少了。正如第三章所述，青少年比較少出門找朋友，也比較少出去玩，可能因為他們已經改用 Snapchat 或簡訊聯絡了。i 世代也許會在 Snapchat 裸體視訊或者傳性愛簡訊，但他們不太可能進一步真正見面，或者發生性關係。性愛簡訊不會讓人懷孕，很多 i 世代覺得這樣比較安全。奧倫斯坦撰寫《女孩與性》時訪談到的一名美國東岸大學生這麼告訴她：「我讀初中和高中的時候就會發露骨的性愛簡訊，或者開 Skype 跳脫衣舞。我還不打算失去處女之身，但是我很愛當壞女孩。」[13]

網際網路有可能是青少年懷孕近幾十年來下降的主要原因之一。一項研究發現，某個地區引進寬頻網路之後，該地區的青少年生育率在 1999 年至 2007 年間大幅下降了 13%。[14] 究其原因，可能是青少年在網路上找到更多關於避孕的資訊，也有可能因為他們改以電子方式進行交流。資料顯示第二種原因比較有可能：高中學生採取避孕措施的比率變化並不大（依據美國青少年風險行為監測調查資料），這代表生育率的下降原因，應是完成整個性愛過程的青少年變少了。《華盛頓郵報》一篇探討青少年性行為減少的文章指出：「可能他們忙著跟自己的 iPhone 廝混吧。」[15]

i 世代和千禧世代的年輕人可能也比較少有機會結識性伴侶。在 Tinder 上，如果你不帥不美，別人往左一滑，你的 Tinder 頁面就消失了，即使你確實能在酒吧迷倒隔壁高腳椅上的潛在對象。現在上酒吧

的人更少了，去的人又只會拿著手機上 Tinder 找伴，看也不看身邊的人，這代表有很大一部分人會被排除在情慾戲碼之外。曾有一段時間，對約炮沒興趣的人或長相在一般人眼中並不出色的人會找到對方，接著年紀輕輕就結婚。如今隨著晚婚成為常態，有些人連性生活也不要了。

有些人選擇不要性生活的原因，可能是不想加入約炮文化。這種文化通常缺乏愛意，甚至連一絲情感的親密性都沒有。杜蘭大學的 19 歲學生克勞蒂亞接受《華盛頓郵報》專訪時說，她想要的是「老派」的戀愛關係，但杜蘭大學的學生多半都熱衷於「非常隨性的一夜情，去了酒吧然後就帶人回家」，這不是她想要的關係。[16] 最近有些年輕男生會直截了當表達他們的慾望——他們往往是要無條件的性，甚至只是想要前戲。印第安納大學東南分校 22 歲的學生珍妮佛接受《浮華世界》雜誌訪問時表示：「我會收到簡訊，內容是『想打炮嗎？』」她的朋友——19 歲的艾許莉補充：「他們會跟你說：『快過來坐在我臉上。』」[17] 由於認真的交往在年輕人當中越來越少見，而且約炮已經成為尋求性關係最可靠的方式，選擇完全不要性關係的年輕女性可能會越來越多。26 歲的露西在她投稿到《赫芬頓郵報》的文章中問道：「也許 Netflix 已經取代了性生活？我只知道，抓到一隻稀有寶可夢所帶來的滿足，比在約會 App 上跟無趣的男人聊天還多。」[18]

有些男性也有同樣的感覺。20 歲的馬克觀察了他位於德州沃斯堡的高中校園約炮景象之後，認為自己不適合做這種事他告訴我：「我整個高中生涯都是處男。我看到了毒品和性的氾濫之後就決定了，絕對不可以爬到別人床上。」後來馬克遇到了一個年輕女孩，願意把對方當成長期交往的對象，才終於發生了性關係。兩人的第一次約會相當順利，他決定第二次約會「要升級到橄欖園（Olive Garden），這是

比較高檔的餐廳，可以好好坐下來，這樣我們才能真正了解彼此。」不久之後，他去見了對方的父親，又過了一週，雙方的父母就見了面（「雙方父母相處得很融洽，這對我來說是第一次。」）馬克和他的女友在交往六個月後第一次發生性關係，也打算等再年長一點就結婚。馬克並不是特例——社會學麗莎‧韋德（Lisa Wade）在撰寫《美式約炮：全新的校園性文化》（*American Hookup: The New Culture of Sex on Campus*）一書時，曾訪談超過一百名大學生，她發現大多數受訪者都想要穩定的關係，但很多人發現在校園裡要有性愛的唯一方法就是約炮，所以他們選擇了約炮。[19]

謎片世代

性活動下降還有另一個可能原因，乍看之下似乎自相矛盾：線上色情內容變得更隨手可得了。音樂劇《Q大道》（*Avenue Q*）裡有這麼一句迷人的台詞：「網路是用來看A片的。」

現在會觀看色情內容的人越來越多。一項研究發現，以年輕成年男子過去一年曾看過A片來說，這種在1970年代只有少數人體驗過的事情，到了2010年代已經變成多數人都有的經歷。[20]甚至連青少年和兒童可能都看過，通常是在網路上誤打誤撞看到的。早在2005年，就有42%的10歲到17歲青少年表示過去一年曾經看過線上色情內容，其中有三分之二是無意間看到。[21]

正在看這本書的你可能會認為，色情內容的廣泛普及應該會讓青少年對真正發生性關係更感興趣，但年輕人自己經常給出相反的答案。和父母、兄姊一起住在德州的17歲少年阿廣提到他9歲那年設法關掉父母電腦裡保護兒童的過濾模式，第一次看到了A片。A片讓他開始

想像認識的女生一絲不掛的樣子，就這樣，他表示：「我有兩個選擇：出去找女生玩，而且經常對她們有色情的想像，不然就是完全避開她們。」他選擇了避開女生。他寫道：「我出生十七年了，從來沒有談過戀愛，最大的原因是 A 片和我對 A 片的聯想。現在，這讓我覺得難過。」最後他表示：「A 片這種東西，尤其是網路上的，已經開始讓青少年感覺麻木，變得不喜歡或不想要性生活和親密關係。」

有些年輕男生發現，A 片就足以滿足他們的性慾。18 歲的派特森接受《華盛頓郵報》訪問時表示，他寧願看 YouTube 影片、打電動或工作，也不要有性行為。[22] 他是處男，但是已經看過很多 A 片。記者問他對真實的性行為是否感到好奇，他說：「不會，我看過那麼多了……又不是什麼真的很神奇的事情，對吧？」

2016 年，《時代》雜誌有一期的封面故事做了如下報導：越來越多年輕男性表示，由於大量使用色情內容，真實的性愛已經無法令他們興奮。[23] 現在 26 歲的丘奇說，他 9 歲的時候第一次在網路上看到裸露圖片。到了 15 歲，他每天都會看著線上色情直播自慰好幾次。在讀高中的最後一年，他和約會對象在女方的房間裡裸裎相見，但是他竟然無法勃起。「我心裡的想法跟身體的真實反應搭不上線。」他表示。

在一支觀看數相當高的 TED 演講影片裡，40 多歲的辛蒂・蓋洛普（Cindy Gallop）描述她和 20 多歲的男性發生性關係的經驗：「跟比我年輕的男生上床的時候，我直接、切身面對重口味的 A 片在我們文化裡的影響力，那種無所不在的感覺真的讓人毛骨悚然。孩子能接觸到（色情內容）的年齡越來越小，這是史無前例的。整整一個世代的人從小就認為，做愛就應該像重口味 A 片裡演的那樣。」她為了因應這個現象，創立了「要做愛不要色情」（Make Love Not Porn）網站，裡面了匯集許多給男人的有用小秘訣，包括「很多女人不喜歡肛交」，還有

第八章　不確定：性、婚姻與子女
INDEFINITE: SEX, MARRIAGE, AND CHILDREN

「有些女人（下面那邊）會除毛，有些不會」。

　　色情內容觀看量增加是否導致性行為減少，這點並不容易證明。照理說，看了 A 片應該會對性行為更有興趣，通常會更頻繁發生性關係。因此對於大多數人來說，A 片應該不可能使性活動減少。但是似乎有一群人數可觀的人認為，有 A 片就夠了，似乎沒有必要真正發生性關係。如果可以在自己的房間看 A 片，在私密的天地裡想做什麼就照自己的方式來，何必冒著被拒絕、染上性病、吵架，或者必須跟某人見面的風險，去發生真正的性關係？

　　色情內容還可能透過另一種方式導致性活動下降：影響年輕族群的性愛類型。韋德訪談的大學生提到，約炮已是常態，也是唯一真正能進入交往關係的途徑。他們指出，理想的約炮是「毫無感情或意義的性愛」，這可能是他們從色情內容中學到的想法。韋德接受明尼蘇達州公共廣播電台訪問時表示：「A 片裡演的是激烈的性愛，還有冷冰冰的情感。你問學生約炮的精神，他們會清楚告訴你，這就是理想的約炮。做愛要激烈，但是情感要冷漠。」[24] 韋德發現，她訪談的學生中有三分之一在大一那年沒有性活動。她說：「這些人幾乎都選擇不要有性生活，因為他們不想要有那樣的性接觸。他們對隨意性行為沒有意見，並不反對，但是他們不贊成冷漠、無情，還可能很殘酷的性愛。這些學生很樂意擁有激烈的性愛和溫柔的愛情。他們希望對方就算不愛自己，至少也要欣賞自己。但約炮文化裡沒這回事。」其他研究性學的學者也在時下的學生身上發現了類似的態度。印第安納大學教授黛比・赫貝妮克（Debby Herbenick）表示：「我的學生說，人應該都能做到性愛分離，如果做不到，你一定有什麼問題。」[25]

感覺對了

蕾伊·塔費洛夫認為「20 幾歲談戀愛沒有好結果」，其中的第一個理由她是這麼寫的：「這幾年非常重要。你應該探索自己，為往後的人生打好基礎。你不應該陷在別人的問題、成功與失敗裡無法自拔，結果忘了你也有自己的人生要經歷。總之 20 多歲的時候，你要做你自己。自私一點、開心一點，好好探索這個世界。」

塔費洛夫顯然認為，20 多歲的年輕人應該把目標放在自我探索——這種想法連很多 1990 年代出生、現在 25 歲的人都可能覺得奇怪。嬰兒潮世代和 X 世代在同樣年紀時，多半都已經結婚，而且很多人都生孩子了。這樣講並沒有要判別對錯的意思，不過，對於如何充分運用人生中這段活力充沛的時期，這些 i 世代的觀點確實相當不一樣。我問 20 歲的伊萬，大多數 20 多歲的年輕人是不是都已經做好準備，可以投入同居、結婚這種穩定的關係？他說。「太早了吧。我們還很年輕，還在學習人生的道理，也想開心享受我們的自由時光。如果要穩定交往，那些事情很快就都不能做了。我們將會常常分手，因為我們還太年輕，給不了承諾。」

一般來說，情侶關係與個人主義觀念是對立的。「你的快樂不需要別人來成就，自己的快樂要自己爭取。」這種說法 i 世代從小聽到大，我們的文化環境時常在他們耳邊喃喃訴說這樣的箴言。從 1990 年到 2008 年，在 Google Books 資料庫的美國書籍中，「讓自己快樂」這句話的使用次數在短短十八年就增加了兩倍。1970 年代之前，美國書籍中幾乎不存在「不需要任何人」這句話；從 1970 年到 2008 年，這句話的出現次數則變成三倍。從 1990 年到 2008 年，「永不妥協」這句不利於交往的短句使用次數多了一倍。還有哪句話的使用次數也增

第八章　不確定：性、婚姻與子女
INDEFINITE: SEX, MARRIAGE, AND CHILDREN

加了？「我愛自己」。

　　「我很質疑『愛情值得冒險』這種想法。人生要過得有意義，有很多其他方式。上大學的時候談戀愛尤其不行，那種關係會把我們拉走，我們會因此離目標越來越遠。」[26] 哥倫比亞大學大二學生詹姆斯在他投稿到校報的文章裡寫下這麼一段話。在 i 世代看來，他們必須先靠自己做好的事情有很多，而談戀愛會阻礙他們。很多年輕的 i 世代也擔心，在這段尋找自我認同的關鍵時期，談戀愛或受他人影響太深，會讓他們失去自我。心理學家萊絲莉‧貝爾（Leslie Bell）指出：「目前有一種觀點，認為自我認同的建立應該獨立於情侶關係之外，不可能在關係內建立。所以只有先成為『完整』的大人，才可以談感情。」[27] 已經 20 歲的詹姆斯就有這種感覺，他說：「我現在很容易受到別人影響，我不知道自己是不是一定要經歷這樣的過程。我覺得 20 歲到 25 歲念大學這段時間，很適合學習、體驗人生的道理。身邊有人的時候，你想了解自己就不容易了。」

　　i 世代還認為，即使進展順利，談戀愛的壓力也很大。馬克說：「談戀愛的時候，對方的問題也是你的問題。所以你不只要面對自己的一堆困擾，對方過得不好的時候，還會把你累得筋疲力竭。光是那種壓力就夠愚蠢了。」i 世代想講的似乎是：跟人打交道很累。詹姆斯說，大學生的約炮是一種「及時行樂」，事後也不用承擔別人的包袱。「用那樣的方式，你就不用面對一個人的全部，在當下享受對方的身體就好。」他這麼說。

　　i 世代理想中不進入內心、不帶感情的性關係，也可能受到社群媒體一定的影響。青少年（尤其是女孩子）很早就知道性感照片能博得很多按讚數，個性鮮明或心地善良則吸引不了人，發一張「洗手檯自拍照」（Sink selfie，指的是女生坐在浴室洗手檯，把手機舉到肩膀上

方，拍一張金·卡戴珊式的自拍）秀一下自己的美臀，才會引起大家的注意。社群媒體和約會應用程式也讓劈腿更簡單了。在《美國女孩》書中，一名住在紐約布朗克斯區的15歲女孩瑪德蓮是這麼說的：「譬如你的男朋友可能瞞著你偷偷跟某個人聊天好幾個月，你永遠不會發現。愛只是一個字，沒有任何意義。真心喜歡妳做自己，喜歡妳獨特個性的人，實在太難遇到……真正在乎妳的人也很難遇到，甚至沒有這種人。」[28]

i世代對戀愛關係沒有信心，還有一個原因：可能會受到傷害，並且可能會發現自己開始依賴對方。這種想法和i世代的個人主義心態，以及對安全的重視交織在一起。我們先前提過的18歲女孩海莉說：「我覺得獨處一陣子也不壞。如果太依賴愛情，把情緒的安全感全寄托在愛情上，分手後會不知道怎麼辦。關係是很無常的，人生的一切也很無常，所以如果關係結束了，而且你還找不到下一個女朋友或男朋友，那要怎麼辦？你還沒有學會怎麼自己面對人生、怎麼讓自己開心，這樣的話你該怎麼辦？難道你要一直**痛苦**下去，等那個能接住你的人出現？」海莉的觀點顛覆了「曾經愛過，即使失去，都比從未愛過來得好」這諺語想傳達的概念——對她來說，最好**不要**愛過，因為萬一失去了，該怎麼辦？

約炮之所以幾乎都發生在雙方都喝醉酒的時候，原因之一就是這種對於親密關係、真正展現自我的恐懼。最近有兩本探討大學約炮文化的書籍都在結論中指出，和某人第一次上床之前，幾乎都少不了喝酒。奧倫斯坦撰寫《女孩與性》時訪談的女大學生表示，在清醒的時候約炮「很尷尬」。其中一名大一女生告訴她：「清醒的時候做這種事，感覺就像你在找戀愛對象一樣，真的很不自在。」[29] 一項研究發現，在一般大學生的約炮中，女方會喝下四杯酒，男方則會喝六杯。[30]

第八章　不確定：性、婚姻與子女
INDEFINITE: SEX, MARRIAGE, AND CHILDREN

在《美式約炮》一書裡，一名女大學生告訴韋德，約炮的第一步是「喝到醉醺醺」。[31] 另一名受訪的女大學生這樣解釋：「（妳）喝醉的時候，膽子就可以放大一點，因為這樣很好玩，反正出糗了笑一笑就過去，不用那麼尷尬，也沒什麼好想的。」韋德總結指出，酒精可以讓學生假裝以為上床不代表什麼，畢竟兩個人都醉了。

i 世代和較年輕的千禧世代對戀愛關係的恐懼，衍生出幾個有趣的流行語，例如「catching feelings」（有感覺）指的就是跟某人發展出情感上的牽繫——這是很有遐想空間的說法，而且有愛情是種病，不如不要的暗示。[†] 有一個網站提出「你對床伴有感覺的三十二種跡象」，其中包括「開始會在完事後抱抱」、「你意識到自己其實很在意對方的生活，而且想知道更多」等。[32] 還有一個大學生常用網站則提供了「如何避免對某人有感覺」的建議：「大學時期就是要勇於嘗試、把握青春年少、狂放不羈、幹一堆傻事，才第一個學期就被某個人綁住，萬萬不可。」[33] 該網站提供的建議包括「辦事時要抱持著絕不會對這個人產生感情的態度」、「不跟對方分享你的生活故事」等，最後一項則是：「不要抱抱。看在老天的份上，拜託絕對不要。不管看電影的時候，還是剛在床上大戰一場之後，不要玩抱抱、依偎那一套。拉近與對方的物理距離，代表在情感上越來越靠近對方，你絕對不會想要這樣。不要被想抱抱的渴望沖昏了頭，如果有必要，可以用枕頭隔開兩個人隔開。非常時期要用非常辦法嘛。」

可能我是 X 世代吧，但以上這些感覺就像一個標榜「狂放不羈」，因而瘋狂抗拒任何實質人際關係的人會講出來的話。人類天生就會想和他人產生情感聯繫，但「有感覺」的概念會促成另一種想法：想要有感情聯繫是可恥的事情，就像染病一樣。麗莎·韋德訪談 i 世代的大學生時，有以下發現：「現在的大學校園裡，對一個人最糟糕的指

---

† Catching feelings 的 catch，也指染上性病。——編註

控已經不是過去的『淫蕩』，甚至也不是比較符合約炮文化的『假清純』，而是『飢渴』，這代表你很黏人，一副需要人陪的樣子，而現在的大學生覺得這很可悲。」[34]

再來是「突然消失」，指一直都會跟你聊天、調情、約炮的人，突然開始不回你簡訊。這是史上最消極的分手方式，比 X 世代發明的「分手便利貼」還爛。哥倫比亞大學的大一學生艾爾茲這樣描寫「突然消失」：「這不是那種平淡無奇的拒絕方式，而是會讓你一頭霧水。」艾爾茲認為「突然消失」的成因，在於數位媒體能不斷提供大量的選擇。「人天生就會不斷尋求最好的事物，即使要犧牲別人也再所不惜。這導致一種全新社交現象：突然假裝對方不存在。」這番話也點出一個世代欠缺社交技巧，不知道怎麼跟對方分手的樣態。

許多千禧世代和 i 世代都陷入困境，不僅約炮，也沒有穩定的交往關係。凱特·哈卡拉（Kate Hakala）在 Mic.com 網站上撰文指出，最近出現一種新的交往身分，叫做「約會伴侶」，定位介於約炮對象和男朋友之間。[35] 約會伴侶之間有深刻的情感交流，但不會同居或見對方家長。哈卡拉認為約會伴侶是「代表一個世代的一種交往狀態」，並加以解釋：「用湯來說明就很清楚了：如果妳感冒了，床伴不可能買湯來給妳喝，男朋友會親自下廚煮湯給妳喝。約會伴侶呢？他們完全願意送湯罐頭來給妳，前提是他們沒有其他事情要做。」

出乎意料的是，大多數 i 世代仍然會說自己想要一段關係，不想要只是約炮而已。最近的兩項調查發現，有四分之三的大學生表示隔年想投入一段穩定的戀愛關係，但也有相同比率的受訪者認為他們的同學只想要約炮。[36] 由此看來，一般的 i 世代大學生都覺得自己是唯一想要談戀愛的人，但他的大多數同學其實也想。正如韋德所說：「這幾個需要勇敢說出來的話題，包括認為自己應該想要什麼、應該做什

麼，（某種程度上）還有真正想要什麼，彼此是斷裂的。」[37] 一名 19 歲的年輕人在《美國女孩》中這麼説：「每個人都想要愛情，可是沒有人要承認。」[38]

我會結婚的⋯⋯總有一天

　　i 世代在戀愛關係的進度上能夠急起直追嗎？也許可以。i 世代表示想要結婚的可能性和過去的世代相去不遠：2015 年的 12 年級學生有 77% 表示想結婚，比率和 1976 年的嬰兒潮世代一模一樣。表示希望有終身伴侶，或絕對希望生孩子的百分率，長期以來的變化也不大。

　　i 世代人與先前幾個世代相比，對婚姻抱持正面態度的比率稍顯下降，但原因可能跟一般的看法不同。i 世代比千禧世代更有可能質疑婚姻，因為他們認為美好的婚姻不多，而且也比較不看好結了婚會更幸福。但 i 世代會這麼想，並不是因為認為單一伴侶太過限制自由——有這種想法的 i 世代比嬰兒潮世代甚至千禧世代都要少。迄今為止最大的轉變是：i 世代比較有可能贊成先同居再結婚（見圖 8.4）。由此可知，i 世代並不認為婚姻具有強制性，而且更會去質疑婚姻制度，但原因不是他們渴望永遠過著放浪的生活。

　　更重要的問題來了：i 世代把什麼事情擺在第一位？他們認為婚姻和家庭生活重要嗎？由於 i 世代正逐漸遠離親身社交互動，因此很值得探討他們對成人生活的主要社交互動——婚姻和家庭的看法。1976 年，嬰兒潮世代的 12 年級學生把「擁有美好的婚姻和家庭生活」列為最重要的人生目標。然而到了 2011 年，婚姻和家庭的排名掉到第四（排在找到穩定工作、工作上取得成功，以及「為我的孩子提供比我當年更好的機會」之後——第三項著重的可能是經濟方面）。2015 年，

婚姻和家庭的重要性維持在第四位。整體來看，i 世代的 12 年級生重視「婚姻和家庭生活」的程度，與千禧世代相比呈現大幅下滑，重視「養家」的大學生也變少了（見圖 8.5）。

　　嬰兒潮世代、X 世代、千禧世代就讀大學的時期，大學生都把養家列為最重要或第二重要的目標；從 2002 年到 2007 年，養家的重要性年年位居第一。不過到了 2008 年，「經濟富裕」攻上了第一位。到了 2015 年，養家的重要性下滑到第三（排在「經濟富裕」和「幫助有困難的人」之後）；養家在 1969 年列入人生目標清單之後，這是第一次跌出前二名。2016 年，養家持續排在人生目標的第三名。婚姻和子女在 i 世代心目中的順位，並沒有先前的世代高。

　　i 世代對自己未來的經濟狀況缺乏信心，可能影響了他們對優先事項的安排。22 歲的邁爾斯說：「我覺得生孩子最大的問題，在於我（不知道）能否為他們提供安全、舒適的生活。如果我不確定明天會不會有工作，我就不會想生小孩。」

　　i 世代也有可能因為自己的童年經驗，而認為婚姻沒有那麼重要。有 36% 的 i 世代是由未婚母親所生下，高於千禧世代的 25%。也許正因為如此，i 世代沒有和父親甚至繼父同住的比率也較高。[39] 上述這些統計數字與普遍的看法不合：一般認為 i 世代比較可能是由父親精心養大的（《職場上的 Z 世代》（*Gen Z @ Work*）一書提出「父親住在家裡或附近的情形比較常見」）。不過事實恰恰相反：跟孩子住在同一個屋簷下的父親其實比較少。

　　接著是時間點方面的問題：12 年級學生希望什麼時候結婚？ 1970 年代，他們多半希望在接下來的五年內結婚，但到了 2015 年，這樣想的只有 39%，且自 2007 年以來下降了 22%，這代表 i 世代會延續 X 世代與千禧世代帶起的晚婚趨勢。22 歲的安德魯寫道：「很多人會延

圖 8.4　12 年級生對婚姻的態度

　　資料來源：監測未來調查，1976-2015 年。

贊成先同居

美好的婚姻太
少，質疑婚姻

結了婚人生會
更幸福

單一伴侶太過
限制自由

圖 8.5　12 年級生與大學新生對於婚姻與家庭的重視程度（依相對重要性做校正）

　　資料來源：監測未來調查、美國大學新鮮人調查，1976-2016 年。

養家（大學生）

婚姻與家庭生活
（12 年級生）

後（結婚），這樣才能先去實現自己的夢想和願望，暫時不必為他人負責。」

1960 年代以來，第一次結婚的平均年齡發生了巨大的轉變，在五十五年間增加了七歲。1960 年，女性第一次結婚的年齡中位數是 20 歲，代表有一半的女性第一次結婚是在青少年時期。1970 年，第一批嬰兒潮世代屆滿成年，該數字只上升到 21 歲。其後首婚年齡節節攀升，一直沒有停止過。到了 2015 年，女性首婚年齡的中位數為 27.1 歲。男性首婚的平均年齡也持續上升，從 1960 年的 23 歲來到 2015 年的 29 歲。[40] 社會普遍認為結婚是老了才會去做的事情。22 歲的凱特琳說：「婚姻很無聊，因為妳一生都會跟同一個人綁在一起，那種感覺就像每天晚餐都吃雞肉。只有到了別無選擇的時候，人才會去結婚。」

想想看，你上一次受邀參加 23 歲新人的婚禮，是在什麼時候？18 到 29 歲人士的已婚比率，在短短八年內減少了一半，從 2006 年的 32% 降至 2014 年的 16%。現在年紀輕輕就結婚實在太少見，所以巴納德學院的學生梅麗莎・盧森伯格（Melyssa Luxenberg）在 2015 年訂婚的時候，甚至還上了校報的新聞版，報導的標題是「20 歲訂婚」。[41]

相較於前面幾個世代的人年紀輕輕就結婚，之後再一起面對未來的經濟狀況，許多 i 世代在結婚前都有一長串的待辦事項。21 歲的哈里遜是這麼寫的：「你最好找一份穩定、高薪的工作，或者在生活接近你理想中的狀態之後再結婚。太年輕就定下來，沒有充分受教育、沒有謀生技能，你接下來的人生會很悲慘。在開始進入穩定的關係之前，這些事情你都需要處理好。」對這個世代來說，穩定工作這項條件特別麻煩，因為目前 20 幾歲的年輕男性當中，有四分之一完全沒有工作。[42]

美國人不只更晚婚，結婚的人也更少了——美國的結婚率在 2010

年代達到歷史新低。[43] i 世代可能會延續這種情況：與其他任何世代相比，i 世代由未婚父母或單親媽媽撫養長大的比率較高。他們並不覺得婚姻具有強制性。22 歲的大衛寫道：「婚姻不再是必需品了。我們生活的社會已經不再被社會教條所蒙蔽，人們可以做自己想做的事。」

嗯，所以也許同居的人越來越多了，畢竟時下高中生贊成同居的可能性更高。果不其然，和先前幾個世代相比，現在有比較多年輕情侶選擇未婚同居。但過去十年間發生了一個耐人尋味的現象：未婚年輕人和伴侶同住的百分率大致持平，已婚人口的比率卻直線下降。這代表有越來越多的年輕人真的單身——沒有結婚，也沒有跟誰同居（見圖 8.6）。

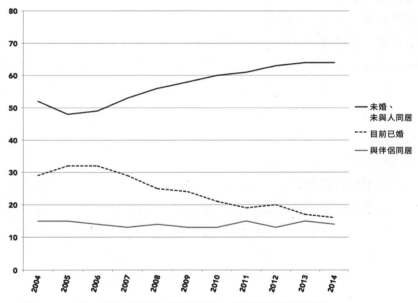

圖 8.6　18 至 29 歲人士已婚、與伴侶同居，或兩者皆無的百分率 [44]
資料來源：蓋洛普民意調查，2004-2014 年。

257

千禧世代和 i 世代不但延後結婚，連同居也一延再延，和伴侶住在一起的年輕人變少了。2014 年，18 到 34 歲人士與父母同住的比率，高過與配偶或戀愛對象同居的比率。由此可知，現在不只高中生約會意願降低、年輕人想要有性生活的意願降低，就連穩定交往，以及把婚姻、家庭列為優先的人也變少了。i 世代也比較少和朋友互動，至少親身相處的機會變少了。總而言之，i 世代正在脫離人際關係——父母可能除外。

我不確定想不想要孩子

經濟壓力使千禧世代和 i 世代面臨生育子女的挑戰。大學學貸負擔達到歷史新高，住屋成本飆升，而托育的費用往往比房租還高。養小孩所費不貲，養一個就很辛苦，養一個以上更是難以負擔。23 歲的泰勒寫道：「雖然我會想在人生某個階段生小孩，但這麼做的主要挑戰會是經濟條件。養小孩好像要花很多錢，而且可能需要不只一份收入。」22 歲的艾娃表示：「我已經有一個小孩，最難的事情絕對是金錢管理。養小孩要花很多錢的。」由於 i 世代對經濟成功的重視程度高過家庭，而且很多人都面臨經濟挑戰，未來會有更多 i 世代選擇不生小孩，導致生育率探底。

經濟困境可能是 i 世代之前的千禧世代延後生育時間（比先前的任何一代美國人都要晚）的其中一個原因。1950 年代，20 到 24 歲女性的生育率在所有年齡群組中居冠。自 1990 年以來，20 多歲女性的生育率暴跌了 36%。同一時期，35 到 39 歲女性的生育率增加了 63%。[45]

毫無疑問，i 世代會延續上述趨勢，延後女性初為人母的時間。更多女性會選擇在 30 幾歲生育（通常落在接近 40 或 40 歲出頭，大約是

自然生育力和體外人工受孕等生殖科技能容許的年齡上限）。新的生殖科技能不能展延生育力的年齡上限還有待觀察，如果能做到，會有很多千禧世代和 i 世代感興趣。

對於性、婚姻、子女的態度出現深刻轉變，這從根本上改變了生殖的歷程。平均來講，嬰兒潮世代的女性第一次發生性關係之後，大約過兩年半就會生下第一胎。X 世代由於性關係發生得早，生育的時間點偏晚，上述的間隔會達到七年半。千禧世代和 i 世代發生性關係和生育的時間點都偏晚，從第一次性行為到生下第一胎，間隔長達 8.3 年。整個生殖的時間安排完全延後，這是歷史上的第一次（見圖 8.7）。

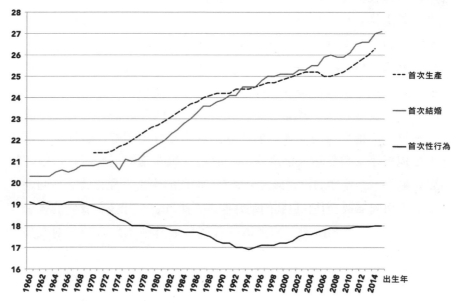

圖 8.7　女性在各個生殖時間點的年齡，1960-2014

資料來源：Finer & Philbin (2014)[46]、美國當前人口調查、美國疾病管制與預防中心。

這樣的延後對 i 世代來説可能會相當辛苦。演化原則使人類傾向及早傳宗接代,而性成熟和生殖行為的時間點卻越拉越遠。在聖地牙哥州立大學主修護理的潔奈兒(18 歲)寫道:「我有七個兄弟姊妹,我從八歲開始就一直想要擁有自己的家庭。我整個高中時期都一直跟我媽説我想生小孩,她嚇壞了。」然而,害怕戀愛、缺乏戀愛經驗的 i 世代典型特色也出現在她身上,讓她不敢輕易考慮結婚。她承認:「婚姻使我感到恐懼。我還沒談過長期穩定的戀愛,所以一想到接下來的人生要和某個人共度,就很害怕。」總而言之,i 世代想要小孩,但擔心自己可能負擔不起育兒費用,也害怕有了孩子之後伴隨而來的長期成人關係。

未來會怎樣?有幾種可能的情況,其中一種是 i 世代會生小孩,但會選擇較不符合傳統的安排。由於對戀愛抱持審慎態度,可能會有更多人選擇自行生兒育女,如果懷孕純屬意外,認為有必要和伴侶同住的人也會比較少。以男子樂團「1 世代」(One Direction)的路易‧湯姆林森(Louis Tomlinson)為例,2015 年,他的同齡前女友布莉安娜‧瓊沃斯(Briana Jungwirth)宣布她在 23 歲時懷孕了。[47] 兩人的共同好友接受《時人》雜誌訪問時表示:「(懷孕的消息)一開始讓人很驚訝,但他和布莉安娜本來就是非常非常好的朋友,這件事讓兩個人更親近了。雖然兩人已經分手,但是友誼非常牢固,而且都很期待嬰兒誕生。」這樣的模式或許會成為 i 世代的全新育兒方式:不結婚,甚至不用同居或交往,但我們是好朋友,而且會一起撫養我們的孩子。(或者鬧翻—— 2016 年,當湯姆林森開始與其他人約會時,兩人為了監護權對簿公堂。[48])

這種情況使生一個以上的孩子變得困難,而且許多人還是想跟伴侶一起撫養孩子。如果穩定的關係越來越少見,生育率可能也會下降。

第八章　不確定:性、婚姻與子女
INDEFINITE: SEX, MARRIAGE, AND CHILDREN

有幾個跡象已經顯示這樣的發展方向：未婚生子的美國人變少了，經過數十年的增長，由未婚母親所生下的嬰兒比率，從 2008 年的 52% 下降到 2015 年的 40%。[49] 隨著婚姻時間點持續延後，且婚外生子的女性人數減少，會有越來越多女性選擇在 30 幾歲時生育。

各項趨勢似乎都往相同的方向發展：有性生活、穩定關係的年輕人越來越少，認為婚姻、家庭優先的年輕人也越來越少。住房和育兒的高昂費用讓生孩子（尤其不只一個時）構成經濟上的挑戰。這些趨勢在在顯示，i 世代選擇生孩子的人會越來越少，只生一個孩子的情況會變得更加普遍。美國未來將與歐洲越來越相似——歐洲的生育率已經低於生育更替水平，而且婚姻只是人生的一種選項。遠離戀愛關係和生小孩可能成為長久的趨勢，而不只是延後發生而已。如果演變至此，i 世代未來勢必成為美國史上單身人口最多、生育率最低的世代。

包容：新時代的 LGBT、
性別、種族議題

2015 年 6 月，美國聯邦最高法院宣判同性婚姻全國合法化，當時士力架巧克力在 Twitter 上發了一張彩虹包裝的巧克力棒圖片，下的標題是「堅持自我」。[1] 電信服務供應商 AT&T 將公司的地球商標套上彩虹的配色，美國航空則在 Twitter 上發文：「我們登機了。多元價值使我們更加堅強，今天我們一起歡慶 # 婚姻平權。」

企業很少介入社會問題，因為必須顧及某些顧客的感受。像美國航空這種總部設在德州的企業，需要顧及感受的顧客恐怕為數不少。不過包括美國航空在內的這些企業也都很期待 i 世代當家的未來，並嘗試吸引這些未來會成為衣食父母的年輕消費者。企業都很清楚，對 i 世代來說，擁抱平權不只是期望，更是要求。

從 LGBT 的身分認同到性別，再到種族，i 世代希望一視同仁、共享平權，而且對於至今依然存在的偏見往往感到意外，甚至震驚。與此同時，平權議題離解決還很遙遠，不但在 i 世代的內部造成分歧，也產生似乎無法彌合的世代鴻溝。平權革命固然激勵人心，但是尚未完成。2017 年是 LGBT 權利、性別、種族等議題突然再度引發爭論的一年。i 世代就在這種氛圍下度過這一年，並達到法定年齡。

LGBT：愛的勝利

卡麥隆向來都很了解同性戀。他的叔叔是同性戀，所以他從不覺得同性關係有什麼問題。也許正因為因此，他認為同性婚姻合法化應該是理所當然。他說：「沒有什麼合理的理由反對同性婚姻。跟同性戀說『你不能跟你的對象結婚』，就是沒有把他們當成跟你一樣的人。」

最年長的 i 世代剛開始上幼稚園的時候，適逢 1998 年《威爾與格蕾絲》（第一部以男同性戀為中心角色的情境喜劇）首播。他們上小學時，《酷男的異想世界》之類的節目也開始把同性戀推向主流，甚至奉為時尚。很多 i 世代的青少年都看《歡樂合唱團》長大，裡面有幾個男同性戀、女同性戀和跨性別青少年角色。他們也親眼見證無數的名人出櫃。跟其他世代相比，嬰兒潮世代年輕時社會上還發生了石牆暴動（Stonewall riot）這種事件，導致男同性戀被警方逮捕；X 世代還是青少年時，正值愛滋病危機導致極度恐同；美國總統柯林頓簽署法案禁止同性婚姻，以及艾倫・狄珍妮的情境喜劇因為她出櫃而遭到腰斬的時候，千禧世代正好步入青春期。相較之下，許多 i 世代對同性婚姻合法化之前的時代幾乎沒有印象，只記得艾倫是人氣很高的脫口

秀主持人，跟一個演過情境喜劇《發展受阻》的女性演員結了婚。i世代都用 Netflix 追《發展受阻》。

當 28 歲的鄉村歌手凱西·瑪絲葛蕾唱出「大聲喧鬧吧，盡量親吻男生吧／如果想親吻的是女生，那也盡量親吧」這種歌詞，你父親可能聽不太習慣，但這就是 i 世代的鄉村歌曲。[2] 瑪絲葛蕾表示：「我相信人都應該能用自己的身體做自己想做的事情。大多數聽我的音樂的年輕人，都不會懷疑我的歌曲所傳達的想法。」

2000 年代和 2010 年代，大眾對 LGBT 的態度發生了翻天覆地的變化。[3] 這兩段時期出現了一些有史以來規模最大、變化速度最快的世代與時期轉變（見圖 9.1）。時至今日，就連許多保守、支持共和黨的 i 世代都贊成同性婚姻。賓夕法尼亞大學共和黨委員會副會長利弗里斯（Anthony Liveris）在 2013 年表示：「真正的保守派應該要支持美國人有權利跟自己所愛的人結婚，而不是限制他們。」[4] 絕大多數的 i 世代都認為，兩個性別相同的人沒有理由不能結婚。

圖 9.1 顯示的種種差異並不是由年齡所造成，畢竟受訪者的年齡都在 18 到 29 歲之間，但我們並不確定這些轉變受到世代趨勢影響的程度（僅影響年輕族群，不影響較年長的族群），以及受到時期趨勢影響的程度（各個年齡層人士的看法都發生變化）。由於美國社會概況調查涵括了各個年齡層的成年人，我們可以比較近年來各年齡層和各世代的觀點，檢視目前的世代差距。

2014 年到 2016 年，嬰兒潮世代、X 世代、千禧世代、i 世代都幾乎普遍支持同性戀在本地大學任教，只有 70 歲以上的「沉默的一代」不一定表示贊同。然而，對於男女同性戀個人生活的看法方面，世代間的差異就比較明顯。2014 年到 2016 年，還有略微超過半數的 X 世代對同性成年人間的性行為有疑慮。相較之下，三分之二的 i 世代和

較年輕的千禧世代都認為男女同性戀沒有什麼問題。支持同性婚姻的情形也有類似的發展模式：即使到了最近幾年，LGBT 議題仍造成了巨大的代溝（見圖 9.2）。

對於許多 i 世代來說，LGBT 議題和他們與生俱來的個人主義態度息息相關。接納他人對他們來說太理所當然了，你幾乎可以想像到他們邊打哈欠邊說自己的看法。17 歲的萊利寫道：「我對 LGBTQ 人士的看法，就跟問我能不能有婚前性行為一樣：我根本不在乎。我自己不會這樣做，但是別人怎樣跟我無關，對我絲毫沒有影響，我也沒有權利叫別人該怎麼做，或者該怎麼想……我不會為了這種議題跑去參加抗議之類的活動，但他們想抗議就隨便他們。」12 歲的哈珀則精準道出一個對同性婚姻合法化之前的事可能一無所知的世代會有什麼觀點。我問她對同性婚姻的看法，她說：「我從來沒有真正思考過這種事。兩個（同性別的）人在一起，怎麼想都很正常吧，不會覺得他們不一樣或很怪。你只會覺得他們跟你一樣都是人，只有類似異性同性的那種差別。」

就連許多虔誠信教的青少年也願意接納同性婚姻。我們在第二章提過的 14 歲少女艾蜜莉，平常會和家人一起去明尼亞波里斯市郊的一所教會。我跟她的哥哥聊天，他說他們的教會認為婚姻是一男一女的結合。我再去問艾蜜莉怎麼看同性婚姻，她說：「我以這些人為榮——他們都是辛苦奮鬥過來的。本來就應該讓每個人都能做自己，這樣大家就會幸福。」我又問她覺得自己所屬的世代有什麼不同，她說：「人們不會害怕做自己。」即使在美國南部，這些議題也沒有像以前那樣尖銳激烈。20 歲的達內爾平常都去喬治亞州一所歷史悠久的黑人教會，他說那裡的牧師「從來沒提起過，我覺得是因為 LGBT 社群現在勢力太龐大了，我們可能不碰那種議題吧。」

圖 9.1　18 至 29 歲人士以及大學新生對男女同性戀的態度

資料來源：美國社會概況調查（18 至 29 歲）、美國大一新生調查（大學新生），

1973-2016 年。

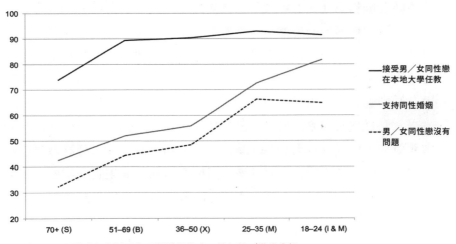

圖 9.2　全體成年人對男女同性戀的態度，按年齡／世代分組

資料來源：美國社會概況調查，2014-2016 年。

但即使態度出現了很大變化，仍然有三分之一的 i 世代對同性的性關係有意見，也有四分之一的 i 世代質疑同性婚姻。這些年輕人經常感到掙扎——想與自己成長的 i 世代環境和解，自己的宗教信仰卻認為同性戀是錯的。我約了 18 歲的索菲亞在她大學的聖地牙哥分校學生餐廳一起吃午飯。她在南美洲出生，小時候就來到美國，在加州高原沙漠上的小鎮長大。她是非常美麗的少女，有很美的棕色眼睛和溫柔的笑容。她每個星期天都上教堂，而且不贊同婚前性行為。她和男朋友在 8 年級那年認識，他是她的初戀，兩人已經討論到未來要結婚的事情了。

我問索菲亞對於美國聯邦最高法院的同婚判決有什麼看法，她說：「這對我來說是很難的問題。我認為幸福是人人應得的，不應該有差別待遇。主照著自己的完美形象創造人，一個錯誤也沒有犯。『喔，她喜歡女生。』聽到基督徒因為一個人的本性而譴責他，我覺得很難過。成為基督徒的意義不應該是這個樣子，應該要完全相反才對——基督徒應該要能接納他人的本性，而且依然愛他們，因為耶穌就是這麼做的，但這個道理他們顯然忘得差不多了。」不過她也說，如果同性戀「按照」慾望行事，那就有問題了。「主沒有說過身為同性戀是罪惡，但他們越來越常按照性向做選擇，順從自己的性慾。這樣就比較難了，因為婚姻應該是一男一女的結合，可是我又相信他們值得擁有相同的幸福，而且他們如果活成同性戀的樣子，就會失去一部分的幸福。」索菲亞如今已經可以調和她的基督教信仰和她認為「人應該做自己」的觀念，但還是不能接受同性戀或同性婚姻的既成現實。不過索菲亞在 i 世代當中算是例外，而且隨著同性婚姻的合法化，同性戀的接受程度還會繼續增長。

如果年輕世代比較有可能接受同性性行為，是否代表他們也更有

可能親身體驗？確實如此：年輕女性曾經跟至少一名同性發生性關係的比率，自 1990 年代初期以來增加了接近兩倍。如今也有更多男性表示曾經擁有同性的性伴侶（見圖 9.3）。[5] 不過之所以出現上述的比率成長，也有可能單純因為更多人願意承認有過這種經驗，並非人數真的增加了。無論屬於哪種情況，表示體驗過同性性行為的人數確實在上升。

女同性戀性經驗的世代差異特別大。1940、1950 年代出生的女性一生中曾經有同性伴侶的比率，在 2014 年到 2016 年間只有約 6%。反

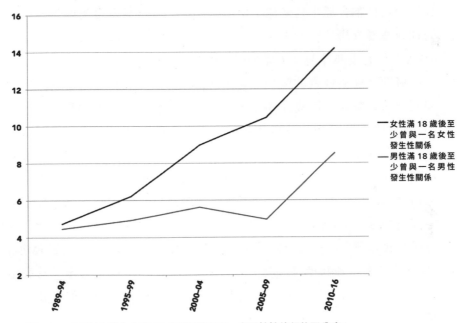

圖 9.3　18 至 29 歲人士滿 18 歲後至少曾有一名同性性伴侶的百分率
資料來源：美國社會概況調查，1989-2016 年。

觀 1980、1990 年代出生的女性，即使年輕了幾十歲，有過同性伴侶的比率卻接近七分之一。千禧世代和 i 世代的女性和同性發生性關係的可能性，比先前的世代高出不少。

雙性戀（與男性、女性都會發生性關係）的比率也在上升，從 1990 年到 2016 年，美國成年人一生中曾經有雙性戀性經驗的百分率增長了超過兩倍，從 3% 上升到 11%。這可能反映出大學校園內近年來的趨勢，也就是俗稱的「LUG」（Lesbian until graduation，畢業前都是女同性戀）或「BUG」（Bisexual until graduation，畢業前都是雙性戀）——年輕時和女性交往，後來則和男性約會、結婚（這種人也叫「前女同志」，Hasbian）。總體來說，雙性戀性經驗的大幅增加代表許多人和男、女性都會發生性關係，但不見得會把自己界定為男同性戀、女同性戀或雙性戀。一般來說，自認屬於 LGBT 的美國人只占了人口的 4% 左右，但有越來越多人體驗過同性性行為。

這種性伴侶性別的彈性，讓一些 i 世代認為人不應該再因為性傾向而被貼上標籤。就讀喬治亞學院與州立大學的 20 歲學生詹姆斯說：「我不會給人貼標籤。我會和某個人約會，是因為對方能讓我開心，不是因為性別。」他告訴我，他沒有跟父母說自己是雙性戀，只說自己是同性戀。「我知道他們不懂我們這個世代會面對一些曖昧不明的東西。」幾位千禧世代出生的名人也拒絕為自己的性傾向貼上標籤。雷文—西蒙尼（Raven-Symoné）曾說：「我不想被貼上『同性戀』的標籤。我希望自己的身分是『熱愛人類的人』。」[6] 麥莉‧希拉（Miley Cyrus）則表示她談過「不是『直』的戀愛關係」，並且指出：「我不會隱藏自己的性傾向。我不想幫自己貼上任何標籤……任何愛我原本樣子的人，我都願意愛！我不會設限。」[7]

第九章　包容：新時代的 LGBT、性別、種族議題
INCLUSIVE: LGBT, GENDER, AND RACE ISSUES IN THE NEW AGE

年輕世代與跨性別人士

　　i 世代有可能是第一個從小就懂**跨性別**一詞的世代，部分原因在於 2015 年凱特琳・詹納（Caitlyn Jenner）從男性變為女性這件事。跨性別人士出櫃的年紀有越來越輕的趨勢。《國家地理雜誌》在 2017 年 1 月號的封面故事中報導了 9 歲的變性女孩艾弗利（Avery）。[8] 14 歲的潔絲・詹寧斯（Jazz Jennings）出生時是生理男，但是兩歲就知道自己內心其實是女孩。這位 5 歲時經確診有性別不安的 i 世代青少年，現在已經擁有自己的真人實境節目——《我是潔絲》（*I Am Jazz*）。如今她提出質疑：自己真的有必要受到「診斷」嗎？她接受《柯夢波丹》雜誌專訪時，還用手機查「診斷」的定義。她說：「『診斷：透過檢視症狀，確認疾病之性質或其他問題』。我看起來像有病嗎？我看起來像有問題嗎？成為跨性別人士才不是什麼問題。這不是病。這只是妳本來的樣子。」[9]

　　要讓大眾完全接受跨性別，可能需要一些時間。詹姆斯的弟弟就是跨性別。詹姆斯的父母起初以為他弟弟是女同性戀。「後來他出櫃說自己是跨性別者，我爸還問：『那是什麼東西？』」詹姆斯說。「我弟和我爸的關係有一陣子非常非常緊張，而且很長一段時間都處得不好。」他的父親似乎就是無法理解跨性別是什麼意思。「我爸說：『我有一個女兒。她就是女的。』他還拿（變裝）遊戲打比方：『一個人在外面想穿男裝，想扮成男的，朋友也都很配合。這個人當然可以自稱是男的，但是衣服脫了，她就是個生理女啊。』（我父親）他無法理解，他真的搞不懂。」

　　我訪談過的青少年對於跨性別議題多半還沒有確切的想法。他們還很難調和這兩種概念——個人主義式的「做自己」哲學，以及現實

中有人覺得自己認定的性別和生理性別不同。艾蜜莉支持同性婚姻，對於跨性別的態度則沒那麼肯定。「我不同意改變性別，因為妳出生時的樣子，就是妳應該有的樣子。」她這麼說。我問 12 年級的學生凱文對於跨性別人士的看法，他回答：「像布魯斯・詹納（Bruce Jenner，凱特琳・詹納的本名）那樣嗎？我覺得有點怪，因為他們實際上改變了自己的性別。他們出生的時候不是那樣，我覺得這就像他們否認了以前的自己。他們沒有誠實面對自己，我不太贊成這種態度。」13 歲的雅典娜則說：「我不贊成變性，因為我認為主把妳創造成那個樣子，妳就應該保持好。主以祂希望的方式創造這個星球上的每個人。我不懂為什麼想改變主造妳時給妳的樣子。她們只是心裡一時過不去。」

不過這些青少年當中，也有一些人更能理解跨性別，尤其在心理學課程中、對跨性別人士有所了解，或者認識跨性別人士的人。伊利諾州的班（18 歲）讀高中時認識一個跨性別男孩。班和他朋友最終接受了他，但是過程遠遠談不上輕鬆。別的不講，光是要更改這個男生在學校檔案裡的名字，就花了非常長的時間。而且也還是有人不知所措。「大家都很想支持他，但沒有人真的知道該怎麼做。」班說。

剛進高中的洛杉磯男孩李奧則不同意「上帝不會犯錯」這種說法。他說：「該做什麼，不該做什麼，都不關別人的事。跨性別人士想做的事情是改變自己，又不會傷害到別人。如果他們想變性，就可以變性。」李奧的觀點以後會越來越普遍。等到 i 世代更了解跨性別人士，了解他們選擇變性，是為了誠實面對自己，他們就會開始接納，而且不用太久。不過很多人還沒有走到那一步。

性別角色：誰該做什麼？

　　性別的內涵已經跟過去不同。史丹佛大學有位心理學教授要求班上的同學依照性別分組，無論怎麼分，就是會超過兩組。大多數學生會分到男生組和女生組，但有相當人數的同學決定把自己的組別稱為「性別去死組」（Fuck Gender）。這些同學表示不想在性別上被分類——他們寧願不要性別標籤。

　　部分受到跨性別人士的啟發，一種新思潮已經出現，主張性別可以「流動」——不只可以改變，更不是區區兩個類別所能涵括。威爾·史密斯（Will Smith）16 歲的兒子傑登在 2015 年穿裙子參加畢業舞會，轟動一時。[10] 布朗大學的大四學生賈斯蒂斯·蓋恩斯（Justice Gaines）在 2016 年接受校刊訪問時，要求文章內用 xe、xem、xyr（去性別人稱代名詞）稱呼他，導致該篇文章中出現了「xe 表示，對於幫助 xyr 的同伴應付當時狀況，xe 覺得很有壓力」這種句子。[11] 有些人則偏好用「They」（「他們」）當作單數代名詞，例如麥莉·希拉 2015 年的約會對象泰勒·福特。麥莉在 Instagram 上是這麼形容泰勒的：「一個酷兒，一個跨越種族、沒有性別的人，用 they/them/theirs 當自己的代名詞。」[12] 泰勒曾表示：「我的整個人生都被教導性別只有兩種。我以為縮著身體就能找到容身之處，結果那裡根本容不下我。」

　　這波性別流動的運動，可能正在加速發展，但還遠遠不到引起普遍迴響或成為一般經驗的程度。在眾人的眼裡，你不是男性就是女性，而且容不下中間狀態。凱特琳·詹納從男性變成女性的過程中，曾以男性身分接受美國記者黛安·索耶（Diane Sawyer）的專訪，當時她留著稍長的頭髮，但穿著男裝。後來她才轉趨低調，花了四個月把外表改造成女性。凱特琳·詹納的例子符合傳統的二元性別概念受訪時是

男性，後來則變成性感、衣著暴露，登上《浮華世界》雜誌封面的女性。她沒有辦法選擇（或不願意）介於兩者之間，至少公開場合是如此。

美國社會不但還沒接受性別流動，而且還持續在為性別平權的議題角力。許多論辯都和家庭責任有關：誰照顧寶寶？誰打掃房子？誰出去上班？我在教心理學的時候播放過一段影片，片中年幼的小孩回答上述問題時，絲毫不猶豫：他們指著芭比娃娃，說她負責照顧寶寶和打掃房子；再指著肯尼，說他出去上班。

提倡接納職業婦女的社會運動雖然成果豐碩，但是尚未大功告成。1977 到 1990 年代中期，有越來越多美國人認為職業婦女同樣可以和子女建立溫馨的關係，不會遜於家庭主婦（見圖 9.4）。[13] 2010 年之後，支持職業婦女的比率穩定增長。不久前已經有四分之三的 12 年級生認為，職業婦女和子女的關係不會遜於家庭主婦。

除此之外，半數以上的 i 世代都不同意「母親有工作會令學齡前兒童受苦」（見圖 9.5）。18 歲的普莉希拉認為母親如果有工作，對母女都有好處。她寫道：「小朋友去幼稚園會學到很多，也可以跟同齡的小孩交朋友。我雖然迫不及待想生孩子，但我知道自己也會想工作。我認為小朋友會見識到母親的工作倫理，並成長為堅強的人。」i 世代對性別平權的堅信程度，史無前例。這可能跟童年經歷有關：2015 年有三分之二的 12 年級學生表示，母親在他們的成長過程中一直都有工作，或大部分時間都有工作。1976 年生的嬰兒潮世代當中，有相同經歷的比率還不到一半。

不過性別平權的支持者不應太早慶祝。上述調查還詢問受訪者是否認為「男主外，女主內」是最佳安排。不贊成這種古板家庭分工的比率，在 1990 年代初期達到頂峰，但隨後又下降。12 年級生不同意

圖 9.4　8 年級、10 年級、12 年級生以及 18 至 24 歲年輕人同意職業婦女同樣能和子
　　　　女建立溫馨關係的百分率

資料來源：監測未來調查（8 年級、10 年級、12 年級生）、美國社會概況調查（18 至
24 歲年輕人），1976-2016 年。

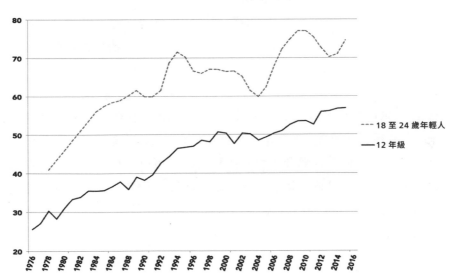

圖 9.5　12 年級生以及 18 至 24 歲年輕人不同意「母親有工作會令學齡前兒童受苦」
　　　　的百分率

資料來源：監測未來調查（12 年級生）、美國社會概況調查（18 至 24 歲年輕人），
1976-2016 年。（針對 8 年級、10 年級生的調查中並未出現本問題。）

「丈夫應該負責決定家中所有的重要事務」的比率，也在 1990 年代達到最高峰（70%），到了 2015 年卻降至 61%。與先前的上升趨勢背道而馳不說，女性的職場處境在二十年間持續進步，結果對家庭分工的態度卻往**更為**傳統的方向靠攏，令人震驚。不過 2014 年開始出現的早期跡象顯示，i 世代的青少年和年輕人未來會翻轉這樣的趨勢，他們對性別分工的態度會符合他們對其他性別平權的看法，並阻擋由千禧世代帶起的倒退（見圖 9.6）。

這種趨向傳統價值的轉變，可能源自我們在上一章探討的趨勢：談戀愛的年輕人變少了，可能導致青少年以更傳統的眼光看待男女關係。青少年可能會認為，如果想避免陷入性別角色框架，乾脆不要結婚，甚至不要同居就好。i 世代也可能認為母親去工作雖然不會傷害子女，但待在家裡才是「最好的安排」（這是調查題目的原話）。社會學家大衛·柯特（David Cotter）和喬安娜·佩平（Joanna Pepin）則另有看法，兩人指出，上述兩個問題和其他關於職業婦女的題目不同，都明確提到男性，這代表受訪者的態度之所以轉趨保守，可能是因為他們寄望男性回到養家的傳統角色。[14] 這些人似乎在說：女人也許必須工作，但男人如果能再度成為男人，不是也很好？

有些 i 世代認為依循傳統的勞務分工最好，但他們也了解這在經濟上不見得可行。19 歲的卡莉說：「以我個人來講，如果我有孩子了，我會想留在家裡，至少等到他們去上學。但這只是我個人的想法，其他人會有不同的需要和欲望。我相信如果可以，會有更多女性願意留在家裡，但是她們沒辦法，因為現在就算父母都在上班，也只能勉強維持家計。」19 歲的凡妮莎沒有信心兼顧工作和孩子。她寫道：「即使下班後有六個小時的自由時間，妳下了班還是會累癱，這時候小孩如果需要照顧，妳也沒辦法那麼盡心盡力。我覺得父母至少有一

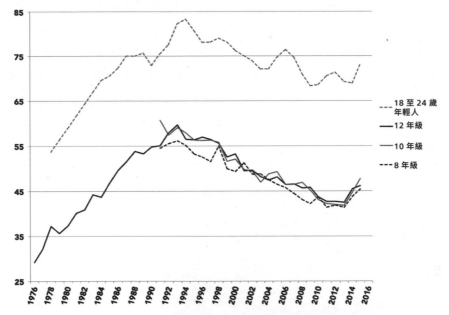

圖 9.6　8 年級、10 年級、12 年級生以及 18 至 24 歲年輕人不同意「『男主外、女主內』是最好的安排」的百分率

資料來源：監測未來調查（8 年級、10 年級、12 年級生）、美國社會概況調查（18 至 24 歲年輕人），1976-2016 年。

人不外出工作可能是最好的安排，但是好像有點不切實際。」12 歲的哈珀告訴我：「我覺得同時要工作和養小孩，壓力一定很大，因為妳要上班，回了家還要顧小孩，這樣根本沒有時間好好休息。我寧願把上班的時間拿來留在家裡，也不要累了一整天之後，又要對付三個小孩。」研究發現，雙親都有工作的孩子，在學業上和情緒上都不會有問題，不過 i 世代似乎比較擔心自己和伴侶。他們都還沒有開始面對，語氣卻已經帶著疲累。

世代差距方面，跟 LGBT 議題一樣，我們可以透過檢視最新資料來了解。對於性別角色的態度方面，資料顯示的結果相當令人意外：i 世代、千禧世代、X 世代的差距相當小，只有到 70 幾歲的「沉默的一代」，態度才出現決定性的轉變：往更為傳統的方向靠攏。至少在性別觀念上，i 世代或較年輕的千禧世代並不會比 40 幾歲的 X 世代進步多少，跟較年長的千禧世代（年紀接近 30 歲和 30 歲出頭）相比則沒有區別（見圖 9.7）。

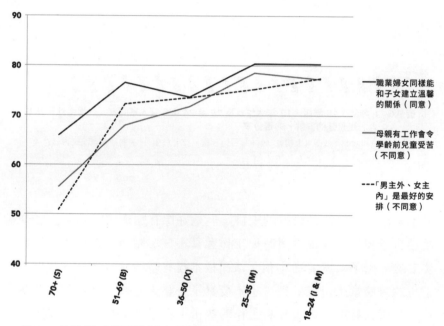

圖 9.7　全體成年人對於性別角色的態度，依年齡／世代分組

資料來源：美國社會概況調查，2014-2016 年。

第九章　包容：新時代的 LGBT、性別、種族議題
INCLUSIVE: LGBT, GENDER, AND RACE ISSUES IN THE NEW AGE

換句話說，從對於性別角色的態度來看，世代的差距並沒有擴大。這和 LGBT 議題相反：i 世代和千禧世代的觀點，與先前幾個世代有著明顯的差距。

種族：現在都是一家人（不過有點勉為其難）

「種族、性傾向什麼的都是屁話——我們這個年紀的沒人在乎。」《紐約時報》報導，最近有個男大學生在課堂上這麼說。[15] 那堂課的教授表示，現在這已經是常態了。這種景象讓她驚嘆——「黑人、拉美裔、亞裔、白人，各個種族的學生互動的時候都一派自在。這麼多年了，我連一次失禮的冒犯時間都還沒遇過。」

然而就在同一學年，針對種族議題的抗議行動也震撼了全美各地的大學校園。在密蘇里大學，多名男子開著大卡車經過學校，大聲用「N 開頭的字」（指「黑鬼」，nigger）稱呼學生會主席。[16] 在加州的克萊蒙特·麥肯納學院，一名拉丁裔學生在臉書上發文表示：「我身為有色人種，在這座校園裡每天都覺得不自在。」[17] 威斯康辛大學的學生在 Twitter 上發起加註主題標籤「#TheRealUW」（「# 真正的威大」）的行動，訴說校園裡發生的種族歧視故事：「兄弟會的男生說，以黑人妹來說妳算滿正的」、「班上有同學叫你『滾回墨西哥』」、「每天走在校園裡，我都會聽到歧視亞洲人的話，但是這裡沒有人在乎。我在這裡從來沒有得到充分的尊重」等等。

i 世代可能是歷史上最重視種族平權的世代，也可能是老派種族主義思想捲土重來的世代，端看你相信哪一種說法。究竟哪一種觀點才是正確的？

多數情況下是第一種，但還有很長的路要走。就 i 世代對種族平

權的支持來看，他們和千禧世代支持「黑人的命也是命」（Black Lives Matter，簡稱 BLM）的可能性，比較年長的世代高了非常多；2016 年，Pew 民調研究中心的一項民意調查指出，18 到 30 歲的成年白人當中，有 60% 表示支持 BLM 運動，50 到 64 歲人士（X 世代、嬰兒潮世代）的支持率為 37%，65 歲以上人士（沉默的一代）則是 26%。[18] 20 歲的傑森寫道：「我是白人，我支持 BLM 運動。有人可以出來發聲，對這個國家的警察對待弱勢族群的方式表達失望，我認為這點很重要。我很樂見警方腐敗、績效不彰的問題開始受到關注──這應該早點發生的。」

　　2014 年 8 月 9 日，年僅 18 歲的麥可‧布朗（Michael Brown）在密蘇里州的佛格森市遭警員槍殺身亡，隨後發生的數起警察槍擊黑人的案件也都頗受矚目。青少年對警察的觀感，以及種族間的緊張局勢，至此雙雙急轉直下。短短一年內（2014 年春季到 2015 年春季），認為警察做得很糟的 12 年級學生比率增加了 29%，認為黑人、白人關係惡化的比率增加了 1.5 倍以上。這種態度上一次出現，還是在充滿種族歧視的 1990 年代（見圖 9.8）。因種族引起的不安在 2015 年上升，也預示了 2016 年美國總統大選期間的族群分化，以及「另類右派」（Alt-right）白人民族主義者的崛起。在過去十年左右，美國人看似解決了種族問題──黑人當選總統、碧昂絲成為媒體女王、珊達‧萊梅斯（Shonda Rhimes）為美國廣播公司製作的影集廣受歡迎……但這只是脆弱的休戰──種種跡象顯示，和平的歲月已經結束。2016 年 3 月，蓋洛普民調公司的一項民意調查結果顯示，有 54% 的大學生表示校內曾在上個學年出現關於多元、包容價值的抗議行動。

　　i 世代從小耳濡目染多元種族價值，他們尤其重視種族議題。2015 年，半數以上的 12 年級學生表示自己高中裡至少有一半學生是其他種

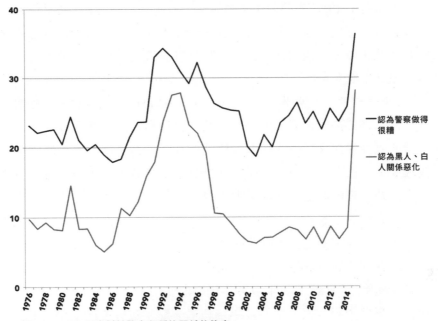

＊認為警察做得
很糟

＊認為黑人、白
人關係惡化

圖 9.8　12 年級生對於警方和種族關係的態度

資料來源：監測未來調查，1976-2015 年。

族，比 1980 年多了一倍；表示自己的摯友來自其他種族的比率，則是 1980 年的三倍。

　　i 世代的學生不只在種族多元的學校就學，在許多場合也都會和不同種族的人互動，而且他們認為，自己已經透過這種相處方式更加了解其他種族人士（見圖 9.9）。大學生達內爾是黑人，他說：「我很幸運，身邊有拉美裔人士、白人、黑人、亞洲人，各種類型的人都有。我的眼界因此變得更開闊。」19 歲的卡莉也認為生活在多元環境能帶來正面的影響，她寫道：「我目前住在密西根州的伊普西蘭蒂，這裡

黑人人口占了 40%，我的鄰居幾乎都是黑人或拉美裔人士。我是白人，所以我在這裡是少數。我長大的地方 99% 都是白人，所以剛搬來這裡的時候我很緊張，跟白痴一樣──可是事實證明，這裡除了黑人比較多，跟其他地方完全一樣。」

i 世代青少年的就學、居住環境，以及他們的活動型態，在在顯示出史無前例的高度多元，但他們比較想要什麼樣的生活環境？這比較複雜。先從傾向種族平權的進步觀點來看：認為全白人的生活環境最為理想的美國白人青少年比率，至今為止已經減少一半，只占一小部分。此外，表示嚮往生活環境主要由其他種族人口構成的比率，至今為止則成長了一倍。

但上述數字不能代表事情的全貌。令人意外的是，只有四分之一的白人青少年表示嚮往生活在多元環境中（意思是指「部分」人口來自其他種族），且該比率自 1970 年代以來變化不大（見圖 9.10）。黑人和拉美裔青少年方面，這個數字只高了一點：三分之一。儘管 i 世代和其他種族相處的經驗更為豐富，而且多數人都肯定這樣的經驗具有正面意涵，他們卻多半認為多元環境只是「可以接受」，不到「令人嚮往」的程度。如果種族多元環境僅僅是一種「可以接受」的生活環境，那就不難解釋美國大學校園為什麼持續傳出種族歧視事件，以及有些人以為早就消失的白人民族主義為什麼會在 2016 年大選季節死灰復燃。很顯然，一般的 i 世代青少年包容多元，但不確定這是不是理想的價值體系。

人際關係也出現同樣的趨勢。白人青少年表示「嚮往」擁有其他種族的摯友、主管或隔壁鄰居的比率，一直以來都只占少數，且如今與 1990 年代的數字也相去不遠。不過這幾年 i 世代已經帶起另一波趨勢，準備改變這種情況（見圖 9.11）。黑人、拉美裔青少年支持跨種

第九章　包容：新時代的 LGBT、性別、種族議題
INCLUSIVE: LGBT, GENDER, AND RACE ISSUES IN THE NEW AGE

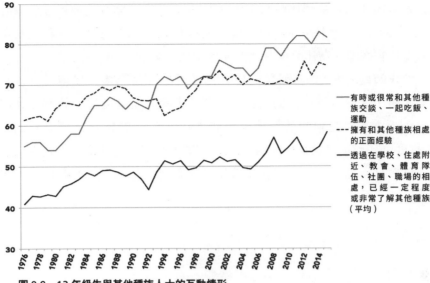

圖 9.9　12 年級生與其他種族人士的互動情形

資料來源：監測未來調查，1976-2015 年。

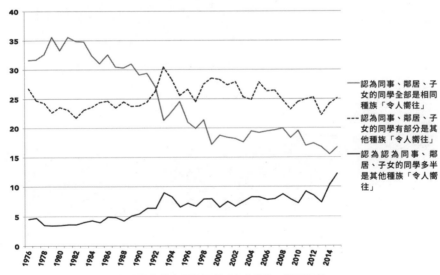

圖 9.10　白人 12 年級生認為特定種族組成「令人嚮往」的百分率

資料來源：監測未來調查，1976-2015 年。

族人際關係的可能性比較高，2015 年有半數認為擁有其他種族的摯友「令人嚮往」。總體來說，以上提到的種種偏好，都有助於解釋在高中的學生餐廳裡，為什麼會看到白人學生依然坐在一起。

我訪談 i 世代的時候問起這方面的問題，談到多元價值「可以接受」但不「令人嚮往」的理由，多數人都給了很 i 世代的答案：什麼種族不重要。提到和其他種族一起生活，21 歲的羅莉是這麼寫的：「我可以接受，畢竟我真的搞不懂種族議題到底在吵什麼。膚色就只是顏色而已，光看膚色又不會知道他們的心情、他們努力的動機，或者

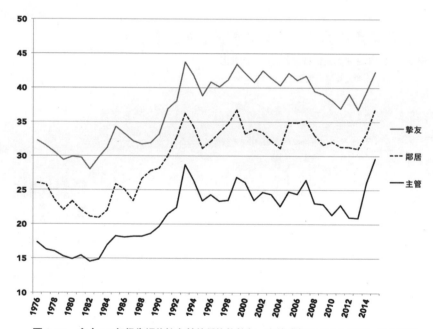

圖 9.11　白人 12 年級生認為擁有其他種族的摯友、主管或鄰居「令人嚮往」的百分率
資料來源：監測未來調查；1976-2015。

他們的人生目標。我不在乎鄰居和同事跟我不一樣，如果只有我一個白人，我也不在乎。只要人人用相同的尊重態度對待彼此，我覺得就沒什麼問題。」20歲的威廉則發現志同道合比較重要，他寫道：「身為黑人，我真的很愛聽重金屬和其他類型的搖滾樂。我還是重度的一戰軍事迷，不過我住的那一區（多半是黑人）沒多少人有一樣的興趣。我有一次遇到一個很酷的傢伙對這方面也有興趣，他剛好是白人。我沒有刻意要找白人當朋友，這種事自然而然就發生了。很多人太執著於種族差異，但其實他們如果稍微深入想想，也許就會發現大家其實沒那麼不一樣。」

這些i世代給了我一種印象：他們並不想在「可以接受」或「令人嚮往」之間做出選擇，因為他們覺得這個問題簡直荒謬。正如20歲的希瑟所說：「不該拿種族來評斷一個人能不能勝任經理的職位。怎樣，現在是1950年代嗎？」20歲的弗蘭西則寫道：「都這個時代了，還要看膚色決定怎麼對待他人，實在很蠢。我是白人，但是我不在乎朋友的膚色，因為這樣想真的很愚蠢，而且代表思想封閉、食古不化。」如果認為多元化環境「令人嚮往」，代表有點太在意種族差異，而且如果你是i世代，照理講應該不會注意到種族。

探討大學校園內的種族言論時，也不免要重新討論i世代無視種族差異的態度。對種族差異視而不見固然有好處，但是也會因此忽略了各種膚色學生的不同經歷，以及人當然能「看見顏色」的事實。（有一集的《每日秀》〔The Daily Show〕請來一位保守派的來賓，那個人說：「我看不見顏色。」主持人特雷弗‧諾亞〔Trevor Noah〕反問：「那你怎麼看紅綠燈？」）這種無視種族差異的概念，可能也是白人民族主義興起的根源之一：有些白人覺得自己的種族沒有得到認同。2014年到2016年間發生的事情傳達出一個訊息：假裝種族差異不存

在，也許並不是可行的策略。

不過在其他方面，美國人對種族議題的態度已經有了實質變化——往平權的方向邁進。白人不希望近親與黑人結婚的比率，已經從1990年代初期的54%暴跌到2010年代的10%（見圖9.12）。許多i世代根本無法理解為什麼會有人反對異族通婚。19歲的安東尼寫道：「老實說，我從一開始就不懂異族婚姻為什麼會是問題，不過現在應該比較多人能夠接受了，因為大眾的觀念都往種族包容的方向靠攏。大部分的美國人現在都可以接收到駁斥種族純化的資訊，這種帶有種族歧視的概念是白人想出來的。竟然有人覺得種族通婚『不好』或『不道德』，我不懂為什麼。」

反對居住在黑人居多的區域，或支持住房歧視的白人比率，至今也下降了一半。不過還是有大約相同比率的成年白人認為黑人很懶惰。21歲的傑登認為這種現象可能是媒體報導造成的。他寫道：「雖然媒體也會報導其他種族犯罪的新聞，但好像會特別側重於從事非法活動的非裔美籍人士。新聞節目、紀實報導不斷用負面方式描繪非裔美籍人士的形象，已經嚴重影響了大眾對他們的觀感。」

探索近年來（2014年到2016年）的世代分歧也很有意思。最大的差異出現在沉默的一代（70歲以上人士）和其他人之間（見圖9.13）。另外也有一些意外的發現，i世代的白人和較年輕的千禧世代認為黑人懶惰的可能性最高。反對居住在黑人居多區域的比率方面，這兩個世代也略高於較年長的千禧世代。年輕人年少無知是可能的解釋，但也有可能是白人民族主義復辟的跡象。

在大學校園裡，種族方面的討論經常聚焦於錄取資格、獎學金方面的積極平權措施。如今的收入不平等現象和高額學貸，導致部分白人學生把這些措施視為有色學生的特殊待遇，並因此憤憤不平。威斯

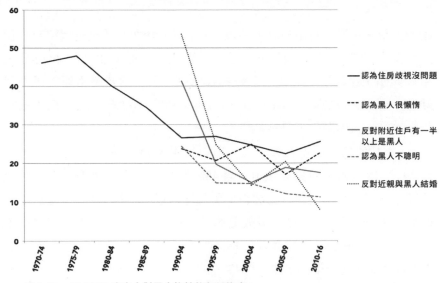

圖 9.12　18 至 24 歲白人對黑人抱持的負面態度

資料來源：美國社會概況調查，1972-2016 年。

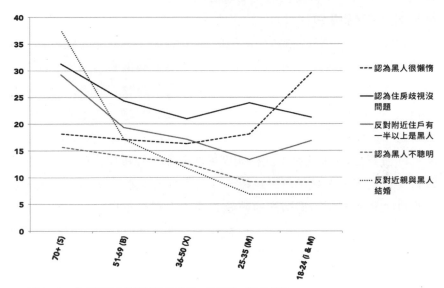

圖 9.13　白人對黑人抱持的負面態度，依年齡／世代分組

資料來源：美國社會概況調查，2014-2016 年。

康辛大學有位學生在手機社群論壇 Yik Yak 上發文：「我這層樓有一個黑人女生，整天在靠北自己被壓迫……死賤人，我 ACT 比妳高 12 分，結果妳領全額獎學金，我半毛錢都沒拿到。」[19] 就讀羅格斯大學的伊娃娜‧聖福爾（Yvanna Saint-Fort）獲得七所大學錄取，她的高中朋友告訴她，那只不過是因為她是黑人。[20]

i 世代對逆向歧視有共鳴。一項由美國 MTV 音樂電視網主持、針對 14 至 24 歲人士的調查顯示，有 48% 的白人同意「針對白人的歧視已經成為嚴重問題，與針對種族弱勢群體的歧視一樣嚴重」（也有 27% 的有色人種同意）。[21] 絕大多數受訪者（88%）認為種族差別待遇並不公平，也有 70% 的受訪者（包括 74% 的白人、65% 的有色人種）認為，無論過去是否受到不平等對待，針對任何一個種族給予優惠待遇，絕對不是公平的措施。i 世代堅持自己的平權信念，因此許多人很難支持積極平權措施。當偏袒某些種族的做法加重經濟負擔，有時就會引發校園內的種族主義。

i 世代有可能開啟積極平權措施的新紀元——不是依據種族，而是依據階級。2015 年，有 52% 的大學新生（資料取自美國大一新生調查）同意「出身弱勢社會背景的學生，在大學錄取方面應該獲得優惠待遇」，高於 2009 年的 37%。i 世代會大力支持平權，但他們眼中的平權超越了種族的範疇。

總而言之，i 世代在多元種族環境中生活的經驗比先前任何世代都豐富，而且絕大多數都有平權觀念。白人對於鄰居或姻親是黑人的接受程度大幅提高，不過這樣的轉變同樣出現在較年長的世代身上。白人青少年嚮往全白人環境的比率減少了一半，但嚮往多元化環境的比率幾乎沒有改變。社會心理學研究發現，種族之間光是有接觸還不夠，必須是正向、平等的接觸。雖然 i 世代的種族觀念顯然比過去的世代

在同年紀時進步，但距離完全跳脫的後種族主義還很遙遠。他們也還沒達到後性別主義，而且在種族、性別議題上，和近年來的千禧世代和 X 世代並無不同。不過在 LGBT 議題上，i 世代就不同了——這方面的世代差異相當顯著，i 世代領先其他世代，朝著更為平權、包容的方向邁進。

安心空間、取消邀請、敏感警告

過去幾年內，大學校園爆發了許多抗議行動，其中有不少都聚焦於平權問題，但也有其他主題成為焦點。許多抗議行動不僅著眼於消除歧視，還要消除令人反感的言論。這種訴求引發了批評，認為 i 世代太過敏感，一碰就爆。平權運動和美國《憲法》第一修正案[22]至此相互牴觸：美國大學內部設有「偏見檢舉系統」（Bias reporting system），讓學生能夠舉報令他們反感的事件，這令倡導言論自由的各界人士憂心忡忡。教職員已經被禁止在課堂上主持種族方面的討論。越來越多具有爭議性的講者遭到「取消邀請」，或者演講被迫中斷。

這真的是一種文化轉變嗎？或者大學生一直以來都是這樣？長期以來的研究顯示，情況確實發生了變化：i 世代比較有可能支持限制言論（見圖 9.14）。

一般的年輕人也更有可能同意限制言論：Pew 民調研究中心發現，有 40% 的千禧世代和 i 世代同意政府應該要有能力遏止冒犯弱勢族群的言論，相比之下，沉默的一代同意的比率只有 12%，嬰兒潮世代有 24%，X 世代則為 27%。[23]

受訪者回答限制言論方面的題目時，心裡想的可能是公然說出的種族歧視或性別歧視——因憤怒或輕蔑而說出口的種族仇恨字眼，或

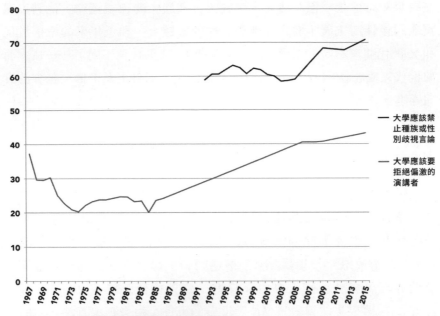

圖 9.14 大學新生對於校園內言論的態度

資料來源：美國大一新生調查，1967-2015 年。

圖例：

大學應該禁止種族或性別歧視言論

大學應該要拒絕偏激的演講者

者說「（某族群的）所有人都（有某種負面特質）」這樣的話。奧克拉荷馬大學有兩名兄弟會的白人學生遭到側錄舉發，指他們帶領眾人唱歌嘲弄黑人，內容包括用「N開頭的字」稱呼別人，說他們永遠進不了兄弟會，以及「把他們吊在樹上」這樣的歌詞。兩名學生隨即遭到開除，兄弟會也被迫關閉。[24] 該起事件點燃了關於《憲法》第一修正案適法界線的激烈爭論。有法律學者認為，這條《憲法》修正案連邪惡、帶有仇恨的言論都保障到了。聯邦最高法院首席大法官約翰‧羅勃茲（John Roberts）在另一樁《憲法》第一修正案相關案件的主要

意見書中則寫下這麼一段話：「言論具有強大的力量，可以激發人們採取行動，使人因為喜悅或悲傷而落淚，以及……引發強烈的痛苦。根據擺在我們面前的事實，我們無法透過懲罰發表言論的人來應對這樣的痛苦。作為一個國家，我們選擇了不同的道路：保障針對公共議題而發的言論，即使具傷害性的也包含在內，以確保不致扼殺公開辯論。」[25]

　　公然歧視種族的事件，例如上述的奧克拉荷馬大學事件，顯然逾越了言論自由的界線。近年來發生的變化則在於：越來越多言論遭到指謫，認為屬於種族歧視或性別歧視言論，也有越來越多發言者被視為「偏激」。一名拉丁裔學生聽見白人朋友提到足球（Soccer）時用了西班牙文（足球的西班牙文為 Fútbol），因此覺得受到冒犯。[26] 歐柏林學院有學生提出投訴，表示學生餐廳供應的壽司用了未煮熟的米，這是對少數族群學生的冒犯。[27] 科羅拉多學院有一名學生，因為在標註了「#blackwomenmatter」（#黑人女好棒棒）主題標籤的 Yik Yak 討論串下方匿名回文：「黑人女好棒棒，她們只是不夠辣。」遭到停學兩年（後來減為六個月）。[28] 堪薩斯大學的一名教職員在課堂上坦然地探討種族議題，因此遭到停職。[29] 2016 年，哈佛大學大二學生瑞秋・休布納投稿校內學生報刊《哈佛克里姆森報》（Harvard Crimson），在文章中寫下這麼一段話：「這種對心情的過分關注，導致在大學校園裡，似乎人人都要注意自己說出來的每一個字，確保任何情況下都不能有一絲一毫得罪人。」[30]

　　這就是寬容的陰暗面。寬容的初衷是出於善意接納所有人，不冒犯任何人，演變到後來卻變成這不容許深入探討議題（最輕微的情況），因為一句話冒犯到人就賠上工作（最糟糕的情況），而且一切另類觀點都沒有發聲的空間。

政府方針的轉變，可能是造成這種現象的部分原因。2013 年，美國司法部和教育部擴大性騷擾的定義，由「可能令『理智之人』感覺受到冒犯」的言論，擴展為單純「不受歡迎」的言論。[31] 美國的大學針對種族、宗教、性別等方面言論的判斷標準，所套用的是上述「不受歡迎」的定義。他們不願意支持《憲法》第一修正案，以避免一絲一毫可能被告上聯邦法院的風險。葛瑞格·路加諾夫（Greg Lukianoff）和強納森·海特（Jonathan Haidt）在《大西洋雜誌》發表了一篇探討這些議題的文章，引起廣泛討論。文章中指出：「每個人都可以用自己的主觀感受來決定教授或同學說的話是否不受歡迎，進而成為主張遭到騷擾的根據。情緒推理（emotional reasoning）如今已經成為可以接受的證據。」[32]

如果受邀來校演講的人會講出學生不同意的言論，學生現在會希望該講者根本不要來。美國大一新生調查顯示，學生支持拒絕邀請偏激講者的比率，在 2015 年達到史上最高（見圖 9.14）。史密斯學院的學生提出要求，希望校方取消邀請國際貨幣基金組織總裁克莉絲蒂娜·拉加德（Christine Lagarde）來校演講。[33] 羅格斯大學有學生發動抗議推動請前國務卿康朵麗莎·萊斯（Condoleezza Rice）取消校內演講。[34] 布蘭戴斯大學的學生封殺了女權運動領袖、堅定批評伊斯蘭教的阿亞安·希爾西·阿里（Ayaan Hirsi Ali）。[35] 一個捍衛言論自由的非營利組織發現，學校取消邀請的案例自 2000 年以來增加了四倍，從相當罕見變成相對普遍。2016 年，美國個人教育權利基金會（Foundation for Individual Rights in Education）記錄了四十三起取消邀請的案例，數量創下歷史新高（見圖 9.15）。

美國前總統歐巴馬也針對取消邀請的議題發表過意見。他表示：「我認為積極參與、質疑權威、問為什麼是這樣而不是那樣、針對社會

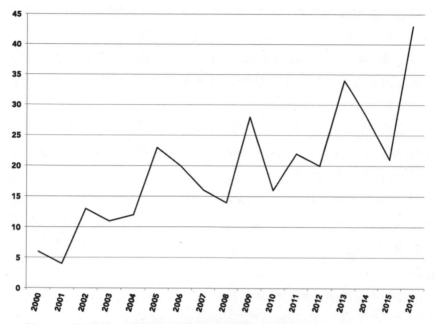

圖 9.15　前往美國大學演講的行程遭到「取消邀請」的講者人數

資料來源：美國個人教育權利基金會，2000-2016 年。

正義提出很難回答的問題，對年輕人來說很有益處……不同意某個人的意見沒關係，但不要嘗試讓對方閉嘴……我不希望看到的情況，就是合理、謙恭地提出來的特定觀點遭到封鎖。」[36] 換句話說，抗議可以，但也要讓對方講話。

　　政治科學家阿普里爾・凱利—沃斯納（April Kelly-Woessner）發現，倡導社會正義的人士對言論自由的抗拒，在世代發展上屬於全新的現象：40 歲以上的人認為社會正義和言論自由無關，但 40 歲以下人士如果支持社會正義，就比較不支持言論自由。[37] 2015 年的一項調

查顯示，有 35% 的大學生認為《憲法》第一修正案沒有保護「仇恨言論」（但其實有），另外有 30% 的（自由派）學生認為《憲法》第一修正案已經「過時」。[38] 這項調查結果呼應了 i 世代對安全的重視（第六章所探討的內容）——安全的概念延伸到情緒層面，以及相信言語也是一種暴力。

　　密蘇里大學 2015 年秋天抗議事件的導火線，是附近佛格森市的一場 BLM 抗議行動，以及校內的數起種族歧視事件。然而，激進的行動很快就出現轉變：抗議學生宣稱他們有權在校園公共區域建立「安全空間」，並把媒體排除在外。幾名抗議學生與一名學生攝影師發生推擠衝突，現場一名教職員更大喊需要幾個「壯漢」來把攝影師趕走。[39] 該名攝影師（正確地）主張：依據《憲法》第一修正案，他有權利留在那裡。

　　加州大學爾灣分校的法學教授霍華德・吉爾曼（Howard Gillman）和歐文・切默林斯基（Erwin Chemerinsky），開了一個大一學生的專題班，授課主題是言論自由。[40] 面對學生屢屢支持限制《憲法》第一修正案所保障的言論自由，他們感到非常震驚。他們意識到這就是世代轉變：學生親眼目睹仇恨言論造成的傷害，卻不知道言論審查和懲罰異議言論也會帶來危害。兩位教授強調，限制自己不喜歡的言論，很容易使自己喜歡的言論也連帶受到限制。他們投書《洛杉磯時報》指出，等到政府官員擁有規範言論的權力，「權力會無可避免地遭到濫用……在美國歷史的各個階段，政府官員都曾審查、懲罰那些他們不喜歡的言論：廢奴主義者、勞工激進主義者、宗教少數派、共產主義者、社會主義者、文化評論家、同性戀者……我們的學生開始意識到，如果不進行大規模的審查，就無法在校園裡建立『安全空間』，讓他們避開侵犯到自己的言論，這樣卻可能產生另一種形式的侵犯。」

限制言論的文化還製造了另一個受害者：幽默感。克里斯·洛克（Chris Rock）等喜劇演員表示他們不會再去大學校園表演，因為太容易惹火學生了。[41] 凱特琳·弗拉納根（Caitlin Flanagan）在《大西洋雜誌》上發表了一篇探討校園喜劇表演的文章，文章的結論指出，大學生偏好「100% 無風險的喜劇，不會觸動敏感神經、不會引發不安，讓學生連輕微困擾都感受不到的喜劇⋯⋯徹底消去帶刺、具攻擊性的橋段」。在一場喜劇演員爭取校園演出機會的大型試鏡會上，校方代表不願邀請某位以「我有一個厚臉皮黑人朋友」的段子廣受歡迎的同性戀喜劇演員，原因是他「使刻板印象永存」。西密西根大學學生活動委員會會長柯特尼·班奈特（Courtney Bennett）說：「我們不願意贊助可能冒犯到任何人的活動。」由此可見，寬容的概念在校園裡有兩個面向：從正向角度來看，寬容是善良的包容性；從負面角度來看，任何被認定語帶冒犯的人，即使遭到誤解或只是在開玩笑，都要承受即時、無情的批判。

只是有些人比較激進——或是全新常態？

這些觀點究竟是不是少數激進的人才有？我很好奇。為了找出答案，我和我指導的研究生在 2016 年 4 月展開調查，以聖地牙哥州立大學修習心理學概論的兩百名學生為對象，針對相關主題提出各式各樣的詢問。雖然只調查了聖地牙哥州立大學一所學校，但這個學校的學生組成相當多元，與經常成為「安全空間」事件主角的常春藤聯盟學校相比，更能代表一般大學生的樣態。

結果令人相當震驚：有四分之三的聖地牙哥州立大學學生支持建立「安全空間」，供不同意講者言論的學生使用，也有四分之三的學生

認為課程讀物如果提及性侵害，應該要求教授加入敏感警告。

這些學生的觀點讓我們得以一窺「言論」近年來在大學校園引發熱議的原因。受訪的聖地牙哥州立大學學生有近一半（48%）同意「白人說『N 開頭的字』（種族仇恨字眼）一定會引起反感，即使只是在探討歷史上的歧視時用來舉例，而非用來侮辱特定人士」。52% 的學生同意「如果不是黑人，無論如何都不應該說『N 開頭的字』」。

說錯話的後果可能相當嚴重。受訪學生同意「教職員只要某一次上課時說出『種族層面上未顧及聽者感受』的言論，就應該被免職」的比率，超過了四分之一（28%）。（我們故意模糊了題目的措詞，卻只是讓調查結果更加令人心驚。「種族層面上未顧及聽者感受」是什麼意思，每個人的想法可能都不一樣。）四分之一這樣的比率已經過了關鍵的連署門檻，想要向校方行政局處檢舉某位教職員簡直綽綽有餘。檢舉的頻率如今也越來越高了。受訪學生對同學的態度則稍微寬大一點，同意「學生只要某一次上課時說出『種族層面上未顧及聽者感受』的言論，就應該被開除」的比率是 16%。

讓我最驚訝的是：有 38% 的受訪學生認為「教職員不應該在課堂上討論種族的平均差異（例如態度、特質、智商等）」。這會造成非常大的問題，因為心理學、社會學、經濟學、公共政策、政治科學、社會工作，以及許多學科都經常介紹種族差異方面的研究。這群在全體之中僅是少數，但有一定規模的學生，認為不應該討論種族方面的科學研究，這非常令人震驚，因為他們修的心理學概論，內容一定會包含科學方法和族群差異。如果有那麼多學生質疑種族差異方面的教材，也就難怪現在有很多教師都不敢教種族相關的主題，也因此成功禁絕了理論上可能促進理解的交流——亦即種族、文化差異各方面的任何討論。

我問達內爾對於在課堂上介紹種族差異的教材有什麼想法，這名 20 歲的喬治亞大學學生說：「我可以理解為什麼學生不喜歡，所以我認為最好不要這樣做。反正離得遠遠的就好了。」也有學生不同意這樣的課程安排。讀同一所大學的詹姆斯說：「檢測不同的種族群體，驗證你學到的種種假說，不見得是壞事。如果動不動就被這種事情冒犯到，你就學不到東西了，也會沒辦法保持開放的心態、接近真相、獲得更多知識。」

微侵略：傷口雖小，一樣是千刀萬剮

再來看「微侵略」，這通常指無意間傷害有色人種的言詞。根據定義，侵略屬於故意行為，因此稱這種行為是「侵略」其實算用詞不當。但即便如此，許多貼上「微侵略」標籤的言談還是不堪入耳。網路傳媒 Buzzfeed 曾發布一個拍攝計畫的成果：照片中的學生來自紐約的福坦莫大學，他們舉著告示牌，上面寫著針對他們的微侵略話語，其中包括「以黑皮膚的女生來說妳算漂亮」、「所以你們在日本都講什麼話？亞洲話？」、「所以你到底是什麼人？」、「不是，你**到底**哪裡人？」等等。[42]（看到這些笨拙的社交辭令，我驚呆了——會講出這種話，恐怕是因為跟同儕親身相處的時間變少了。）顯然對有色人種來說，一再聽到這種不顧他人感受的問題，確實很不愉快，同時又備感壓力。LGBT 人士也必須面對這種情況，以下這則 Twitter 貼文就是很好的例子：「收銀員：妳有男朋友嗎？我：我是同性戀。收銀員：喔！妳看起來不……妳看起來挺好的！」

2014 年，美國 MTV 音樂電視網針對 14 到 24 歲人士進行一項調查，調查結果顯示，有色人種曾經受到微侵略的比率為 45%，白人的

比率則為 25%。「讓我感到困擾的是，別人一些頻繁的小動作會讓我意識到自己不屬於這裡，而且在大家眼中我先是黑人，然後才是一般人。」[43] 威斯康辛大學的研究生普琳賽斯·歐賈古這麼寫道。「這些意識逐漸累積成無形的重擔……透過這些不斷發生的小事，我確認了心中的恐懼：大家只把我當成漫畫裡會出現的人物，沒有把我當人看。」研究發現，遭遇過越多微侵略的人，越容易出現焦慮和憂鬱。[44]（不過，焦慮和憂鬱程度較高的人，也比較有可能記得或感受到較多的微侵略。這種關聯也有可能是外部因素所造成。）

有些「微侵略」的言詞比較模稜兩可，往往會導致爭議。加州大學洛杉磯分校公布的「微侵略指南」中，列在第一項的微侵略句子是「你哪裡來的？」這應該是大學開學第一週最常有人問的問題，顯然不見得是微侵略。其他冠上「微侵略」之名的句子還包括「我認為最合格的人應該得到工作」、「在這個社會只要夠努力，人人都能成功」、「你在哪裡出生的？」等等。

以上這些話會令人反感嗎？答案恐怕見仁見智。現在的難題是，如果某人說他被冒犯了，有當事人的證詞已經足夠──他就是被冒犯了，即使對方並沒有那個意思。這就是 i 世代的過度敏感之所以人盡皆知的原因之一──他們把言語冒犯看得很嚴重，而且對於哪些字眼會讓人反感，幾乎沒有共識。有些亞裔美籍人士聽到「你哪裡來的？」這種問題就會覺得被冒犯，有些人則不會。一位南亞來的年輕男生寫道：「每週都有人問我：『你哪裡來的？』……受害者文化告訴我，這是以種族歧視為基礎的微侵略，我應該要覺得反感才對。可是我沒有。我們生活在一個多元文化的社會，不一定清楚別人的出身背景。我沒有覺得他們歧視我，因為他們只是想知道我的出身背景而已。但受害者文化告訴我應該要這樣想。」

在聖地牙哥州立大學的調查中，只有 18% 的學生同意「你哪裡來的？」這句話是微侵略。絕大多數受訪學生也認為「美國是機會之地」或「性別不影響我們雇用誰」不算是微侵略。不過有超過 85% 的受訪學生同意某些行為屬於微侵略，包括為了避開有色人種而跑到對面馬路、跟亞洲人說「你數學一定很好，可以幫我看看這題嗎？」或者說「我們只是女生欸」。只有 13% 的受訪者認為學生宿舍餐廳辦「墨西哥之夜」會令人反感，但有 33% 的人同意萬聖節戴大草帽、穿南美大斗篷會冒犯別人。由於看法莫衷一是，要判斷某句話會不會冒犯到大多數人並不容易——不過只要會冒犯到一個人，就已經夠麻煩了。

自由、開放的討論

i 世代將會在一個因為族群認同議題而無所適從的時代中步入成人期。在美國 MTV 的調查中，有 84% 的受訪者表示，家庭教育曾經教導他們：無論是什麼種族，人人都應該受到平等對待。然而，只有 37% 的受訪者表示家裡談論過種族的話題，其中白人的比率更只有 30%。曾有一段時間，種族議題既重要，同時也無關緊要；有人會談論，也有人避而不談。雖然 i 世代是「色盲」，但由於種族偏見仍然存在，他們的立場多少有些不切實際。

後來 i 世代上了大學，在大學中為了爭取平權而認真努力，卻因為太害怕冒犯到彼此，導致仍然不願談論種族議題。美國 MTV 的調查顯示，只有 20% 的受訪者表示自己能夠自在地與人談論偏見。調查中有 48% 的人認為，即使立意良善，讓別人的種族受到關注還是錯誤的行為。不過有 73% 的受訪者認為大眾應該以更開放的態度談論偏見，也有 69% 的受訪者希望有機會以開放、尊重、不帶批判的方式，來進

行關於偏見的意見交流。[45] i世代根深蒂固的平權觀念,是美國促進種族關係的真正契機。絕大多數的 i 世代長大成人之後,心中並不會有過往時代那種毫不掩飾的偏見。不過因為偏見和生活經驗的影響,不同種族會有不同的經歷,這也導致許多有色人種學生在白人居多的大學裡往往會感到不自在。i 世代願意談論這些議題(至少他們自認為可以),但他們同時也覺得這種話題不能碰。這不能怪他們,畢竟文化氛圍就是如此——遇到相關話題不是沉默,就是交相指責。改變處處可能冒犯到人的文化,實屬當務之急。身處這種文化中的人們有必要重新思考,好為 i 世代和所有人找到最理想的出路。

　　i 世代空前的焦慮和憂鬱程度、遲遲不長大,以及對包容性的重視,融合成一種觀念,認為人需要不惜一切代價得到保護。如何在保護和言論自由之間取得平衡,未來仍會持續困惑著 i 世代和較年長的世代。

第十章

跳脱黨派立場：新世代的政治

　　「我會投給唐納・川普。」20 歲的馬克這麼説。2016 年美國大選前的幾個月，我們在一個週一下午聊了幾分鐘之後，他就這麼告訴我。馬克在一所社區大學讀書，同時還要兼顧電器賣場的工作。他有一個穩定交往的女朋友，不過為了省錢，他選擇跟父母住在一起。他來自德州的沃思堡，高中畢業後嘗試在家鄉附近自己生活了一年，卻發現房租幾乎吃掉了他大部分的薪水；他的雙親（一位是技工，一位是家庭主婦）告訴他，只要他去讀大學，就可以住在家裡。

　　馬克並不在意川普的種種公開言論，看過他和希拉蕊・柯林頓的政見之後，他就決定「反正兩顆都是爛蘋果……就選比較不爛的川普吧」。馬克的想法跟川普一樣，認為即使不幫助其他國家的人，美國人的處境也已經夠糟了。他説：「移民一直進來，不只會讓工作機會減少，連居住空間都會變小。這樣下去貧窮線會飆高，因為現有的資源

一定會不足。與其去幫助我們無力幫助的人，我還比較希望能建一道高牆，讓我們的經濟可以持續發展。」他指的是川普的競選承諾——在美墨邊境修築一道圍牆。

九個月前，我開車穿過半個美國，去加州的沿海地區拜訪 18 歲的卡麥隆；他是一所私立大學的大一學生，當時正好回家放寒假。那一天，5 號州際公路罕見地沒那麼塞車，我可以好整以暇地開著我的小麵包車，進入一個有門禁管制的濱海社區，在蜿蜒的狹小街巷間穿梭；卡麥隆一家人就住在這裡，房子離大海只有幾條街，所在的街區有著濱海社區的典型設計：各戶占地不大，都有美輪美奐的大房子。卡麥隆有雙明亮的藍眼睛，慢跑和純素飲食讓他的身材保持精瘦。他在大學主修數學，以一個大一新生來說，他專注於課業的程度不尋常到令我意外。他跟我講了很多去一間科技公司實習的事情——他在那裡負責的是數據分析；儘管我自己也常接觸統計數據，他講的東西我卻幾乎聽不懂。

卡麥隆跟 2016 年初的許多 i 世代一樣，都搭上了「伯尼炫風」（Feel the Bern）——支持沒有黨派立場、信奉社會主義，並在 2016 年投身民主黨總統初選、強勢挑戰希拉蕊的伯尼・桑德斯（Bernie Sanders）。對卡麥隆來說，支持桑德斯無關政黨政治，而是看中他的真性情和道德形象，尤其他在政府教育預算方面的態度。卡麥隆很清楚自己擁有許多其他年輕人沒有的優勢，他並不確定這樣是否公平。「不應該有人因為他們的出身就處於明顯的劣勢。」他這麼說。卡麥隆也堅信平權的價值，還認為應該讓某些個人的選擇合法化。他說：「人人都應該得到平等的機會，依照自己的想法過生活。例如用藥問題這種不會影響到其他人的事情，不應該加以管制，進而干涉了個人的生活。」

桑德斯非常受到年輕選民的歡迎；一項以 2016 年 2 月參與愛荷華州黨團預選會議的民主黨員為對象的民調顯示，年輕人支持桑德斯的比率是希拉蕊的六倍（84% vs. 14%）。[1] 一直到 2016 年 7 月中旬，桑德斯的年輕支持者當中還有近半數表示要投票給第三方候選人，不會支持希拉蕊或川普。[2]

川普一開始並不是年輕世代的首選，但到了 11 月的大選前夕，他已經設法吸引到大量年輕選民。在 18 歲到 29 歲的白人選民當中，川普的得票率是 48%，贏過希拉蕊的 43%，往往極度崇尚自由的年輕世代竟然投出這樣的結果，著實令人震驚。雖然以整體來看，希拉蕊贏得了多數年輕選民的支持，但還是有 37% 的年輕人投給了川普。[3] 這代表十個 i 世代和較年輕的千禧世代裡面，就有四個人支持共和黨候選人，而且這位候選人還服膺白人民族主義——一個很多人認為在 i 世代出生前就已經消失的思想。美國年輕人手中的票動搖了選情，使情勢倒向了川普：18 歲到 29 歲選民占全體選民的比率，如今已經高過 65 歲以上的選民。

這樣的情況是怎麼發生的？即使他看起來很過時，仍有這麼大比率的年輕選民選擇了共和黨候選人，這對未來的美國選舉會有什麼影響？

政黨是個問題

大選前兩個月，我和我的同事發表了一篇論文，多少預見到了不久後的將來。[4] 多年以來，很多人假定千禧世代和現今的 i 世代都壓倒性地支持民主黨，而且會一直保持下去。2016 年 8 月，《今日美國》預測川普在年輕族群的選情方面會遭遇「歷史性的慘敗」；[5] 2014 年，

《華盛頓郵報》宣稱共和黨遇到了「年輕人方面的問題」——這個黨就是吸引不了千禧世代。[6] 兩年後，事實證明這種看法錯了。如果想找出原因，就要思考以下這個問題：伯尼·桑德斯和唐納·川普有什麼共通點？

答案揭曉：這兩個人都是政治立場偏向無黨無派的獨立政治人物。桑德斯是美國國會史上任職最久的無黨派獨立議員；他的參議院網頁裡隻字未提自己是民主黨的一員。川普在成為總統之前從未參與過政治，而且整個初選和總統選戰的過程中，他一直和共和黨的立場明爭暗鬥；2016 年 11 月，《華盛頓郵報》稱川普為「美國第一位沒有黨派立場的總統」。桑德斯和川普當初都是眾人眼中的「自由球員」，能夠暢所欲言，拒絕向兩黨的政治掮客低頭。

這就是年輕人喜歡他們的原因，即使身為社會主義者的桑德斯和民族主義者的川普，兩人都有不少非主流的政治主張。最新的美國社會概況調查顯示，18 歲到 29 歲年輕人自認政治上偏向無黨派立場的比率，來到了令人難以置信的 54%，1989 年的比率則只有三分之一（見圖 10.1）。這就是年輕人先對桑德斯趨之若鶩，最後轉而支持川普的原因之一：正如他們對宗教、婚姻這些制度的迴避態度，也有越來越多的 i 世代和千禧世代拒絕對主流政黨表示認同。

如今，年長一點的世代也更有可能在政治上傾向無黨派立場；儘管如此，以最近幾年來講，i 世代和千禧世代靠向無黨派立場的可能性，還是比嬰兒潮世代和沉默的一代大得多。由此可知，無黨派立場者的增加既是時期效應，也是世代效應——各年齡層的成年人和主流政黨的距離都越來越遠，但千禧世代、i 世代在 2016 年相較於其他人，更不具有黨派立場。

也許就是因為如此，政黨色彩濃厚的希拉蕊才沒有如預期一般，

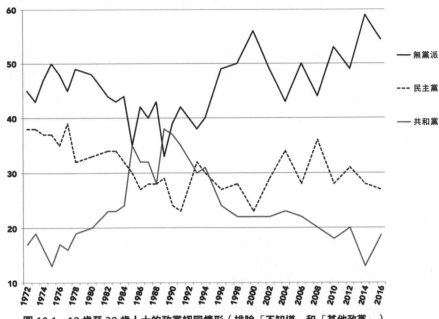

圖 10.1　18 歲至 29 歲人士的政黨認同情形（排除「不知道」和「其他政黨」）
資料來源：美國社會概況調查，1972-2016 年。

圖例：
— 無黨派
--- 民主黨
— 共和黨

吸引到那麼多年輕人的選票。希拉蕊在 2016 年 6 月獲得民主黨提名後，成為美國史上第一位由主要政黨推派的女性總統候選人，年輕人的反應卻令嬰兒潮世代大吃一驚：他們一致表達出興趣缺缺的態度。[7]許多年輕人實在接受不了政治立場如此鮮明的候選人，即使她確實打破了數百年來女性從政的玻璃天花板。2016 年 7 月，來自俄亥俄州克利夫蘭高地的喬瑟芬・希金（18 歲）接受《時代》雜誌訪問時表示：「如果希拉蕊贏了，只不過是兩害相權取其輕而已。我知道我們本來可以有更好的選擇。」[8]反觀喬瑟芬 78 歲的祖母初選投給了希拉蕊，

而且對於可能選出女性總統相當期待；她49歲的母親初選投給了桑德斯，但後來「改變想法」，並告訴喬瑟芬：「我們要說服你去投票。」喬瑟芬聽了只是聳聳肩。

i世代在政治上趨向無黨派立場的現象，可能也是他們個人至上的想法，以及不願參與團體、遵守團體規則的態度所導致的結果。正如22歲的麥克所說：「加入政黨的人，只保留自己的部分想法，而失去了自己原本的獨特性。」i世代似乎會有自己的想法，並藉以決定自己的政治歸屬，不會因為家庭或宗教的影響力加入政黨，而採取他們的觀點。對於定義自己政治觀點的決定過程，19歲的羅伯是這麼解釋的：「4月的時候，我聽到足球場上有兩個人在討論民主黨的意圖，我發現我真的不知道自己在政治上的立場。那天晚上我回到家，做了很多功課，還做了很多『政治小測驗』，大部分的結果都把我歸類成自由意志主義的保守派（Libertarian Conservative）。」

無黨派人士的崛起不是民主黨唯一要面對的問題。最近幾年，年輕族群對民主黨的支持度不斷呈現衰退，川普贏得多數年輕白人的選票，也從旁證明了這一點。2000年代後期，歐巴馬執政時期的民主黨在18歲到29歲人士當中的支持率，大勝共和黨16個百分點；但從那以後，年輕人支持民主黨的比率往下掉了9個百分點。

對於民主黨來說還有更壞的消息——12年級生的狀況。這群滿18歲的青少年有可能預示了年輕選民在下個選舉週期的樣貌，而他們在政治立場上認同民主黨的比率，已經下滑到直逼史上新低。民主黨的支持者正不斷被吸走，這個轉變有一半來自立場偏向共和黨的人數上升，一半則來自無黨派立場者的增加（見圖10.2）。

如果大多數的無黨派立場者都是自由派，這對民主黨來說也許不是壞事，但事實並非如此：2015年，沒有黨派立場的12年級學生當

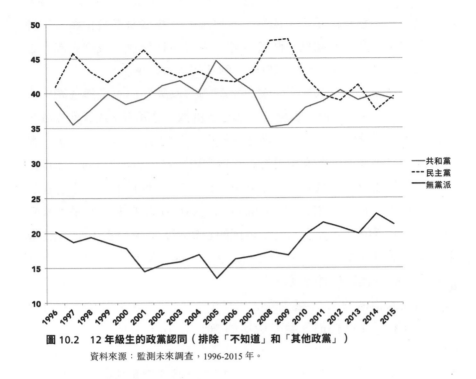

圖 10.2　12 年級生的政黨認同（排除「不知道」和「其他政黨」）

資料來源：監測未來調查，1996-2015 年。

中，有將近一半認為自己是溫和派（Moderates，或譯為穩健派）。不過在年輕一輩的無黨派支持者當中，自由派的支持率還是高過保守派（38% vs. 14%）。

不管立場上認同哪個政黨，i 世代往往都會用個人主義式的理由來解釋自己的選擇。18 歲的艾碧寫道：「我是支持共和黨的保守派，因為我很重視『個人為自己負責』這種想法。我認為這樣絕對最公平——每個人在體制裡願意投入多少，就會有多少收穫。」查理（21歲）的觀點即使是在政治光譜的另一端，他用的也是類似的個人主義

式語彙，只不過導向了不同的結果。他說：「我以身為自由派、支持民主黨自豪。我認為我們不應該引導別人去做任何事。我們想成為怎樣的人都可以，只要過程中不會傷害到任何人就好。」

隨著黨派之別已趨式微，關注年輕人的政黨傾向也已經逐漸失去意義，反而更應該檢視他們認為自己是自由派、溫和派，或者保守派。另一項令人意外的事實來了：自認屬於保守派的 12 年級學生人數，自2000 年代初期以來其實有所增長；當他們還在高中就讀的時候，i 世代的保守派比千禧世代還要多（見圖 10.2）。如今 i 世代的政治立場趨於保守的情況，已經直逼雷根（Ronald Reagan）執政時期的水平；當年擁護保守立場的年輕 X 世代也令他們的長輩感到震驚（在 1980 年代經典喜劇《天才家庭》裡，基頓〔Alex P. Keaton〕支持雷根總統的保守派理念，就令他屬於嬰兒潮世代的父母困惑不已）。從另一方面來看，自認為是自由派的 12 年級生人數，從 1990 年代初期以來幾乎沒有變化，甚至到了 i 世代加入調查樣本的 2010 年代，還略有下降（見圖10.3）。

保守派立場的定義也在改變，變得更為關注經濟議題，對社會議題的關注則有所下降。來自德州的社區大學學生馬克，自稱是支持共和黨的保守派。我問到這對他來說有何意義，他說：「說自己是保守派，代表你真的想幫助他人，希望大家都能夠自給自足。社會福利制度會讓人變懶，只想讓政府養。我覺得必須建立一套制度，讓大家的付出都能有回報。」他對民主黨「免費讀大學」的計畫抱持懷疑的態度，因為「總有人需要出錢吧。這樣子稅率會變得太高，讓很多（有錢）人想離開美國。」

看到這裡為止，馬克的想法都可以代表典型的保守派思想——而且如果你還記得第五章的內容，他還是一位虔誠的福音派基督徒。但

圖 10.3　12 年級生的政治觀點

資料來源：監測未來調查，1976-2015 年。

我問他對於同性婚姻的看法，他說：「這件事我會盡量不帶入宗教觀點，只從保守立場的觀點切入。」他表示，只要「別在街上引起騷動」，讓同性婚姻合法就沒有關係。他也支持大麻合法化：「我認為這個應該由個人自己決定，而不是讓某個州或政府決定合法或非法。」槍枝管制的議題方面，他說：「這可以從不同角度去論證。如果想要有槍，你就上街去買；如果不想，你就待在家裡別去買就好。不要把自己的一廂情願強加在整個世界身上。」雖然馬克在經濟議題上的保守立場很明確，但他在社會議題方面的立場如果放在十年前，可能大

多數的保守派人士都無法認同——「認為政府不該干涉民眾的私人事務」並不是保守的思想，反而應該是個人至上的自由主義觀點。

馬克跟許多 i 世代一樣，也擔心能不能在依舊嚴峻的經濟情勢下找到工作。這就是川普拒絕移民入境的主張之所以吸引到他的原因；他認為政府需要在本國的公民身上多用點心。「如果我們國家的貧窮率、負債率、犯罪率都是零，這時候我們才可以挺身而出，去幫助其他需要我們幫助的國家。」他這麼說。這種具有民族主義、孤立主義色彩的觀點，源自對於經濟局勢的憂懼。2016 年 10 月，一項針對 18 歲到 29 歲年輕人進行的民調顯示，認為白人在經濟狀況上陷入弱勢的受訪者，比較有可能投給川普。[9] 各界都把注意力放在年長的工人階級白人選民身上，但正如第七章所述，沒有穩定工作，進而認為自己在新的經濟情勢下會更弱勢的人，其實是年輕人。i 世代對安全的關注，與他們對於經濟前景的高度疑慮合起來發揮了影響力，使得他們在政治上比大多數人預期的更加保守，也更願意接受民族主義的訴求。

還有一項趨勢也在逐漸醞釀：溫和派人士的減少。無論高中學生或大學生，政治立場上持溫和路線的都越來越少；2016 年針對大學生的調查中，溫和派的比率降到了史上最低點（見圖 10.3）。[10] 年輕族群越來越能認同一個老笑話：走「中間路線」（Middle of the road，原意為「路中央」）的人會怎樣？會被車撞。這還只是「妥協的藝術」（幾乎完全）名存實亡的第一個跡象而已。

政治的極化

如果你發現自己的兒子／女兒準備跟支持其他政黨的人結婚，你會有什麼感覺？[11] 1960 年的時候，只有 5% 的共和黨支持者和 4% 的

民主黨支持者表示會不高興。到了 2010 年，則有 49% 的共和黨支持者和 33% 的民主黨支持者對此表達不滿。介意跨種族婚姻的人已經變得很少了；跨黨派婚姻才是如今最新的疑慮。

　　i 世代從小到大都在看民主黨、共和黨的支持者為了某些議題鬧得不可開交，從比爾‧柯林頓總統的彈劾案吵到戰爭預算，再吵到健保制度。如今每個人都已經退回自己的角落，彼此間水火不容，年輕族群的情況也是這樣。12 年級生自認「非常」偏向自由派或「非常」偏向保守派的比率，從 1976 年的 13% 上升到 2015 年的 20%，創下歷史新高；該年自認「非常保守」的 12 年級生比率，也創下該調查開始四十年以來的新高，比雷根政府時期（1980 年代）、911 事件後的小布希（George W. Bush）政府時期（2000 年代）都要高（見圖 10.4）。類似的趨勢也出現在大學新生和年輕人族群──自認是「極左派」的比率在 2016 年創下歷史新高。從人口的絕對數字來看，上述兩個人口類別的人數都很少，但這些學生都會投身校園政治活動──參加遊行示威、提倡變革，而且會和同學針對議題展開辯論。隨著立場走向極端的學生變多，可以想見未來將出現更多立場分歧和抗議行動。

　　2016 年大選的前幾天，《CBS 新聞》找了二十五位年輕選民進行團體訪問；其中一次的言辭交鋒尤其捕捉到了美國人在政治、社會觀點上的深刻分歧：有一位年輕的白人女性受訪者，很顯然在回應其他受訪者針對種族關係的評論，她說話時幾乎控制不住怒氣。「川普根本還沒進白宮，說他徹底撕裂我們的國家，製造了你們剛剛講的種族分歧，根本就不可能。」她這麼說。「在白宮待了八年的人是歐巴馬總統，而這段時間的美國種族關係比以往任何時候都要糟糕。看看執政的是誰───一個撕裂了這個國家的非裔美籍人士。」一位名叫理查‧盧卡斯三世的年輕黑人接著發言：「會說歐巴馬總統任職期間的種族

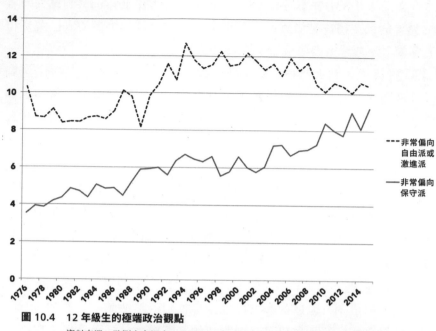

圖 10.4　12 年級生的極端政治觀點

資料來源：監測未來調查，1976-2015 年。

關係比以往都要糟糕，很明顯就是缺乏歷史深度的發言。美國本來就是建立在種族分歧上的國家，唐納‧川普那種帶著排他主義的言論，一直存在於美國社會。」他一面說著，目光一面移向旁邊，下巴繃得緊緊的。

　　這樣的分歧在大選之後更是變本加厲：i 世代（尤其少數種族）覺得自己被支持川普的年輕白人背叛了。對於某些人來說，原本相信自己這個世代應該能包容異己、接納不同的人，川普的當選無疑是對他們的一大打擊。蒂芬妮‧翁耶加卡是非洲移民的後代，就讀於約翰‧

第十章　跳脫黨派立場：新世代的政治
INDEPENDENT: POLITICS

霍普金斯大學的大學部；她投稿到《赫芬頓郵報》的一封公開信是這樣開頭的：「各位投給川普的千禧世代白人，你們好：……我想謝謝你們投票給這個怪物。不是因為我欣賞他，而是因為你們讓我發現了一件事：我簡直錯得離譜，竟然以為年輕白人在社會議題方面的想法多半都很進步。」[12] 她繼續寫道：「……我天真的小腦袋從來沒有想像過，18 歲到 29 歲的白人當中，竟然有 48% 投給了一個把種族歧視、性別歧視、仇外、恐同之類的觀念當成政見的候選人。」她在信末這樣署名——「一個出身千禧世代的黑人，現在不得不意識到：同年紀的白人有近半數認為我不配擁有基本人權。」

極化的現象更超出了偏激政治立場的範疇：從意識形態來看，政黨在整體走向上也漸行漸遠。兩個黨曾經一度都各有保守派和自由派，但如今共和黨只剩下保守派，民主黨只剩下自由派。有些人推測，政黨意識形態的極化只適用於「政治菁英」——已經當選公職、必須服膺政黨路線的政治人物；不過時至今日，這種極化現象確實已經體現在一般調查樣本（美國社會概況調查）中的美國成人，甚至立場尚未明朗的 12 年級生身上。政黨選擇和政治意識形態（自由派、保守派、溫和派）之間的相關性，如今幾乎每過一年就會更形緊密，甚至高中生當中也出現了同樣的情形。[13] 政黨和政治意識型態之間的關聯曾經相當薄弱，如今卻相當強大。我記得在 1980 年代聽過一個笑話：「支持共和黨的自由派人士就像獨角獸，根本不存在。」這種說法以前不盡然正確，現在卻已經是事實。

Pew 民調研究中心在 2016 年進行的一項民調發現，政黨間的敵意已經達到前所未有的水平。[14] 雖然共和黨、民主黨支持者認為對方「非常令人感到不快」的比率，在 1994 年分別只有 21% 和 17%，但到了 2016 年，兩黨支持者對另一方懷抱恨意的比率已經成長到 58%（共和

黨）和 55%（民主黨）。有 70% 的民主黨支持者把共和黨支持者形容為「封閉守舊」，用同樣字眼形容對方的共和黨支持者則有 52%。將近一半的共和黨支持者認為挺民主黨的人「沒有道德」；兩邊的支持者認為對方提出的政策「方向嚴重偏誤，以致威脅國家福祉」的比率，都超過了 40%。美國是一個分裂的國家；我們種下的因，i 世代只能概括承受結果。

大麻合法化、墮胎合法化、死刑、槍枝管制：
隨心所欲吧，愛自由意志之人

幾十年前，「毒品應該合法化」這種概念經常會引來眾人的訕笑。1980 年代，在我青春年少的時候，電視廣告會播出煎蛋的畫面，宣稱「這是你吸毒之後大腦的樣子」；第一夫人南茜・雷根（Nancy Reagan）會勸我們「向毒品說不」。現在情況已經不一樣了：娛樂用大麻在麻薩諸塞州、科羅拉多州、加州等地已經合法，醫用大麻也已經在其他數個州合法。

i 世代出生在用藥觀念更為現代，也更能接受大麻的極樂時代。他們支持大麻合法化的可能性，會比 X 世代在相同年紀時還要高，甚至會高過在 1970 年代經常嗑藥嗑到茫的嬰兒潮世代。2015 年支持大麻合法化的 12 年級學生比率，幾乎是 1980 年代同年級學生的兩倍；該年支持大麻合法化的大學新生和年輕人比率，更達到 1980 年代的三倍。2016 年 10 月的一項蓋洛普民調結果顯示，有 77% 的 18 歲到 34 歲年輕人士認為大麻應該合法化。

乍看之下，i 世代對大麻合法化的支持，似乎和他們對安全的關注有所牴觸。但正如第六章所述，i 世代認為大麻很安全的比率比較高，

且這種想法的普遍程度和大麻合法化支持度的發展趨勢一致（見圖10.5）。[15]

　　i 世代之所以支持大麻合法化，還有一部分原因在於認為政府不應該干涉個人的決定。2015 年，有一位 18 歲的 i 世代在接受 Pew 民調研究中心訪談時，表示大麻應該要合法化，「因為身體的自主權應該是屬於個人的，政府不該干預。」[16] 為大麻合法化推波助瀾的不是只有抽大麻的人。回想一下第六章的內容：i 世代即使自己不想體驗特定的自由，也會願意將這些自由擴及他人。身為代表千禧世代的年輕歌手，

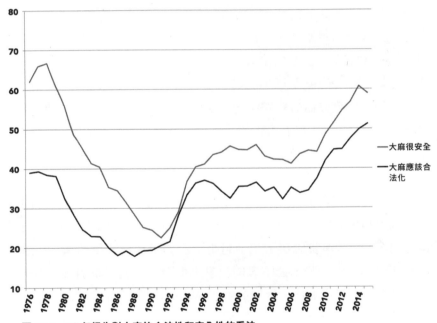

圖 10.5　12 年級生對大麻的合法性和安全性的看法

資料來源：監測未來調查，1976-2015 年。

凱西‧瑪絲葛蕾在她的其中一首歌裡是這麼唱的：「捲根大麻菸吧／不捲也行。」

「支持個人的選擇」這種想法，可能也是導致年輕人又開始支持墮胎合法化的原因。2014 年和 2016 年，在「女方出於任何理由而有此意願」（有時稱為「自願墮胎」）的前提下，有半數的 18 歲到 29 歲人士支持墮胎合法化，比率創下了歷年新高。大學新生對墮胎的支持度也在過去十年當中逐步提升，其中 i 世代的大學新生屬於「選擇派」（支持女性有選擇的權利）的可能性，比千禧世代的大學新生高（見圖 10.6、圖 10.7）。

我問了幾位 i 世代是否贊成墮胎合法化，還有應該在什麼情況下允許墮胎，他們全部表示「任何情況下都要允許」，也都提到了個人的權利。「我認為墮胎應該合法化，畢竟這種事最後還是要看女方的選擇。」21 歲的茱莉安娜這麼說。「她的人生由她自己決定，其他人對她的選擇不應該有支配權，因為會受到傷害的又不是他們。」有幾個人還提到了安全方面的問題；19 歲的綺莉寫道：「每一次的懷孕都有風險，不應該強迫任何人去承擔。懷孕可能會造成巨大的經濟、社交、情緒負擔，更會有身體方面的風險，沒有誰有資格可以叫別人**必須**承受這種重擔。」

也有越來越多的 i 世代質疑死刑的用處何在。如今，大學新生和年輕人認為應該廢除死刑的比率，已經是 1990 年代中期的兩倍（見圖 10.6、10.7）。「事實證明，死刑對美國的弱勢族群影響最大。」20 歲的莉莉表示。「一些不公不義的故事不但令人震驚，而且令人作嘔。更何況事實就擺在那裡，死刑並不能嚇阻犯罪。」

看到這裡可以發現，i 世代的想法有點像是自由理念的大雜燴：支持大麻合法化、墮胎合法化，加上支持廢除死刑。但他們追求的自由

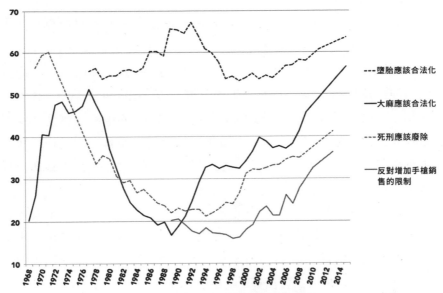

圖 10.6　大學新生對墮胎、大麻合法化、死刑、槍枝管制的看法

資料來源：美國大一新生調查，1968-2015 年。

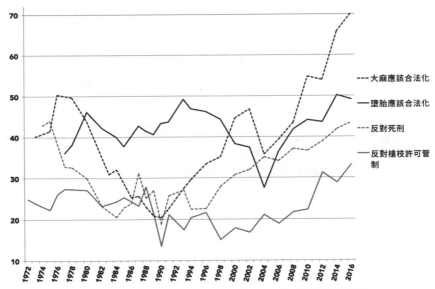

圖 10.7　18 歲至 29 歲人士對於墮胎、大麻合法化、死刑、槍枝管制的看法

資料來源：美國社會概況調查，1972-2016 年。

只到這裡為止：i 世代傾向反對槍枝管制，而這通常是偏向保守的立場。根據美國社會概況調查，2016 年反對槍枝許可管制的 18 歲到 29 歲人士的比率，是 1998 年的兩倍以上（見圖 10.7）。2013 年，不同意「聯邦政府應採取更多措施管制手槍銷售」這項描述的大學新生比率，達到了 1998 年的兩倍（見圖 10.6）。Pew 民調研究中心則發現，反對槍枝管制的情勢長期以來呈現出擴大化的態勢：2004 年以千禧世代為調查對象時的比率為 27%，到了 2015 年以千禧世代、i 世代為調查對象時，比率則為 47%。

對於健保制度的看法，則又是 i 世代政治觀點的另一項出人意表之處：以一般的 i 世代來說，對於國家健保制度的支持其實比千禧世代**還要低**。2013 年，有 39% 的大學新生不同意「需要一個全國性的健保方案來支付每個人的醫療費用」這項描述，高於 2007 年的 26%。

對環保議題的關注程度呢？雖然普遍認為 i 世代特別關心環境，但實際上來講，他們對於政府推動更多環境法規的贊同度**比較低**。嬰兒潮世代和 X 世代在相同年紀時，會傾向於認為解決環境問題是政府的工作（亦即同意「政府應該採取措施解決我們的環境問題，即使這代表我們目前使用的某些產品必須更換，甚至受到禁止」這項描述），i 世代則比較偏向認為環保是個人的工作（即同意「民眾必須改變購買習慣和生活方式，以導正我們的環境問題」這項描述；見圖 10.8）。

為什麼在其他議題上抱持自由開放態度的 i 世代，卻較為反對槍枝管制、國家健保制度和環境法規？既然 i 世代以崇尚自由著稱，上述看似有悖常理的政治觀點確實需要解釋清楚——這套思想體系中的不同觀念怎麼可能共存？

但這真的有可能：自由意志黨（Libertarian Party）就涵括了以上的觀點。自由意志黨主張個人優先，反對政府的法規管制。這個政黨和

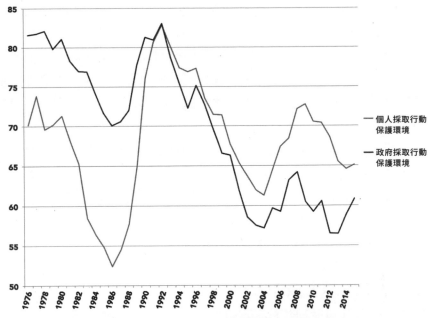

圖 10.8 12 年級生認為個人或政府需要採取行動保護環境的百分率
資料來源：監測未來調查，1976-2015 年。

i 世代一樣，支持所有人得享平等權利。他們支持墮胎、大麻合法化，立論的原則是政府不應該限制個人權利。出於同樣的原因，自由意志黨也不贊成限制槍枝，並反對政府制定環境法規。他們的理念在於：你們訂的法律別來干涉我的身體、我的東西和我的槍枝，讓我做我喜歡做的事。比起由政府制定計畫，自由意志黨更支持自由市場，因此他們也反對國家健保制度（他們在 2016 年提出的政見則更進一步，主張取消所得稅和社會安全保險）。在死刑的存廢方面，自由意志黨一度沒有特別偏向的立場，但現在已經表態反對，認為這是政府越界管理

的一個例子。

　　綜合上述可知，從本章探討的六個政治議題來看（大麻合法化、墮胎合法化、死刑、槍枝管制、國家健保制度、環境法規），i 世代在其中三項議題上的立場比過去幾個世代更傾向於自由派，在另外三項議題上的立場則較為保守。不過比起過去幾個世代，他們在這六項議題上的立場都更接近自由意志主義（Libertarian）。

　　這樣一來就都說得通了：i 世代理所當然會以個人至上的方式思考，而在政治的場域裡，自由意志主義在理念上最接近個人主義。自由派人士在平權議題上（例如同性婚姻）雖然也傾向於個人主義，但在社福計畫方面（例如政府資助的健保方案）則比較偏向集體主義。保守派人士對於社福計畫的態度偏向個人主義（認為個人為自己負責），但在平權議題方面更服膺於集體主義（認為傳統的角色定位比較好）。自由意志派人士在社福、平權兩方面的立場都傾向個人主義；自由意志黨在 2016 年的政治宣言中指出：「身為自由意志派，我們追尋的是一個自由的世界，一個所有人都握有自己人生的主權，不用被迫犧牲自身價值來成就他人利益的世界……我們所追尋的世界，是一個人人能以自己的方式自由追求夢想的世界，沒有政府或任何威權勢力的干涉。」以上這段話簡而言之，就是文化的個人主義。2017 年，24 歲的保守派政治評論員托米・勞倫（Tomi Lahren）與所屬的公司、在墮胎議題上持反對立場的 The Blaze 電視台發生糾紛，事發導火線來自她講的一段話：「我不能坐在這裡繼續虛情假意下去，說自己支持有限政府，卻又認為政府應該管女人要對自己的身體做什麼。離我的槍遠一點，也離我的身體遠一點。」她後來透過 Twitter 發文，回應那些批評她論點自相矛盾的聲浪：「我說的是實話……我永遠都會忠於自己，堅守我的信念……我的觀點包含了溫和派、保守派和自由意志主

義。我是人。我是擁有獨立思考能力的人，我永遠不用為了這點向任何人道歉。」勞倫的觀點可能不全然符合自由派或保守派的主張，卻和個人主義完全一致——而且以一個 1992 年出生的人來說，有這樣的思考方式一點也不令人意外。

i 世代崇尚自由意志、支持小政府的政治哲學，存在兩項重要的例外：i 世代、千禧世代相較於先前的世代，他們會更希望在大學教育和育兒這兩方面的費用由政府來支應。這項研究主題的長期資料還很缺少，所以我們只能仰賴沒有把年齡、世代因素區分開來的一次性民意調查。不過即便如此，得到的數字還是很驚人：i 世代、千禧世代與嬰兒潮世代相比，支持政府免費提供育兒照顧和學前教育的比率高了43%，支持大學免學費的比率更高了 70%（見圖 10.9）。

2016 年，美國 CNN 有線電視新聞網採訪了多位大學學生會主席；受訪者一致指出，學費是學生最關切的政治議題。馬里蘭大學東岸分校學生會主席塞斯‧瓦德（Seth Ward）表示：「現在學生面臨的最大問題是大學的學費和學貸——這些費用學生越來越負擔不起了，我們會因此不能繼續讀大學。」瓦德認為大學不應該完全免費；他說：「學生確實應該出一點錢，因為投入了一些東西，你才會更願意、也更有可能努力。」維吉尼亞大學學生會主席亞伯拉罕‧阿克斯勒（Abraham Axler）則說：「我認為我們需要免費的教育。這樣的意思是希望人人都免費享有四年的大學人文教育嗎？或許不是。（但是）每個過了 18 歲、已經從高中畢業的學生，都應該要能夠提升自己的能力。」

「公立大學免學費」是伯尼‧桑德斯在 2016 年參與民主黨總統初選時提出的主要政見之一；這可能就是他儘管年事已高，卻還能獲得年輕選民大力支持的關鍵原因。這裡提一件和世代有關的諷刺事實：嬰兒潮世代就讀大學的時期，有些州的公立大學（例如加州）還會開

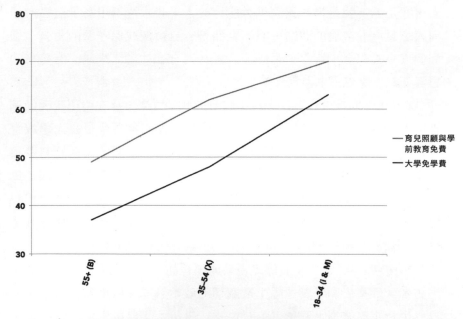

圖 10.9　同意政府應該資助教育計畫的百分率，依年齡群體區分 [17]

資料來源：蓋洛普民意調查，2016 年 4 月。

放該州居民免費就讀。加州很晚才引進學費制度，1970 年代才緩步開始徵收「費用」；這是時任加州州長努力不懈的成果，而那位州長叫做雷根。到了現在，美國幾乎每個州的公立大學學費漲幅都遠遠超過通貨膨脹率，使得千禧世代和 i 世代的大學生面臨金額龐大的學貸。

　　然而即使是自由派人士，也有一些人不同意 i 世代、千禧世代要求政府「免費」提供些什麼的想法。出身嬰兒潮世代、服膺自由派思想的喜劇演員比爾・馬厄（Bill Maher），在他的節目《馬厄脫口秀》中提到時下年輕人對前蘇聯沒有概念，竟然把社會主義和「帶薪休假

一個月、打赤膊的丹麥人」的形象聯想在一起。他細究 i 世代為何受到社會主義的吸引，並指出原因在於父母的接濟（「我們已經接受了新的常態：現在 20 多歲、甚至 30 多歲的人，可能還在用父母的手機方案和健保方案，車子的保險費搞不好還是爸媽在付。」），以及網路時代帶起的「一切都免費」風氣（「總結一下 40 歲以下族群覺得做什麼不用花錢：上班時間上網不用錢；去星巴克坐一整天，除了買鬆餅之外都不用錢；然後線上音樂、無線網路、避孕藥都不用花錢。難怪社會主義一出現，說很多東西都可以免費取得，他們就理所當然接受了」）。馬厄最後擺出經典的暴躁長輩架勢，用「還不快去找工作」的口吻給了年輕人一點建議：「我是出身嬰兒潮世代的人。我認為付錢買自己喜歡的音樂來聽，是天經地義的事情。你們不願意出錢，這不叫開創新局——你們充其量只是該掏錢結帳的時候會尿遁的那種人。」他又繼續說。「……難怪 Kickstarter 和 GoFundMe 這種募資網站現在會這麼紅。幫我募資？要募資自己去募啦。」

2015 年有一項民調的結果引發了媒體的高度關注：18 歲到 24 歲人士衡量社會主義和資本主義時，傾向支持社會主義的可能性略高（58% 支持社會主義、56% 支持資本主義）。[18] i 世代和千禧世代支持自稱社會主義者的桑德斯，似乎證實了這個概念能讓他們感到安心。多位觀察家認為，這是因為年輕族群不知道「社會主義」的真正含義——如果換個說法，詢問他們是否支持「經濟由政府管理」（社會主義的其中一項定義），支持的人只剩下 32%。

i 世代和千禧世代之所以受到社會主義的吸引，可能因為他們年輕（年輕人很少賺大錢），或者認為經濟體制對他們不利（正如第七章所述）。隨著 i 世代年紀漸長、收入開始增加，自由意志主義和社會主義思想的影響力是否還能如此強大，將是未來值得觀察的有趣課題。雖

然自由意志主義和社會主義是截然相反的兩種政治哲學（一個想要小政府，一個想要大政府），卻體現了兩個塑造出 i 世代的力量——他們的個人至上心態，以及對經濟狀況的憂懼。i 世代將來在經濟狀況方面的命運，最終可能決定他們的政治意向。

我就是不信任你們，也不想參與其中

2016 年 7 月，在費城一間餐館的座位區，大學生布里恩‧布坎南接受了 CBS 新聞記者的訪問。他是非裔美籍人士，穿著一件紅色、海軍藍相間的條紋 Polo 衫，蓄著鬍鬚。他跟很多 i 世代一樣，對大選抱有很多的疑問。「我們該怎麼做才能真正解決這個問題？」他問的是美國的現狀。「11 月來臨之前，候選人要怎麼做才能真正鼓勵（年輕人）出來投票——讓他們準備好要投下去，而且還會很期待？什麼因素能驅動我們去投票？我會這樣問是因為現在冷感的人還是很多。」

布里恩說得都沒錯——除了「冷感」這個詞稍嫌輕描淡寫之外。i 世代與政府的運作和政治過程已經相當疏離，而且他們對政府不滿意、不信任的程度，可能超過當代的任何其他世代。

i 世代對國家的現狀非常不滿意；12 年級學生認為教育、政府、新聞媒體、大型企業、宗教組織等體制運作良好的百分率，在 2014 年創下了歷史新低，低於水門案發生後、1990 年代的暴力犯罪高峰期，以及 2007 年到 2009 年的金融海嘯期間（見圖 10.10）。

「我覺得現在的美國政府做得不好；其實我覺得，他們根本是史上數一數二爛的政府。」20 歲的安東尼奧寫道。「我常看政治辯論和國會聽證會，可是我只看到一群不在乎我們國家的人，他們為了不讓對手得逞，竟然像愚蠢的青少年一樣大發脾氣；那些場合就跟戰場一樣，

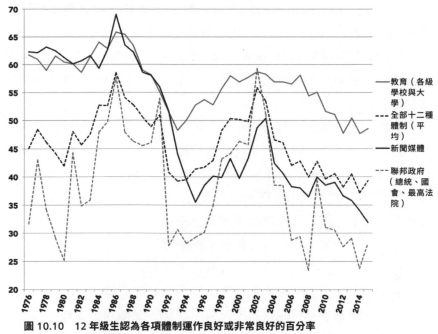

圖 10.10　12 年級生認為各項體制運作良好或非常良好的百分率

資料來源：監測未來調查，1976-2015 年。

兩邊在互鬥，只想讓對方先失敗。」

　　這樣想的不只有 i 世代：在美國社會概況調查中，各年齡層的成年人都出現了相同的趨勢。調查結果指出，受訪者表示對十三種體制（包括媒體、教育、醫療、政府等）的運作「非常有信心」的百分率，在 2014 年平均為 21%；這是 1972 年開始進行該調查以來的最低數字，而且了到 2016 年依然維持在低檔。這多少解釋了 2016 年這個瘋狂的大選年，不是嗎？

　　i 世代不但認為政府運作成效不彰，許多人也已經對政府失去信

任。12 年級生信任政府、相信政府是為人民服務（而非追求最大利益）、相信政府官員具備誠信的比率全部呈現下滑，而且三項指標都下探到歷史新低（見圖 10.11）。由於 12 年級生對政府的信任度呈現下滑已持續一段時間，千禧世代比先前幾個世代更信任政府的傳言等於不攻自破。

2016 年 10 月的一項民意調查發現，對信任度方面的類似描述表示同意的年輕族群，投票給希拉蕊的可能性比較低；這可能也是她在年輕族群內的支持度低於預期的原因之一。20 歲的羅根是這麼寫的：「我真的信不過政府裡的任何人，光看這次的選舉週期就很明顯了：政府裡幾乎每個有權力或地位的人，都已經被收買了。說這些政府的人做事不會明目張膽顧及自己的利益，我才不信。」19 歲的布莉安娜對此表示同意。「多數的政治人物沒有比罪犯好到哪裡去。他們只覬覦遊說團體的政治獻金，根本不在乎他們的選民。」她寫道。「有多少政治人物後來都成為遊說團體的一員，利用人脈賺到更多錢！看到今年是川普和希拉蕊獲得提名，就知道這個體制有多腐敗了。」

與先前幾個世代相比，i 世代對於政府的興趣也降低了。這個現象尤其有趣，因為在 1990 年代初期，12 年級生對政府的信心和信任度非常低，對政府的興趣卻很高。1990 年代初期，當時的 X 世代並不信任政府，也認為政府做得不好，卻對政府的運作很感興趣。i 世代既不信任政府，又對政府興趣缺缺，這是相當獨特的現象（見圖 10.12、圖 10.11）。或許 i 世代對政府的信任度太低，所以認為也沒必要對政府感興趣。21 歲的錢德勒就有這樣的感覺。他寫道：「我通常對政府事務沒有興趣，除非我有理由相信自己的生活會直接受到影響。我發現政治人物的腐敗，讓我對政府完全失去了興趣。」

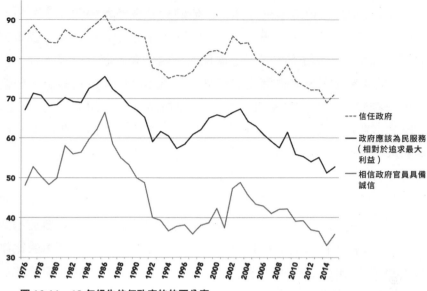

圖 10.11　12 年級生信任政府的的百分率

資料來源：美國大一新生調查，1968-2015 年。

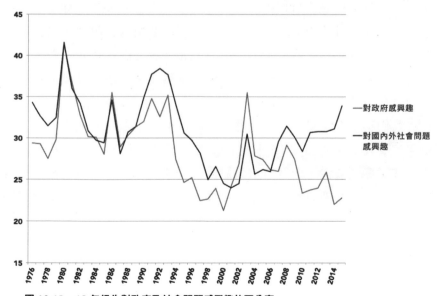

圖 10.12　12 年級生對政府及社會問題感興趣的百分率

資料來源：美國社會概況調查，1972-2016 年。

雖然 i 世代對政府不感興趣，但他們對社會問題的關注，還是比千禧世代多了一些。由此可知，i 世代對世界上發生的事情比較感興趣，但對政府比較沒有興趣。這兩種態度通常會一起升高或下降，但對於 i 世代來說，兩者已經沒有關聯（見圖 10.12）；這也顯示出他們不想和政府產生太大的關係。i 世代認為改革會來自個人，而非來自政府。不過針對大學生的調查倒是顯現了一線生機：2016 年的調查結果顯示，「持續了解政府事務」在大學生心目中的重要程度，來到了 1992 年以來的最高點。[19]

看到這裡你可能會認為，i 世代對社會問題和政治事務的高度興趣，應該會轉化為實際行動——例如寫信給國會議員，或者參加示威遊行。但 i 世代採取政治行動的可能性其實**比較低**：政治參與的比率在 2014 年和 2015 年達到了歷史新低，表示曾經或有意願寫信給政府官員、曾經參加示威遊行、曾經為競選活動工作或捐款的人都變少了（見圖 10.13）。布莉安娜表示，她確實會關心政治，但是沒有參與其中。「我只是覺得政治很吸引人，就跟有些人喜歡體育一樣。」她這麼寫。「我覺得政治上的權謀很有意思，但要把這種興趣化為行動的話，我頂多就只是看看文章，或在 Reddit 上發文而已。我不會參加抗議行動，也不會寫信給國會議員，我也不積極參與政治運動。我只會密切觀察，然後批評一下而已。」

我們稍早在本章認識了查理，也聽他解釋了為什麼他「以身為自由派、支持民主黨自豪」，不過他卻表示：「我從不曾寫信給政治人物，或者參與政治，因為政治太骯髒了。即使那些自稱自由派、支持民主黨的人，心裡也都有自己的盤算。我認為政治完全就是金錢遊戲……人生苦短啊，沒必要花時間去煩惱政治和政治人物的事情。」透過網路小測驗發現自己傾向自由意志主義的保守派的羅伯，則提到了

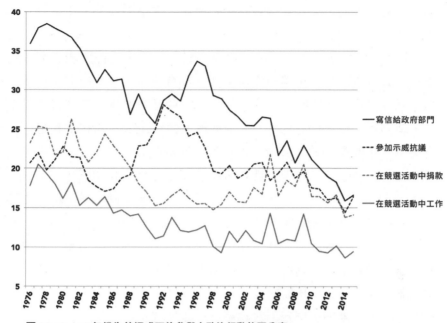

圖 10.13　12 年級生曾經或可能參與之政治行動的百分率

資料來源：監測未來調查，1972-2015 年。

i 世代不參與政治的另一個典型原因：安全。「看到桑德斯和川普的支持者在大街上瘋狂起衝突，我真的覺得不要參加任何活動或造勢比較好。」他寫道。

　　許多 i 世代對於自己有沒有能力影響政治或政府（第七章探討過的內控取向在政治層面的體現），都抱持懷疑的態度。12 年級學生認為投票或公民行動團體可以影響政府的比率，如今直逼史上最低點。i 世代比較有可能認為：反正又幫不上忙，參與也沒什麼意義。「我不參與（政治），因為又不能真正改變什麼。」21 歲的賈斯汀是這麼寫

的。「看看當初多少人相信伯尼‧桑德斯。那麼多人站出來挺他，結果贏的人還不是希拉蕊。」

那 i 世代投票嗎？與積極參與政治相比，投票是程度相對較小的參與方式，所以趨勢可能會有所不同。曾有一段很長的時間，據傳千禧世代（只比 i 世代年長一點的那群人）有可能衝高年輕選民的投票率，使其達到前所未有的水平，進而改變政治生態。這樣的轉變並沒有發生，不過微幅的上升確實出現：千禧世代在 18 歲至 24 歲選民人口中占大宗的時期，總統大選年的投票率比 X 世代在相同年紀時高了 2 個百分點。然而，千禧世代在千禧年總統大選的投票率，仍然比嬰兒潮世代在相同年紀時低了 3 個百分點（見圖 10.14）。

比較令人擔憂的現象在於期中選舉年的年輕選民投票率，呈現出穩定下降的趨勢。i 世代是 2014 年期中選舉的首投族，而當時的年輕選民投票率和 i 世代其他與政府有關的指標一樣，創下了歷史新低：i 世代在 2014 年期中選舉的投票率，比嬰兒潮世代在相同年紀時的期中選舉投票率低了 33%（此外也比 X 世代低了 22%，比千禧世代低了 18%）。和其他類型的政治參與相比，投票的下降幅度沒有那麼大，但 i 世代在 2014 年的首度投票，並未開出良好的結果。2016 年投票情形的初步結果顯示變化不大，年輕選民的投票率約與 2012 年的總統大選相同。

不當超級新聞迷

i 世代並不想和政府、政治有太多牽扯，也不相信參與政治會帶來什麼影響。但正如第六章所述，i 世代有時候即使不行動，至少也會打打嘴砲；他們即使不願意行動，也會吸收資訊。畢竟 i 世代可以獲取

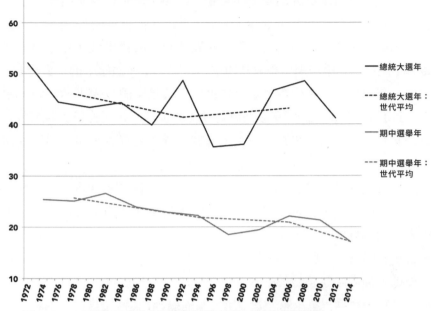

圖 10.14　18 歲至 24 歲人士在總統大選年及期中選舉年的投票率

資料來源：美國當前人口調查，1972-2014 年。

資訊的管道比過去任何世代都要多，包含網際網路、有線新聞頻道、廣播電台等。一般來說，「新聞迷」會從不只一個來源獲取新聞：他們會看電視新聞、看網路上的報導，也會收聽廣播，從不同的角度了解某條新聞。對新聞抱有高度興趣的人，也會更常攝取新聞。從這些衡量標準來看（攝取新聞資訊的頻率、來源的多樣性），i 世代消息靈通的程度，比起過去的世代遜色了不少。隨著時代從 X 世代過渡到千禧世代，再到 i 世代，8 年級和 10 年級學生經常獲取新聞，並透過多個來源關注新聞的的比率，從原先的四分之三下降到僅剩下二分之一。[20]

當然，會出現這樣的數據，可能是因為 i 世代只透過網路獲取新聞。但青少年關注新聞的比率，早在 i 世代之前就已經開始下降；甚至在網際網路還沒出現之前，青少年關注新聞的比率就年年呈現下降趨勢了。這代表透過網路獲取新聞並不是唯一正在醞釀中的社會趨勢。此外，電視新聞收視人數的下降幅度，大約是整體收視人數降幅的兩倍。對於 i 世代來說，網路新聞就是唯一的選擇。若能善用網際網路，或許它是很好的資訊來源，不過根據我訪談、調查青少年的經驗，問題恐怕在於很少青少年能夠如此。

我問來自加州的 18 歲大學新生索菲亞（我們在第九章中提過她）會不會上網看新聞，她露出了很困惑的表情。我又問她有沒有對什麼國內外大事感興趣，她反問我：「呃，譬如說什麼？」我再問她，如果瀏覽新聞網站，她會點開什麼樣的新聞來看？她說：「我不知道。」然後她就開始跟我聊她的心理學報告。來自明尼蘇達州的高中新生艾蜜莉（我們在第一章、第二章、第九章提過她），每天早上她都會和家人一起看電視新聞。但是我問她新聞網站的事情時，她竟然說：「我根本不知道有這種東西。」

在聖地牙哥州立大學的大一新生調查中，大多數學生表示他們對新聞「沒興趣」。「我不是超級新聞迷。」19 歲的馬里索爾寫道。「很多新聞都會讓人很沮喪。」另一位同學則指出：「我沒耐心看完新聞。」我訪談高中生的時候，問他們是否關注時事，最常聽到的回答是「如果課程有需要就會關注」。我問高三學生艾希莉（我們在第七章提過她）有沒有什麼國內外大事讓她覺得有趣，她也是一臉疑惑（她說：「嗯，不知道耶。你可以再講清楚一點嗎？」）。她說她的網路瀏覽器首頁是 Yahoo 新聞，但我問她會點開什麼新聞來看，她回答：「通常是我媽在看，然後她會告訴我發生了什麼事——通常是事故或重要

新聞之類的事情。」

　　政治冷感和政治極化的起源也許殊途同歸：網際網路。許多人寄望網際網路能開啟公民參與的新時代，使資訊蒐集、組織抗議行動變得更加容易。寫信給政治人物確實變容易了；大多數政治人物的網站上都有聯絡表單可以填。比起過去為了寫一封信，要上圖書館查地址，用打字機打字，最後還要寄出去，現在寫信並不難，卻比較少有年輕人會聯繫他們選出來的民意代表。i 世代正在尋找新的方式來推動社會改革——例如變更臉書大頭貼、加上象徵平權的符號，或者為了某個理念在 Twitter 的貼文裡加上主題標籤。他們可能不會走上街頭，但這種滲透到各個層面的醒悟能夠使一般美國人的想法開始改變，最終改變法律；美國聯邦最高法院的同性婚姻判決就是一項顯例，「黑人的命也是命」運動也在網路上廣泛受到關注。i 世代能在這樣的場域大放異彩：不採取傳統的政治行動，而是為了新議題傳達訊息。這樣做有時候能產生改變（例如同性婚姻），有時候則改變不了什麼（例如呼籲追緝國際戰爭犯的影片《科尼 2012》〔Kony 2012〕；雖然觀看次數達到數百萬人次，卻沒有催生出太大的行動）。

　　哪些類型的候選人會吸引 i 世代？如今已是網際網路的時代，加上 i 世代的個人主義特質，對於候選人首先會要求展現出真實的一面，亦即「做你自己」。i 世代希望看到表裡如一、不會為了迎合他人而改變想法的政治人物。這就是伯尼‧桑德斯能吸引 i 世代和千禧世代的關鍵，川普可能也是憑藉這一點贏得高人氣。「雖然你可能不同意伯尼‧桑德斯的政見，但至少會尊敬他的同情心和真性情。」麻薩諸塞大學學生艾米莉亞‧比格投稿到《麻薩諸塞大學報》（*The Massachusetts Daily Collegian*）的文章是這麼寫的。「……他這個人很真。他堅持自己的信念，而且不怕表達出來。他不會讓別人告訴他該

相信什麼……沒有人能左右他想說的話，或者內心的想法。」[21] 類似的評語也適用於唐納・川普；很多人欣賞他想說什麼就說什麼的敢言性格。共和黨會提名川普出馬競選，或許並不是巧合——他在世人眼中毫不掩飾自己，這樣的人最後在 2016 年勝選了；至於 2012 年共和黨提名的米特・羅姆尼（Mitt Romney），很多人認為他太過一板一眼，最後他無法贏得大選。

我可以預見將來的政治人物，大多都會像 Netflix 影集《紙牌屋》裡的總統候選人威廉・康維（Will Conway）那樣，以年輕、直率、隨和的特質吸引 i 世代的選民。其中一集裡面，康維在他家裡開直播、講話沒有看稿，而且看起來一派輕鬆。雖然事實證明他其實沒有那麼表裡如一，但至少他的形象是這樣。i 世代對傳統候選人的耐心比千禧世代還要低；在他們的眼中，這樣的人不誠實、不值得信任，而且還屬於他們不喜歡的龐大體制。

不過 i 世代仍然懷有堅定的信念，反映出美國整體在政治上的極化現象。網路文化的弊端在於，社群網站會加深個人與親朋好友的聯繫，讓想法相同的人更容易聚集在一起，進而使原本就偏向極化的觀點得到共鳴、更形加強。如此一來，會有更多美國的年輕人抱持強硬的政治觀點，願意多方獲知消息或實際參與政治的人卻會減少。我們可能會看見更多候選人訴諸名人光環，藉以博取 i 世代的關注，使名氣和浮誇空泛的政見成為選情領先的關鍵要素。嘗試吸引未來世代的新銳政治人物，不只必須迎合 i 世代極化的政治觀點和基於自由意志的價值觀，更要克服他們對政治不斷縮減的興趣——除非有人把政治人物做成迷因。

理解 i 世代，拯救 i 世代

13 歲的雅典娜正滔滔不絕地告訴我，她認為科技對她這個世代造成了什麼影響。她說，她跟朋友出去玩的時候，他們常常盯著手機看，就是不看她。「我嘗試跟他們講某件事情，可是他們就、是、不、看、我。」她這麼說著，最後幾個字還特別加重了語氣。「他們不是在看自己的手機，就是在看 Apple Watch。」

「你想跟別人面對面講話，結果人家都不看著你，這種感覺怎麼樣？」我問她。

「我覺得很受傷。」她說。「這樣很傷感情。我知道我爸媽那個世代的人不會這樣。我可能正在講某件對我來說超級重要的事情耶，結果他們根本沒在聽。」

她提到有一次她的某個朋友到她家裡來玩，她們面對面相處的時候，她朋友卻在傳訊息給男朋友。「我想跟她講我家人的事情，可是

她只會一直講：『喔，嗯，是喔。』所以我就把她的手機搶過來，往我房間的牆壁上丟過去。」

我忍不住大聲笑了出來。「你平常在打排球，你的臂力是不是很強啊？」我說。

「是啊。」她回答。

我覺得雅典娜的故事很有意思，因為她做過的事情，我們這一輩裡面也有很多人非常想做（雖然我們缺少她的氣魄和練過排球的臂力）。以一個 13 歲的青少年來說，雅典娜對於沒有網際網路的世界毫無概念，對於智慧型手機出現之前的年代也幾乎沒有印象。現在的這個世界，就是她唯一了解的世界——她卻不確定自己是不是想生活在這樣的世界。

在這裡，我想提出一些方法，讓 i 世代的處境能變得更好。為了達成這個目標，有必要在解決問題、接受現狀之間取得平衡。從古至今，文化的變遷都是一種權衡取捨的過程：事情的發展總是有利有弊。塑造出 i 世代的種種趨勢也同樣好壞參半，並且有一定的比率是「視情況而定」。有的時候，我會希望我們不要斷定任何的世代趨勢——趨勢就是趨勢，區分好壞沒有意義。但是身為父母、身為教育者，我也能理解有些人急於討論「這個問題該怎麼解決」的心情。有些趨勢的存在顯然不需要我們杞人憂天：喝酒、發生性關係、捲入車禍的青少年都越來越少了，我們可以拍拍自己（和青少年）的背——又度過了平安美好的一天。時下青少年的人身安全程度比以往任何時期都要高，他們與過去幾個世代相比，也比較不會做出高風險的選擇。雖然這種現象要歸因於青少年成長步調的放緩，而不是因為他們的心態整體轉趨成熟，但他們確實更安全了；這是無庸置疑的好事。

有的趨勢則比較令人擔憂：我們該怎麼保護我們的孩子，讓他們

在這個數位時代能免於焦慮、憂鬱、孤獨？體驗過獨立生活的青年學子越來越少，父母、大學該怎麼做，才能幫助他們緩解高中到大學這段過渡期的不適感？經營管理者該怎麼做，才能讓最新一代的勞動人口發揮最大的價值？

在本書的最後，我會探討一些未來可行的解決方法。探討的時候，我會盡可能多參考 i 世代自己提出的觀點，用來指出一條明路。很多 i 世代就跟雅典娜一樣，已經很敏銳地意識到了自己所在的這個獨特的數位時代的問題。主觀的詮釋和觀點在這裡會比研究資料更有用；針對這些已知的議題，有這麼多年輕人願意表達看法，對此我心懷感激。

放下手機吧

「自從我妹開了自己的 Instagram 和 Twitter 帳號之後，我們每次開車出門，她都不想講話，只會一直低頭滑手機，臉上閃著 4.7 吋螢幕發出的藍光和白光。」[1] 大學生瑞秋・沃爾曼（Rachel Walman）投稿到《麻薩諸塞大學報》的文章是這麼寫的。「我嘗試跟她講話，她只會心不在焉地用一兩個字回答我。我不怪她，畢竟我覺得心虛──我自己也會做一樣的事情。她這樣子反而讓我覺得悲哀：我們的網路生活竟然比現實生活還重要。」

i 世代沉迷於使用手機，他們自己也知道，而且很多 i 世代也明白這樣並不好。事情很明顯：大多數的青少年（和成年人）如果少花一點時間看螢幕，他們的生活會過得更好。在《美國女孩》一書中，作者南西・賽爾絲訪談了一位少女，她說：「社群媒體正在摧毀我們的生活。」[2] 南希問：「那你們怎麼不乾脆別用了？」那個女孩子說：「因為不用就沒有生活可言了。」

這本書介紹的研究，還有更多其他的研究都指出，給自己子女手機的時間點，最好盡量往後延。小學生的話不難理解——讓他們有自己的手機真的沒什麼道理。不過到了中學以後，小孩子會參加更多活動，也更有可能搭公車出門，許多父母為了方便和安全起見，會買手機給子女。但為了上述目的買的手機，不見得一定要是可以上網、傳訊息的智慧型手機。反之，家長其實可以買功能有限的手機給小孩子，例如以前那種不能上網，也沒有觸控螢幕的折疊式手機（代表打簡訊的時候如果想選字，要按同一個鍵好幾次才能選到——記得嗎？）。我朋友的兒子最近剛來我們家附近的中學就讀，她買了一支折疊式手機給他。等我家老大過幾年也要搭公車去讀中學的時候，我打算比照辦理——不過我還是會先觀察幾週，再決定要不要至少買支折疊機給他，畢竟小孩子早在手機出現的幾十年前就在搭公車了。我們會盡量延後買手機給他的時間點。

如果「班上其他人」都有智慧型手機，你的小孩也很想要，為什麼還不買給他們？有些人是這麼認為的：反正青少年終究會開始使用社群媒體，不如及早買手機給他們，但這種論點沒有考量青少年的早期發展和社群媒體之間的衝突。中學階段向來是青少年尋求認同的關鍵時期，也是霸凌層出不窮的一段時間，這些情況結合了社群媒體的影響，很容易讓問題擦槍走火、一發不可收拾。社群媒體使用和憂鬱症之間的緊密關聯，之所以在最年輕的青少年身上最為顯著，就是這個道理。年紀大一點的青少年因為比較有自信，心情受到社群媒體影響的可能性就比較低。考慮到網路上對性的強調（美臀自拍照充斥、對裸照的索求、用有性挑逗意味的 Instagram 貼文換按讚數等），晚幾年讓青少年面對這種壓力，其實也不無道理。如果他們就是想用社群媒體，有一個簡單的解決方法：幫他們註冊帳號，但是要用家長的電

腦。他們可以單純追蹤朋友的動態、聯繫約好出來見面的時間，但不會像將智慧型手機放在口袋裡那樣，可以時常拿出來做這些事情。零星的使用時間不太可能釀成危害；每天的使用時間超過兩小時，電子產品才會導致不快樂的情緒和心理健康問題。

如果你覺得這些限制未免也太食古不化，不妨往下看：有很多科技公司的執行長，對於子女怎麼使用科技產品都管得很嚴。2010 年末，《紐約時報》的記者尼克‧比爾頓（Nick Bilton）訪問了蘋果公司的共同創辦人史蒂芬‧賈伯斯。[3] 他問賈伯斯，他的小孩喜不喜歡 iPad？「他們還沒用過。」賈伯斯回答。「我們在家會限制小朋友使用科技產品。」比爾頓當時聽到這話大吃一驚，但他後來發現，很多其他科技專家也會限制子女的螢幕使用時間，包括 Twitter 的共同創辦人和科技雜誌《連線》（Wired）的前編輯。由此可見，即使是熱愛科技並以此為生的人，也會慎防子女過度使用科技。在《欲罷不能：科技如何讓我們上癮？滑個不停的手指是否還有藥醫！》（*Irresistible: The Rise of Addictive Technology and the Business of Keeping Us Hooked*）一書中，作者亞當‧艾爾特（Adam Alter）指出：「生產高科技產品的人士，似乎都會遵循毒品交易的基本原則——不要用自家產品用到上癮。」

許多家長都還在思考：以上這些事情真的需要擔心嗎？有些人認為，現在對於智慧型手機的各種疑慮，就跟以前我們對廣播、音樂專輯、電視，甚至小說等媒體的發展感到恐慌一樣。那種恐慌也許真的存在，但實在無關緊要。社群媒體、電子產品的使用和感到寂寞、不快樂、憂鬱的機率提高有關，也跟自殺風險的上升有關，這是相關性資料和實驗資料一致指出的結果；小說、音樂則與此無關。看電視跟憂鬱情緒也有關聯，而且嬰兒潮世代（第一個電視世代）確實比沒有

看電視長大的世代更容易憂鬱。不能只因為以前有過爭論，就認定某種觀點是錯的；事實證明，對於電視的「恐慌」某種程度上還算合理。因此，爭論以前有沒有「媒體恐慌」看來已經不重要了——我們的孩子是真的需要幫助。

還有一種看法認為，社群媒體和傳訊息是屬於時下青少年一貫的互動方式。這樣說也許沒有錯，但電子通訊和心理健康不佳有所關聯，人際間的面對面互動則和良好的心理健康有關。這兩種互動方式不能相提並論。

最後，有一種說法認為很多人（包括成年人）都喜歡社群媒體，所以社群媒體不可能有壞處。這顯然是不正確的看法：很多人也喜歡吃垃圾食物，但並不代表垃圾食物就對健康有益。請記住：社群媒體企業經營者的目標是獲利。每次推出新的應用程式，只要能讓青少年用到不想睡覺，進而流行起來，這些企業就會賺錢。只不過贏的是企業，輸的卻是我們的孩子。

女孩尤其首當其衝；她們是社群媒體的主要使用者，社群媒體所引起的種種心理健康問題，她們也是主要的受害者。家長、教師必須想想辦法，女孩們自己也要思考解決方法，因為社群媒體企業可不會幫她們想。「只要能衝高流量，社群媒體企業才不管事情會變得怎麼樣。」[4]《衝動型社會：得到我們想要的有什麼不對？》一書的作者保羅‧羅伯茲這麼說。「你女兒在用 Tinder？好喔，她只是在找朋友嘛。沒必要憤世嫉俗，沒必要覺得這種東西會毀掉女性——我只關心怎麼賺到下一個季度的獎金。」

我不是在建議青少年（或成年人）放棄使用智慧型手機（甚至社群媒體）。如果你或你家的青少年每天限定使用一小時，可能就沒有不良影響了。這些科技產物只要少量使用，確實有助於提升我們的生活

結論　理解 i 世代，拯救 i 世代
UNDERSTANDING—AND SAVING—IGEN

品質。只不過情況顯然已經失控：心理學期刊充斥著有關網路成癮的文章；許多青少年透過電子產品與朋友交流的頻率，遠高於面對面互動的頻率，這對他們還在萌芽的社交技能有什麼影響，目前還無法確定。我們已經知道的是，青少年出現憂鬱情緒和焦慮的比率以空前的速度上升，自殺人數更攀升到數年前的兩倍之多；螢幕使用時間很顯然需要縮短。

對於該花多少時間滑手機、看螢幕、用數位方式交流（並捨棄面對面互動），我們所有人（包括成年人）都必須有所節制。加州大學聖塔芭芭拉分校的學生梅莉莎・妮莉絲（Melissa Nilles），就以 i 世代獨有的方式傳達出這樣的現實。她在投稿到校刊的文章中寫道：「有一天晚上，我做了一個很可怕的惡夢：我跟我朋友沒有見面喝咖啡聊天，反而花了三十分鐘互傳訊息訴說我們的一天；我有問題想問教授，沒跟他約在辦公時間去找他談，反而在家裡發電子郵件問他。因為這樣，教授從頭到尾都不知道我是誰，不然如果想找人寫推薦信，他其實是很不錯的人選；在公車站，一個帥哥問我現在幾點，但是我忙著回訊息，結果沒注意到他；還有我花太多時間滑臉書，忙著追蹤一千多個『臉友』的動態，但是這群人我大部分都很少見面，而且很可悲的是，我發現自己一直在增加的只是好友『數字』，這樣子加好友也就沒意義了。喔，等等：這不是夢。這種科技導致的疏離，如今正逐漸成為現實。」[5] 她在文章中表示，科技「慢慢在破壞我們身而為人都需要的高品質社交互動。交三千個網友有什麼用？為什麼我們要一直傳訊息？這些事情對我來說太浪費時間了。多花點時間跟朋友見面相處吧。建立可以長久維持的關係，不要仰賴科技幫我們交朋友。」網路以外的生活更美好，這點連 i 世代都知道。

智慧型手機的使用小秘訣

　　對於家長來說，青少年對智慧型手機和社群媒體的情有獨鍾，恐怕勢不可擋。你家中的青少年總有一天要擁有智慧型手機，但這不代表一切都完蛋了。給青少年手機之前，可以安裝限制使用時間的應用程式；有好幾個應用程式可以做到這一點，其中有一些在你看這本書的時候可能還會改版；目前來說，有幾個應用程式可供使用，而且每個月需要的費用多半不超過幾美元。這些應用程式能限制瀏覽某些網站的時間、經過一定時間後鎖住手機，甚至有辦法完全關掉手機。雖然先給手機，再看他們能不能負起責任遵守使用規則，好像也是很值得一試的辦法，但最好還是先安裝控制程式，以免他們搶先一步改掉密碼，或者已經開始沉迷於社群媒體。這種事情太容易發生了，問問大人就知道——他們手機成癮的程度跟青少年相去不遠。設定限制是不錯的解決方法，因為這樣一來，青少年還是能知天下事，而且一樣可以跟朋友聯繫，但手機不會成為他們的生活重心。

　　還有一項重要規則：包括成人在內，任何人睡覺的時候，手機都不可以放在距離三公尺的範圍內。很多 i 世代和千禧世代告訴我，他們晚上幾乎都不會關手機，結果一整晚都被提示音吵到睡不著；還有人跟我說，他們雖然會把手機調成靜音，但睡不著的時候還是會想去拿手機，連三更半夜的時候也會這樣。這種睡眠模式並不健康：原因不只是手機發出的刺激訊號，還有手機的光線——我們由穴居人進化而來的大腦，會把這種光線誤認為陽光，導致促進睡眠的褪黑激素分泌減少，使人更難入睡。

　　如果用手機當鬧鐘怎麼辦？每個跟我聊過的青少年和年輕人都有這個習慣。很簡單：去買一個便宜的鬧鐘吧；至於會放出刺激訊號，

還會發出光線擾人入眠的手機，不如就放在房間的另一邊，這樣一來不管晚上睡覺或白天起床，手機都離你遠遠的。

　　如果你家中的青少年想註冊社群網站呢？如果規定他們只能註冊一個，該註冊哪一個好？根據大多數專家的說法，可以註冊 Snapchat。首先，青少年跟好友分享的「快照」，幾秒鐘之後就會消失；另外，他們只能跟自己的好友分享，而且必須選定要傳送分享的對象。因此透過 Snapchat 分享的內容並不會公開給更廣大的受眾，讓大家看到之後留言、「按讚」（或不按讚）——這是 Instagram、Twitter、臉書的運作模式。如果要分享給比較廣大的群眾，使用者可以把內容發表在「限時動態區」。不過即使是發布在限時動態區的內容，也只會留存二十四小時。

　　社群媒體應用程式的變化很快，所以你看這本書的時候，剛才的建議說不定就已經過時了。不過一般性的建議還是成立的：選用能發表簡短、私人性質貼文的社群平台，避免使用可以近乎永久地保存內容、發文性質偏重群體取向的社群媒體。意欲吸引大批觀看人數的貼文，會助長悉心塑造個人形象的風氣——為了拍出完美自拍照，結果一拍就是五十張；對於用字遣詞太過執著；發文只為了博取「按讚數」。以上這些對成年人來說已經夠傷腦筋了，如果影響到青少年，只會構成更嚴重的問題。Snapchat 也不允許使用者搜尋內容，這表示青少年偶然發現不當內容的可能性比較低。Houseparty 等新出現的「即時開聊」應用程式也很好用——這種應用程式的功能基本上就是視訊通話，可以三個人以上一起聊天，也可以讓青少年通話的時候看見對方。雖然不太能稱得上是「面對面」，但是跟大部分社群媒體提供的方式相比，已是最接近的方式了。

　　我們所有人（無論青少年或成年人）和他人面對面相處時，都可

以嘗試把手機放到一旁。有幾個朋友想出了一個很好用的規則：一起吃午餐或晚餐的時候，每個人的手機都要螢幕朝下放在桌子正中央，並開啟靜音模式；第一個去拿手機的人就要負責買單。我覺得這個規則應該也可以適用於大人。

《美國女孩》一書中訪談了一個 18 歲的女生，她完全放棄使用社群媒體——沒錯，但她還是有朋友。「有時候其他人聊天可能一聊就十分鐘，可是我因為沒看到他們在講的貼文或影片，結果就沒辦法加入，但是我寧可不加入。如果我想認識別人，我不要透過他們在網路上刻意營造出來的樣子，或者他們發的文來認識他們……知道瑪麗昨天在 Instagram 上發了什麼文，真的那麼重要嗎？如果我想認識瑪麗，我會打電話給她，約她出來玩。」[6] 這個女孩表示，她想不到任何一體適用的方法來解決使用社群媒體的亂象，但她最後是這麼說的：「社群媒體……不會帶給人圓滿的生活。人們用這種東西不是為了追求快樂，而是為了譁眾取寵。」

手機可以讓我們記錄生活，但是有的時候，手機也會妨礙我們好好體驗生活。如果想記住生活中的一切，你會透過智慧型手機的鏡頭，還是自己的雙眼？「現在不管走到哪裡都會遇見這種事。」[7] 喬治亞大學的大一學生亞歷山德拉·李（Alexandra Lee）接受校刊訪問時表示。「再也沒有人能做到親身體驗當下了。一有什麼風吹草動，就算不是真的很有趣，也會看到大家把手機拿出來，開始拍影片。」《華盛頓郵報》最近側面報導了一家人；這家人裡面年紀最小的孩子才 4 歲，經常跟家人商量平時要不要拍片發到 YouTube 上。想好好體驗自己的生活，不應該是用這種方式。[8]

放下智慧型手機對於學習或工作也至關重要。人腦沒有辦法一次完成多項任務：我們一次只能將注意力集中在一項認知任務上。如果

結論　理解 i 世代，拯救 i 世代
UNDERSTANDING—AND SAVING—IGEN

嘗試同時做兩件需要集中注意力的事情，我們必須讓注意力在兩件任務之間來回切換；這樣的運作需要時間，而且會讓所有動作都耗時更久。在社區大學攻讀資訊科技的馬克，對此表示同意：「為了專心讀懂大學的教材，真的沒有辦法一心多用。」他的讀書技巧是專心用功二十分鐘，「然後不管我在做什麼，我都會停下來，休息五分鐘。這段時間我會上臉書、Instagram、Twitter 看一下。接著我的另一個鬧鐘會響，提醒我『該繼續用功囉』。」我會稍微調整一下馬克的做法——如果你正在緊鑼密鼓地工作或念書，超過二十分鐘之後還是先不要停下來。等到你的注意力開始分散，或者覺得疲勞了再停下來，最多撐到四十五分鐘，然後就休息一下。不過他用五分鐘分心做其他事的原則還不錯；這樣一來，你應該就不至於太過投入社群媒體的世界，或點開一堆「為什麼好萊塢不找布蘭登・費雪拍電影」之類的網頁了。重點來了：如果想要工作或讀書，請務必把手機放到旁邊去，還要盡量遠離 Google 和電子郵件。如果不這樣做，你就會三不五時被鈴聲和提示音打擾，注意力也會被迫不斷來回轉移。想要一事無成地度過一整天，這就是最簡單的方式。

　　總結來說，使用手機的關鍵就在於節制——無論青少年或大人都一樣。你可以盡情使用手機的酷炫功能，但也要懂得適時放下手機，盡可能親身體驗當下的時光。如果有必要，可以使用應用程式幫你遠離社群媒體；劃分出讀書／工作的時段，在這些時段別讓手機打擾你。不要帶著手機睡覺，也不要把自己的裸體照片存進手機裡；手機並不是你的愛人。跟別人面對面相處時，不要一直分心去看手機；手機並不是你的知心好友。

「露奶照」、「露鳥照」與色情

　　原本就重視外表的青少年，會因為社群網站的影響而更加在意自己的體態——特別是與性有關的部分；女孩受到的影響尤其深刻。許多家長並不知道自己的孩子在網路上發表什麼內容，不妨從他們的 Instagram 貼文開始注意。父母需要和自己的女兒坦率對話，討論發表裸露照片的壞處。女孩絕對不可以在網路上放裸體照片，即使在 Snapchat 上也不行。雖然有人把裸體照片截圖下來時，Snapchat 應用程式會通知使用者，但這種行為根本無從阻止。如果有人收到裸體照片（無論透過社群媒體或訊息），不管想跟誰分享都可以。有些網站上會架設少女裸體照片的圖庫，這些照片往往會流入學校，就像星火燎原一樣。家長需要明白告訴青少年（甚至年紀更小的青少年）：對外發布自己的裸體照片絕對不是明智之舉。（青少年把這種照片稱為「裸照」〔Nudes〕，直接一點的就說是「露奶照」、「露鳥照」。）

　　教我這方面事情的人是 13 歲的雅典娜。她跟我講 Snapchat 的事情時，我問她：「你為什麼不讓他們截圖？」她說：「不好的照片當然不能截。」我又問：「譬如表情拍得不好看的嗎？」「不是。」她小聲說。「是裸照。」如果在網路上發自己裸體的照片，「卑鄙的人」會把照片傳給其他人看，而且「他們不會被抓到」，因為直接刪掉手機裡的照片就好了。只需要幾分鐘的時間，裸照就能在一所中學裡流傳開來。雅典娜告訴我，她 7 年級的班上有兩個同學，因為發布裸露照片被停學了兩週，但是被抓到的就只有這些人。講到這裡，我要再給青少年另外一個建議：如果有人要求你提供裸照，一定要拒絕。你也可以把一位 16 歲少女——瑞絲‧赫伯特的回應方式學起來：她傳了訊息給一個男生，說她要去洗澡了，那個男生回覆說：「哇，我想看。」[9]

於是她發了一張自己的照片給他——只照到脖子以上的部分，頭上戴著一頂彩色的雨傘帽。

　　家長還需要防止家中的孩童和青少年看到色情內容。由於色情內容在網路上的普遍性，以及電子產品的普及，晚近的兒童接觸到色情內容的年齡，有越來越年輕的趨勢。手機、平板電腦上即使裝了兒少不宜內容的過濾程式，也遠遠不到萬無一失的地步——以小學生來說，最好還是堅持讓他們使用 Kindle 之類的裝置；這類裝置連網路瀏覽器也沒有（雖然有觀看影片、瀏覽電子書等功能，但是都限縮在封閉平台當中，亦即某些人所稱的「圍牆花園」〔walled garden〕）。年齡較大的青少年也需要加以限制，或至少跟他們針對色情內容方面進行坦誠的討論。製作色情內容的企業和社群媒體企業一樣，目的都是賺錢，而他們的利潤往往來自帶有侮辱、侵害意味的性行為。這種影片拍的不是兩個彼此相愛的人發生性關係的熱情畫面，而是由演員真槍實彈拍攝性愛場面；這種拍攝內容往往相當不近人情，而且幾乎從來不會在其中寄寓情感。A 片所描繪的並不是成人之間的正常性關係，因此導致一整個世代的年輕人對性關係產生偏差的看法。根據大多數色情作品的內容，性關係只注重男性的歡愉，犧牲的往往是女性。

人際關係的短缺

　　多花一點時間和朋友面對面相處的青少年會比較快樂，也比較不會感到寂寞和憂鬱；花較多時間使用社群媒體的青少年則沒有那麼快樂，也更容易感覺寂寞和憂鬱。上網對於防止寂寞感和憂鬱情緒一點幫助也沒有，人際互動則相當有幫助。

　　由於面對面社交互動有諸多好處，家長也許需要改變想法，不能

再認為青少年一起出去玩是浪費時間。青少年和朋友在一起的時間正逐漸變少，但他們並沒有利用多出來的時間寫作業、從事課外活動、打工換取薪水，或者做家事，而是以使用螢幕的時間來填補空白。很遺憾，他們利用電子產品聯繫交流所花費的時間，實在難以替代面對面交流所獲得的情感聯繫和社交技能；這可能正是青少年罹患憂鬱症和自殺的比率上升的一大肇因。

　　許多家長認為青少年的面對面社交活動可能不太安全。我們都想保護孩子，也需要制定規則來管束青少年的行為。問題是許多家長限制了有諸多益處的活動（面對面社交互動），對缺少這些好處的活動（以電子產品聯繫）卻甚少加以管束。青少年使用電子產品互相聯繫時，在人身方面也許更加安全，但這樣的選擇可能犧牲他們的心理健康。家長的擔憂完全擺到了錯誤的地方。

　　一些研究已經指出，常與人面對面交流，且交流時沒有使用電子產品的青少年，會具備更優秀的社交技能，例如知道如何解讀他人的表情；這種研究未來會不會繼續出現還很難說。i 世代所成長的世界中，有越來越多的溝通交流都改以線上方式進行，但面對面的社交技巧必定能派上用場，畢竟人都會有約會、面試工作、與別人對話的時候。越來越常埋頭盯著電子產品、越來越少和朋友見面的 i 世代，未來會更難順利運用社交技巧。不過一切能力都是熟能生巧，所以各位家長：你家裡的青少年跟朋友出門其實並不是浪費時間，而是對未來的投資。

　　即使雅典娜只有 13 歲，她也已經意識到自己這輩子最熟悉的科技會帶來的後果。「我們不知道怎麼正常溝通。我們已經不知道怎麼像普通人一樣溝通交流了。」她說。「你覺得你這個世代的溝通方式，最後會不會變成常態？」我問她。「會。」她說。「到時候我們就找

結論　理解 i 世代，拯救 i 世代
UNDERSTANDING—AND SAVING—IGEN

不到理由離開沙發了。」

　　i世代和其他所有人：我們快離開沙發吧。

戰勝焦慮與憂鬱

　　「那天下午我坐在學校的大講堂裡，全神貫注地嘗試放慢我奔馳的思維，並讓自己平靜下來……我唯一想到的事情，只有一堆待完成的任務。其他幾十個微不足道的念頭趁機在我腦裡翻攪，想擴大自己的存在感，並在我的腦海裡怒吼出聲。這就是焦慮的感覺，而且一旦出現了就很難逃離。」[10] 凱特·萊迪（Kate Leddy）投稿到《麻薩諸塞大學報》的文章是這麼寫的。「……為了集中精神，我腦海中的諸多想法展開激烈的論辯；深陷其中的我意識到，這樣根本聽不到講課內容。所以我把東西收一收，離開了大講堂。我去了活動中心，在那裡跑了半小時的步；那天跑完步之後，我的身體彷彿獲得了額外的腦內啡。幾乎是一瞬間的事情：我感受到身體裡湧入一股新的活力，思緒也變得透徹、平靜。」

　　凱特那天的發現和已被研究證明的一項事實不謀而合：運動就是天然的抗憂鬱藥。史蒂芬·伊拉爾迪（Stephen Ilardi）是堪薩斯大學的臨床心理學家暨教授，他曾發表一場主題為「憂鬱是一種文明疾病」的 TED 演講。伊拉爾迪和其他研究人員發現，模仿我們穴居人祖先的生活方式，是預防、減少焦慮和憂鬱的最佳方法之一。他提出一項分為六個部分的計畫，包含曬太陽、運動、攝取富含 omega-3 脂肪酸的食物、避免不斷反芻過去（rumination）、充足睡眠、進行面對面的社交互動等。他的著作《憂鬱的療法：不吃藥就戰勝憂鬱症的六步驟計畫》（*The Depression Cure: The 6-Step Program to Beat Depression without Drugs*）納入了上述改變生活方式的具體建議。這些技巧多半都不用花錢，或者只要花很少的錢，不過確實需要時間加以應用。

　　時間去哪裡找？可能又要從手機著手了。我們回顧一下第三章關於螢幕使用時間和心理健康狀況的圖表：如果有一項活動涉及螢幕的使用，代表會和快樂情緒降低、憂鬱情緒升高有關聯。如果和螢幕使用無關——尤其若牽涉到面對面社交互動或運動時，代表會和快樂情緒升高、憂鬱情緒降低有關。平常就可以對自己（如果可以的話，對家中的青少年）實驗看看：在一週的期間內，減少一半的手機、網際網路、社群媒體使用時間，並利用這些時間和親朋好友面對面相處，或者去運動。該週結束之後，你非常有可能感覺更快樂。

　　當然，改變生活方式不一定對所有焦慮和憂鬱症的個案都有效，尤其是對於嚴重的個案。好消息是：心理療程會有效。一項權威研究顯示，憂鬱症患者如果接受心理治療，病情好轉的速度會比沒有接受治療的人快。抗憂鬱藥物可以產生相當好的效果，尤其適用於治療中度至重度憂鬱症。心理療程和藥物治療可以減輕痛苦，並挽救生命。問題是預算的困窘，往往讓患者難以尋求醫療資源，接受更進一步的心理治療。大學校園裡有一些具體的因應步驟似乎頗為合乎邏輯，例如廢除學生在校內接受治療的次數限制。設下接受治療的次數限制相當於告訴學生，如果他們太常生病，就沒辦法看醫生。如果大學願意面對心理健康問題，就要讓學生在一整個學年內都能接受常規治療。以寄宿制的大專院校來說，治療尤其需要在校園內進行。在辦公以外的時間也需要有醫療資源的挹注：許多學校的輔導諮商中心都在五點之後休息，因此晚間時段可以就醫的管道相當缺乏；這對心理疾病患者來說是最麻煩的問題。

　　中學生也需要更多幫助，但為了因應年輕族群及其人的需要，

美國的心理健康照護體系已經供不應求。隨著 12 歲到 17 歲青少年罹患憂鬱症的比率急速上升，這個問題未來只會更加惡化。父母應該意識到：即使是非常年輕的青少年（和兒童）也有可能出現焦慮情緒和憂鬱症；這是必須認真看待的問題。大多數人不得不費力地和健康照護的官僚機構打交道，等待很久之後才獲得約診機會，這也許就是青少年自殺率居高不下的原因之一。一般來説，及早治療絕對是有益的。心理治療師不只能在治療期間幫助孩子；他們還可以教導兒童和青少年應對的技巧，讓他們一生都能受用。

我希望第四章提供的資料能發揮最基本的功效，幫助説服那些認為心理健康問題一直沒有變化的人。該章提出的研究資料利用隨機抽樣、匿名回報等方式，比較過去與現在年輕族群的狀況；這樣的研究設計，避開了過往研究曾經出現且招致批評的問題。研究呈現出的趨勢也非常一致：寂寞感、憂鬱症狀、重度憂鬱症發作、焦慮、自殘、自殺事件的比率，自 2011 年以來大致呈現同步上升的態勢。i 世代正在大聲呼救，我們有必要好好傾聽。

緩慢的成長步調

越來越多的青少年離開高中之後，一直都沒有找到有薪的工作，或者自行開車、約會、發生性關係、嘗試喝酒等。這些趨勢是對當前文化脈絡的一種調適機制；換句話説，這些趨勢本身沒有好或壞之分，單純就是幾種趨勢的結合。

即便如此，這些趨勢帶來的影響相當深遠。時下的年輕人在成年獨立方面還沒累積足夠的經驗，就要紛紛進入大學和職場。對於家長來説，這表示子女會更常打電話回家，針對如何履行成年人責任徵詢

意見；家長也會更擔心年輕人還沒做好上大學、進入職場的準備。對於大學院校的學生事務專業人員來說，這代表對於不知道怎麼自理生活的學生，他們需要提供更多建議。未來會有更多學生在校園裡第一次喝酒，也會有更多學生在大學期間第一次體驗性行為或成年人的交往關係。因此，如今的青少年與前幾個世代相比，會在比較大的年齡時獲得這些代表長大成人的經歷——從許多方面來看，這都是正向的發展趨勢。不過他們也有可能遠離家庭，以及來自父母、老朋友的支持。這樣的現象將令校園內負責照應學生心理健康、生活的人員備感挑戰。

有過性經驗的青少年越來越少，也會為校園和其他場合的年輕族群性侵害防治帶來挑戰，因為缺少經驗的學生，可能更容易在熱力四射的大學裡管不住自己。好消息是：性侵害的發生率似乎持續在下降，不過仍然太高。許多相關事件發生時，學生正在邁向成年的第一步：大學新生遭受性侵害的可能性，是較年長學生的 2.5 倍。我們目前所處的文化當中，青少年觀看色情內容的情形比以往任何時期都嚴重，而且才 11 歲就會開始互相索要裸體照片——不過他們會等到年紀更大之後才發生性關係。豐富的性幻想經驗結合有限的真實經驗，可能構成不小的問題。

如果你是青少年的父母，而且希望子女上大學前能學著更加獨立，你有幾件事情可以做。第一，放寬宵禁以及和朋友出遊的規則；他會因此獲得社交技能，並且從這些經驗中學習獨立。第二，堅決要求子女考到汽車駕照；別再當「接送族」了。家長必須盡量把自己擔憂的心情拋諸腦後；如今的青少年開起車來，比以往任何時期的青少年都更注重安全，發生事故的可能性也低了很多，甚至收到罰單的可能性都大幅降低了。

其他的成人活動則比較屬於灰色地帶。學生課後打工的研究資料呈現出相當複雜的樣貌。出身弱勢背景的青少年似乎能從工作中獲得重要的利益，中產階級家庭子女所獲得的利益則沒那麼明確。許多青少年做的工作都不需要技術，工作流程偏向機械式；不過這些工作可以讓他們學習時間管理、責任感和社交技能，這些都是寶貴的學習經驗。由於如今讀大學的花費提高，青少年的工作所得或許能支付部分學費，並減輕他們未來的學貸負擔。

飲酒則是更為棘手的問題，至今仍沒有解決方案。越來越多年輕人進入大學時並沒有太多飲酒的經驗，就要正面迎接大學的狂飲文化。青少年應該要有在家裡安心喝到醉的經驗嗎？也許要，但縱容未成年人士飲酒畢竟不是最理想的做法。還有一種方法是和青少年討論現實情況，告訴他們大學生的派對是什麼樣子，以及怎麼保持安全。對於部分學生來說，不要喝酒可能才是最好的選擇。如今很多大學都設立了「禁菸、禁酒、禁毒」（substance-free）的宿舍，我預期未來會有更多大學提供這種住宿選擇。i世代比較願意接受他人的選擇，所以選擇不喝酒的大學生不見得會受到排擠。考量到狂飲的危險性，有時候其實「堅決說不」就是最好的建議。

有些人建議青少年在高中畢業後、進入大學前，可以空出一年的時間給自己，稱為「空檔年」（gap year）；這可能是解決大學生心理健康問題和成人經驗缺乏的一種方法。空檔年讓青少年有時間工作、旅行、去當義工，並獲得全面性的成長。2016年，由於歐巴馬總統之女瑪麗亞（Malia Obama）決定高中畢業後休息一年再入哈佛大學就讀，使空檔年的概念引起了全美關注。根據決定有一年空檔年的學生自己的說法，他們認為這段時間可以幫助到他們；在一項研究中，有一年空檔年的學生當中有73%表示，這段時間有助於他們為進入大學做準

備，57% 則表示這段時間有助於他們決定未來的主修科目。並不是每個人都適合有空檔年；那些已經決定接受大學教育，但需要一些時間成長，之後再進入大學的半成年世界的學生，最有可能從中受益（尤其是離鄉背井讀大學的學生）。身兼大學行政人員、研究人員兩職的喬‧奧沙（Joe O'Shea）和妮娜‧侯伊（Nina Hoe），檢視空檔年的資料後做出以下結論：對於許多學生來說，空檔年的好處多過於風險。他們在投書到石英財經網（Quartz）的文章中總結指出：「擴大實施空檔年的教育方針，將能夠幫助更多高中畢業生，讓他們先練好在個人、學業方面取得成功所需的技能，再進入大學就讀。」[11]

很安全，但並非毫無準備

我們的孩子比以往任何時期都更安全，這是我們所能想像得到的最好消息。但這種文化趨勢也不能免俗地開始走向極端，而且發展到不合乎邏輯的地步。對於安全方面的顧慮，可能也是青少年越來越少和朋友見面的原因之一——父母怕他們出車禍，還有其他很多危險。

安全一詞現在可以充當針對事件做出因應時的說詞，即使該事件其實並未牽涉任何人的安全問題。上個星期，我家小孩就讀的小學的校長，寄了一封電子郵件通知所有家長：據傳有初中學生在教學大樓的牆上畫了「褻瀆的字眼和納粹的卐字符號」。校長在郵件最後表示：「本校學生、教職員與家人的安全是此次事件的當務之急，在此感謝各位的努力配合，使本校與社區得以杜絕此種不當且令人反感的行為。」沒錯，郵件中提到的這種行為完全不能接受，但是用「安全」這樣的詞來包裝，就有點太超過了。整件事並沒有人受到威脅或傷害，提及安全問題只會讓情況激化。校方的目標應該改成這樣：教育那些闖禍

的年輕人，讓他們了解那些符號的真正意義，並查清他們為什麼要做這麼愚蠢的事情。像這種最不可能牽涉到安全問題的情況，卻提到了安全問題。2017 年的春天，阿拉巴馬州尤福拉高中的應屆畢業生布萊斯·曼恩（Bryce Maine），想帶他高齡 69 歲的祖母一起參加畢業舞會，遭到校長拒絕。[12] 校長還搬出了規定，申明參加舞會的人年齡必須在 20 歲以下。校長在一份聲明中指出：「學校管理者的眾多職務之中，保障學生與教職員的安全是首要任務，也是最重要的職責。在安全方面，我們絕不容許任何鬆懈。」校方向布萊斯解釋，這條規則存在的目的，是防止年長人士購買酒類給未成年學生——但他祖母不太可能做出這種事情。看來在目前的氛圍之下，連老祖母都成了不安全的存在。

上述的例子並不是單一個案。平常仔細聽聽看，你就會發現：幾乎發生任何事情時，「安全」都會被當成說詞或藉口，而且行政人員和學生都會拿來說嘴。我認為學校的管理者把「安全」當成理由或說詞之前，實在應該三思而後行，畢竟這樣說有可能讓情況火上澆油，而且會強化保護的概念——不能讓孩子遠離我們的視線範圍。在這樣的氛圍之下，我們的孩子第一次工作或上大學時（他們往往都會讀大學）就會感到害怕。如果我們別那麼強調安全，或許學生和同儕討論困難的議題時，也就比較不會退縮了。i 世代太害怕發生衝突了，所以如果有同學說了讓他們不高興的話，他們寧願去找行政人員告狀，也不願意自己去跟對方談個幾句。

如今對安全的關注不僅包括人身安全，還包括情緒上的安全。學校現在都推動了霸凌防治的計畫，不只要防止人身的霸凌，還要杜絕言語侮辱、嘲弄、謾罵等。霸凌的負面效應確實無庸置疑——事實上，學界第一批針對社會排斥（social rejection，一種霸凌形式）的影響所

進行的對照實驗研究中，有幾篇就是我共同執筆的。[13]

在我看來，採取步驟防止兒童遭到同儕霸凌，是早就應該實行的措施。不過另一方面，我也同意一些評論者的觀點：這種計畫有時候會矯枉過正，教導小朋友要把童年時期一些正常的相處點滴當成霸凌，甚至教他們要把那種受傷的心情視作身體傷害。許多反霸凌政策太過不著邊際、含糊不清，讓很多學生從此害怕任何人際互動。康乃狄克州西哈特福德市的艾肯小學把霸凌定義為導致學生「在身體或情緒上受到傷害」的任何交流或實際行為。[14] 校方的反霸凌政策做了相當仔細的定義工作，從學校雇員的身分到「行動電子產品」都提供了定義，卻沒有定義何謂「情緒傷害」。霸凌會造成情緒傷害，這是無庸置疑的事實，但還有其他較為模稜兩可的童年經歷也會造成同樣傷害，例如好朋友今天決定跟別人一起玩、常見的小朋友在操場上互嗆、為了遊戲規則爭吵等。依照反霸凌政策的制定方式，任何兒童只要傷害到另一名兒童的心情，無論有意或無意，都屬於霸凌行為。這樣可能會使兒童頻繁意識到產生負面情緒的互動情況，且害怕自己會成為受害者——他們聽說過，這種可怕的事情叫做「霸凌」。反霸凌計畫可能會帶來副作用，使 i 世代的兒童變成凡事害怕受傷的小孩。

心理學家尼克·哈斯拉姆（Nick Haslam）指出，如今對於「創傷」的判別標準幾乎包含了所有可能發生在某人身上的不利情況，營造出一種可能會誇大所牽涉之情緒的受害者文化。[15] 即使來到不久前的 1980 年，也只有「超出尋常人類經驗範圍」的事件，精神科醫師才會使用**創傷**一詞來描述。然而到了現在，官方的列表中已經涵括了更多種事件，就連外行人也會使用**創傷**這個詞來描述經歷，例如度過了不愉快的一天，還有看到支持某總統候選人的粉筆字（埃默里大學就發生這樣的事件：有人在校園內的人行道上用粉筆寫了「川普 2016」

（Trump 2016）的標語。引發部分學生抗議，大聲疾呼「我們很痛苦！」）。從 1965 年到 2005 年，在 Google Books 資料庫中，**創傷**一詞的使用次數增加了三倍。

許多 i 世代（以及較年輕的千禧世代）面對與他們意見相左的人時，會出現極度情緒化的態度。與其把這樣的經歷視為「創傷」，面對爭議觀點時嘗試討論、忽視，或以邏輯加以反證，應該都是比較好的做法。即使是種族歧視、性別歧視、恐同症、跨性別恐懼症的觀點，也是一樣的道理——這些觀點都能以合乎邏輯的論點加以辯駁。如果年輕人（以及我們這一輩的人）只用眼淚和表達不安的發言應對這種見解，事情並不會有什麼改變。如果能轉而堅持反對立場，我們才有可能摧毀這樣的觀點。歷史的潮流向來都是與偏見對抗；只要掀起論戰，往往都能獲得最後的勝利。

教室裡的 i 世代

i 世代很不一樣；大學的教職員和行政人員已經開始注意到了。以前千禧世代總是充滿樂觀、自信，以及強烈的權利意識，昂首闊步地走進大學校園。當時教職員遇到的學生都認為只要上課有到就可以拿 A，而且往往對成績斤斤計較，認為自己有權利獲得特殊待遇。i 世代的面貌就很不一樣了：他們在全球金融海嘯的陰影下成長，自我期望比較低，自戀程度和權利意識往往也較低。i 世代比較悲觀，自信心也不如千禧世代；這一代的學生更願意努力，也不太會吵吵鬧鬧地質疑他們的成績。從另一方面來看，i 世代比較不敢在課堂上發言和發問——他們害怕自己講錯話，對自己的見解沒什麼信心。（2017 年，麥格羅—希爾教育集團針對六百多名大學教職員進行民調，其中有 70%

表示學生發問的意願、課堂參與的踴躍程度都比五年前低。）想讓他們積極參與課堂，需要更多安心的感覺和信任。

　　身為第一個完全在後網路時代出生的世代，i世代很習慣自己查資料。但這不表示他們就不聽課，因為他們也非常渴望在課堂上有出色的表現。我曾經對學生進行意見調查，問他們希望怎麼度過上課時間，大部分的人都說只要課堂內容傳達的資訊對考試成績有幫助，他們對於聽課就沒有意見。他們喜歡討論，但不希望討論占用太多時間，讓他們沒有足夠時間學習考試會考的教材。話雖如此，上課內容保持有趣還是很重要。i世代看的線上影片很少超過三分鐘，而且每隔幾秒就會交替使用不同的手機應用程式。要在課堂上吸引i世代的注意，往往需要配合他們短暫的注意力持續時間，在講課、討論、放影片、示範等環節之間切換。i世代對權威的接受程度比千禧世代高，但如果缺乏課程參與或至少看幾支影片，他們也一樣會在課堂上睡著。

　　i世代上大學前，在書本閱讀（甚至長篇雜誌文章）的經驗也嚴重落後。為了彌補閱讀素養的差距，出版商正著手把教科書電子化，輔以影片、互動式圖表、內建小測驗等要素──這些都是吸引i世代注意的絕佳方式。我也認為，教科書不能再以太過鉅細靡遺的方式涵蓋過多的主題。我的朋友凱特·卡塔尼斯（Kate Catanese）在凱霍加社區學院教心理學，她注意到這個世代不太願意看書。「我的學生有一次抱怨說我讓他們讀太多東西，那一次的讀物是八頁的熱門新聞報紙文章，是有點太長沒錯，所以沒辦法讓他們保持專注。」她這樣告訴我。對於這樣的抱怨，我不會建議教師從善如流；學生終究需要學習閱讀長篇文章。不過，我們還是有必要迎合他們的學習需求，把教學的範圍稍微縮減一點，往往就是最佳的折衷方案。凱特在課堂上就採用了這種方法。「我開始以課程的深度取代廣度，這樣子學生真的比較願

意接受。教一些很酷的東西就好，其他東西都可以略過。」她説。我認為教科書也應該採取類似的方法——涵蓋最重要的一些主題，內容足夠詳細，讓學生可以從不同面向了解各種議題，但省去冗長的一連串主題和太過詳細的內容，以免讓他們無聊到掉淚。書籍經常改版也很重要，至少每三年改一次。舉例來説，高中課本每十年才改版一次（如果有改版的話），這會讓 i 世代認為書籍不能盡信，因為內容都已經過時了。十年這樣的時間在很多領域已經足以產生徹頭徹尾的變化。過時的書籍會讓 i 世代重新回歸網路，這樣下去他們還是無法學會如何閱讀長篇文章。能夠更頻繁更新的電子教科書是解決這個問題的其中一個方式。

　　由於 i 世代會在網路上大量學習，最重要的課題之一就是如何判斷內容。隨著「假新聞」在 2016 年大選期間充分展現影響力，許多人現在很難辨別網路上消息的真偽。i 世代需要學習如何查證來源，並了解如何評估證據。許多高中已經開始教授這樣的課程，但這種類型的批判性思維必須貫穿 i 世代的教育過程，並在幾個特定領域列為學習重點。舉例來説，應該教導主修自然科學、社會科學領域的學生，去了解具有同儕審查制度的期刊文章，與基於分析部落格內容或數百人調查結果所寫成的文章，比較兩者在發表標準上的差異。學生也需要了解實驗對照組和代表性抽樣的重要性；這些議題在行銷、人力資源、新聞、政治等領域都會出現，不僅限於學術界。

　　i 世代延續了千禧世代發起的趨勢；他們比起前面幾個世代更重視外在價值（具體結果），比較不重視內在價值（活動本身帶來的樂趣）。i 世代的學生擔心自己無法在競爭激烈的世界中取得成功，害怕自己在這個貧富差距日漸擴大的現實之中，會落在「貧困」的那一端。i 世代務實、認真、充滿渴望，比起學習的樂趣，他們更看重考試成

績。他們上大學的目的是為了找到更好的工作，賺到更多錢，不見得是為了提升自己的心靈。對許多出身嬰兒潮世代、X世代，甚至千禧世代的教職員來說，這樣的 i 世代是他們難以接受，卻也無可奈何的，畢竟這些老一輩的教師都熱愛自己教的東西，當然也希望他們的學生能喜歡。在我的課堂上，我會至少撥出一些時間進行討論，嘗試平衡這種世代之間的差異；我通常會詢問學生的個人經驗，以及他們如何理解教材。即使我知道很多學生只想要分數，但我還是希望他們注意到，這些內容如何幫助他們了解自己身處的世界。大多數班上的學生也發現，這樣的討論可以幫助他們記住教材的內容——雙贏局面就此形成。

雇用 i 世代——以及讓他們留下來

i 世代目前已經是大學畢業生當中的主要族群。一些企業才剛開始了解千禧世代的職場思維，現在又要試著了解 i 世代。幸運的是，第七章的研究資料為了解 i 世代提供了很好的途徑，而且比起在十年前想了解千禧世代，只能靠早期的一次性意見調查和道聽塗說的傳言，如今關於 i 世代的資料在準確度上好了許多。現在，在 i 世代步入職涯開端的同時，由於一開始就有明確的資料可供參考，我們馬上就能掌握這個世代的樣貌。

第一批雇用 i 世代的經營管理者來自服務業，例如餐廳、零售店面等。許多人很快就發現 i 世代不知道怎麼撰寫履歷，但是非常擅長製作影片（這很合理，因為他們書讀得很少，社群媒體用得很多）。有些企業會利用 JobSnap 等應用程式徵才；這種應用程式要求 i 世代的求職者製作一支短片介紹自己，藉以代替履歷。雇主可以根據影片內容

篩選求職者；以許多入門層級的服務類型工作來說，影片比較能呈現出職缺所需要的特質（例如良好的語言、社交能力等）。此外，由於 i 世代只能用自己的手機提出求職申請，管理者應該可以在更多優秀的人選中做選擇。

總體來說，i 世代的到來對管理者而言是好消息：i 世代和千禧世代相比，更願意專注在工作上，對於努力所能獲得的成果也抱持更為現實的態度。i 世代想要良好、穩定的工作，並且渴望證明自己。與一般的看法相反，他們並不想當創業者——事實上，他們和先前幾個世代相比，想要擁有自己的事業或成為自雇者的可能性**比較小**。這代表 i 世代的人才會在業界待價而沽，只等伯樂前來發掘。i 世代和千禧世代相比，權利意識和自戀程度都比較低，對自我的期望也偏向溫和穩健。他們自己在五年內成為公司執行長的期望比千禧世代要低，對於高報酬、低工作量的期待也較低。i 世代沒有過高的自信，而有較佳的工作倫理。他們的缺點在於年輕員工焦慮、猶疑不定的比率偏高，求好心切但害怕犯錯。i 世代比較有可能為了及時完成提案而投入額外心力，但對於是否能夠成功的信心不足。千禧世代需要讚美，i 世代則需要安心感。由於成長的步調緩慢，許多 i 世代也比較不獨立；在獲得詳細的工作指示之後，他們往往還會需要更多引導。與千禧世代共事時學會了當啦啦隊的管理者，在面對 i 世代時會發現他們自己更接近心理治療師、人生導師或父母的角色。

怎麼幫助 i 世代投入工作？補償機制是一大關鍵。收入不平等的現狀導致 i 世代擔心無法成功的心理根深蒂固，他們甚至比千禧世代更有可能表示「經濟狀況變得富裕」很重要。他們往往扛著驚人的學貸債務；他們對彈性上班和休假也有興趣，不過沒有幾年前的千禧世代那麼在意。

i世代和千禧世代一樣，希望自己的工作有明確的職涯進路，讓他們可以順利升遷，而且最好能快一點。考量他們的升遷時間表時，不妨劃分出較多的時間分段；不要規劃每兩年一次的大幅升職，反之可以用每六個月一次、合計四次的小幅度升遷作為目標。對於這個使用Snapchat的世代來説，六個月的感覺就像六年。給i世代意見回饋時，頻率可以拉高，不一定要每年績效評估的時候才給意見。由於i世代的注意力持續時間較短，也比較沒有耐心，他們對於針對特定工作、言簡意賅的意見回饋反應最好；盡量避免著眼於長期績效的冗長評語，給他們的意見回饋要盡量保持簡短，並切中要點。此外，雖然i世代缺少千禧世代過度膨脹的自信，但他們仍然是高度崇尚個人主義的一代，關注個人發展和自我定義。他們希望身為個人能夠產生影響，不甘於只當企業裡的一顆小齒輪。某些企業已經開始允許員工自己選擇職稱，並自行定義職涯進路。這樣的選項能同時吸引千禧世代和i世代，因為能否被視為獨特的個體，是他們共通的關注重點。

　　多使用安全這個詞，或者多強調你營造出的「安全環境」。i世代比任何一個世代都還要重視安全，這些言詞不只是安慰，更是他們對職場的期望。他們希望能感到安心、受到保護——不只身體上，還包括社交方面和情緒方面。i世代的意思不是要你把他們當寶貝疼愛（你應該帶領他們進入狀況，適應商場的現實），但比起千禧世代，他們確實需要別人更溫柔的對待。記得隨時強調自己願意幫助他們，而且會跟他們站在同一陣線；你給他們的意見回饋，都是為了幫助他們成功。（尤其要常説：「我希望你能成功。」）批評時措辭也要謹慎，才是提升績效的最佳途徑。

　　許多招募年輕大學畢業生的企業，已經開始讓家長參與招募和入職培訓。我預期隨著i世代逐漸加入職場，這個趨勢還會持續下去，

甚至會更形擴大。i世代和千禧世代相比，長大成人的步調較為緩慢，而且培育他們的大學院校都越來越注重安全和保護。發現以下事實請不要太震驚：你的年輕員工需要建議的時候，可能會跑去問父母；有時候他們看起來更像18歲的孩子，而不像22歲的成年人。依照嬰兒潮世代和X世代的標準，基本上他們就是孩子。

　　i世代為職場上的交流帶入了全新的型態。很多i世代不明白：明明傳訊息比較快，為什麼還有人要發電子郵件。在《我們是Z世代：身份認同、態度、觀點如何塑造我們的未來》（*We Are Generation Z: How Identity, Attitudes, and Perspectives Are Shaping Our Future*）一書中，16歲的作者維維克·彭迪特（Vivek Pandit）這麼寫道：「有一陣子，我以為人家說的email的意思是snail mail（snail是蝸牛的意思，意指這種郵件很慢）。後來我才發現snail mail指的是用紙筆寫的郵件，要好幾天才會寄到。那種郵件我之稱為『古老的郵件』（ancient mail）。」甚至連傳文字訊息可能也快要落伍了：隨著Instagram、Snapchat的普及，i世代開始大量仰賴視覺圖像，而非用文字交流。i世代會用表情符號、圖片、影片剪輯來交談。各個組織最終可能都會把溝通方式調整i世代習慣的方式，不過在這一刻來臨之前，很多i世代員工需要有人教他們怎麼和老一輩的同事、客戶進行最有效的溝通；換句話說，得告訴他們表情符號和影片要慎用，也不要太常傳圖片。很多嬰兒潮世代不一定知道每個表情符號的意思；X世代在應該收到email的時候卻收到影片，他們也不見得會高興。i世代也需要調整他們的注意力持續時間。上班要閱讀長篇文字、打長篇大論的報告，這想必會讓i世代苦不堪言；這種溝通方式帶給他們的負擔，會比千禧世代和X世代更沉重。i世代一輩子都用簡短的片段訊息互相交流溝通，一頁頁的純文字並不是他們熟悉的溝通方式。

i世代還會把敏感警告、安心空間、微侵略的概念帶入職場。如果你手下有員工（可能是較年長的那些）對於種族、性別、性傾向或跨性別議題缺乏意識，你的新進i世代員工很有可能對此頗有微詞，覺得自己受到了微侵略。在未來的幾年內，企業員工可能會開始要求在職場建立安心空間。也會有越來越多員工在開會時情緒失控，只因為聽到跟他們不同的意見。隨著年紀漸長，i世代會開始學習適應職場的現實，但職場也會為了迎合他們而調整——以未知的方式。

i世代的未來何去何從？

我花了三年的時間撰寫這本書，繪製了數十張折線圖，閱讀校園報刊，還在深度訪談裡聽到了很多年輕人分享的故事和觀點；我意識到了這一點：i世代很害怕，甚至覺得恐懼。這個世代成長步調緩慢、從小重視安全、懼怕收入不平等所帶來的影響，他們在青春期這個階段最主要的社交活動，就是盯著一面長方形的小螢幕猛瞧，被螢幕另一邊的人喜歡或拒絕。在他們手中的電子產品不但延長了他們的童年時期，更隔絕了他們與人類的真實互動。影響所及，他們成為人身安全程度最高的世代，也是心理素質最脆弱的世代。他們比千禧世代更專注於工作，也更有現實感，牢牢地把自己所需要的抓在手裡，然後努力追求成功。他們非常有包容心，在平權、心理健康、LGBT權利方面都帶來全新的意識，並揚棄傳統宗教等體制。i世代能立於堅實的基礎上，憑藉務實性格和天生的謹慎心態追求成功。如果能夠瀟灑擺脫經常黏著不放的手機，抖落名為恐懼的沉重披風，他們仍然可以展翅高飛。而我們都會在一旁看著，為他們加油吶喊。

註釋

序章　誰是 i 世代，以及我們從何得知？

1　Sales, N. J. (2016). *American girls: Social media and the secret lives of teenagers*. New York: Knopf.

2　Twenge, J. M. (1997). Attitudes toward women, 1970–1995: A meta-analysis. *Psychology of Women Quarterly* 21, 35–51. Twenge, J. M. (1997). Changes in masculine and feminine traits over time: A meta-analysis. Sex Roles 36, 305–325. Twenge, J. M. (2000). The age of anxiety? Birth cohort change in anxiety and neuroticism, 1952–1993. *Journal of Personality and Social Psychology* 79, 1007–1021.

3　Twenge, J. M. (2006). *Generation Me: Why today's young Americans are more confident, assertive, entitled–and more miserable than ever before*. New York: Free Press. Twenge, J. M. (2014). *Generation Me: Why today's young Americans are more confident, assertive, entitled–and more miserable than ever before*. 2nd ed. New York: Atria Books.

4　Juliet Lapidos. Wait, what, I'm a Millennial? *New York Time*s, February 4, 2015.

5　Bruce Horovitz. After Gen X, Millennials, what should next generation be? *USA Today*, May 4, 2012.

6　Neil Howe. Introducing the Homeland generation. *Forbes*, October 27, 2014.

7　Josh Sanburn. Here's what MTV is calling the generation after Millennials. *Time*, December 1, 2015.

8　Twenge. Generation Me. The term iGen is used on p. 6 in the April 2006 hardcover edition, as well as in the 2007 paperback edition. I also mentioned the term *iGen* in the Q&A on the Generation Me web page and named my consulting firm iGenConsulting.

9   關於這些調查的更多細節及調查方法，請見 Appendix A: http://www.jeantwenge.com/wp-content/uploads/2017/08/igen-appendix.pdf。

10   如果你對這些趨勢在這些群體中的樣貌感到好奇，我將這些圖表放入附錄中，並加以分析，歡迎參看：http://www.jeantwenge.com/wp-content/uploads/2017/08/igen-appendix.pdf。

11   U.S. Census data, Current Population Survey.

第一章　不著急：慢吞吞長大

1   Sales, N. J. (2016). *American girls: Social media and the secret lives of teenagers*. New York: Knopf.

2   Twenge, J. M., & Park, H. (in press). The decline in adult activities among U.S. adolescents: 1976–2016. *Child Development*.

3   See Appendix B: http://www.jeantwenge.com/wp-content/uploads/2017/08/igen-appendix.pdf.

4   Brandon Griggs. "A real slice of time": Scenes from a 1970s roller rink. CNN.com, October 6, 2016.

5   An approach called: Ellis, B. J., Del Giudice, M., Dishion, T. J., Figuerdo, A. J., Gray, P., Griskevicius, V., Hawley, P. H., Jacobs, W. J., James, J., Volk, A. A., & Wilson, D. S. (2012). The evolutionary basis for risky adolescent behavior: Implications for science, policy, and practice. *Developmental Psychology* 48, 598–623. Mittal, C., & Griskevicius, V. (2014). Sense of control under uncertainty depends on people's childhood environment: A life history theory approach. *Journal of Personality and Social Psychology* 107, 621–637.

6   See Appendix B: http://www.jeantwenge.com/wp-content/uploads/2017/08/igen-appendix.pdf.

7   Governors Highway Safety Association. Teen and novice drivers.

8   See Appendix B: http://www.jeantwenge.com/wp-content/uploads/2017/08/igen-appendix.pdf.

9   Kelly Wallace. Maryland family under investigation for letting their kids walk home alone. CNN.com, January 21, 2015.

10   Peter Moore. Little interest in "free range" parenting. YouGov, April 20, 2015.

11   See Appendix B: http://www.jeantwenge.com/wp-content/uploads/2017/08/igen-appendix.pdf.

12   Catey Hill. American teens don't want to work. MarketWatch, August 4, 2014. Catey Hill. Sasha Obama aside, fewer than one in three American teens gets a summer job. MarketWatch, August 5, 2016.

13   See Appendix B: http://www.jeantwenge.com/wp-content/uploads/2017/08/igen-appendix.pdf.

14   See Appendix B: http://www.jeantwenge.com/wp-content/uploads/2017/08/igen-appendix.pdf.

15   See Appendix B: http://www.jeantwenge.com/wp-content/uploads/2017/08/igen-appendix.pdf.

16   See Appendix B: http://www.jeantwenge.com/wp-content/uploads/2017/08/igen-appendix.pdf.

17   Jager, J., Schulenberg, J. E., O'Malley, P. M., & Bachman, J. G. (2013). Historical variation in drug use trajectories across the transition to adulthood: The trend toward lower intercepts and steeper, ascending slopes. *Development and Psychopathology* 25, 527–543.

18 Schulenberg, J. E., & Maggs, J. L. (2002). A developmental perspective on alcohol use and heavy drinking during adolescence and the transition to young adulthood. *Journal of Studies on Alcohol*, suppl. 14, 54–70.

19 David Finkelhor. Are kids getting more virtuous? *Washington Post*, November 26, 2014.

20 Christopher Ingraham. Today's teens are way better behaved than you were. *Washington Post*, December 13, 2016.

21 Jess Williams. Are my generation really as boring as everyone says? *New Statesman*, September 19, 2014.

22 Rachael Dove. Charting the rise of Generation Yawn: 20 is the new 40. *Telegraph*, August 31, 2014.

23 Twenge, J. M., & Campbell, W. K. (2017). *Cultural individualism is linked to later onset of adult-role responsibilities across regions and time.* Unpublished manuscript.

24 See Appendix B: http://www.jeantwenge.com/wp-content/uploads/2017/08/igen-appendix.pdf.

25 See Appendix B: http://www.jeantwenge.com/wp-content/uploads/2017/08/igen-appendix.pdf.

26 Smith, A., Bodell, L. P., Holm-Denoma, J., Joiner, T., Gordon, K., Perez, M., & Keel, P. (2017). "I don't want to grow up, I'm a [Gen X, Y, Me] kid": Increasing maturity fears across the decades. *International Journal of Behavioral Development*.

27 Christine Birkner. Brands are reaching out to Millennials who want a break from "adulting": Coloring books, summer camps, and nice, hot meals. *Adweek*, April 10, 2016.

28 Emily Alpert. Kids like being kids, study finds, perhaps thanks to parenting. *Los Angeles Times*, July 21, 2013.

29 Ibid.

30 Julie Lythcott-Haims. The over-parenting trap: How to avoid "checklisted" childhoods and raise adults. *Time*, June 9, 2015.

31 Judith Shulevitz. In college and hiding from scary ideas. *New York Times*, March 21, 2015.

第二章　網際網路：上網時間——喔，以及其他媒體

1 Ben Hooper. New York Police: Don't put charging phones under pillow. UPI, February 16, 2016.

2 Daniel Bean. Girl's Galaxy S4 smartphone burns under her pillow as she sleeps. Yahoo! Tech, July 28, 2014.

3 See Appendix C: http://www.jeantwenge.com/wp-content/uploads/2017/08/igen-appendix.pdf.

4 · 8 年級與 10 年級生上網時間的統計，參見 Appendix C: http://www.jeantwenge.com/wp-content/uploads/2017/08/igen-appendix.pdf。

5 Jessica Contrera. 13, right now: What it's like to grow up in the age of likes, lols and longing. Washington Post, May 25, 2016.

6 Quoted in Sales, N. J. (2016). *American girls: Social media and the secret lives of teenagers.* New York: Knopf.

7   Lauren Johnson. Snapchat beats Instagram and Facebook as the top social platform for teens: Study finds 80% use the app once a month. *Adweek*, October 14, 2016.

8   Shannon Greenwood, Andrew Perrin, and Maeve Duggan. Social media update 2016. Pew Research Center, November 11, 2016.

9   Twenge, J. M., Martin, G. E., & Spitzberg, B. (2017). Trends in U.S. adolescents' media use, 1976–2015: The rise of the Internet, the decline of TV, and the (near) demise of print. Manuscript under review.

10 Kathryn Zickhur and Lee Rainie. Younger Americans and public libraries. Pew Research Center, September 10, 2014.

11 Robinson, J. P. (2011). Arts and leisure participation among IT users: Further evidence of time enhancement over time displacement. *Social Science Computer Review* 29, 470–480.

12 Jennifer Ludden. Why aren't teens reading like they used to? NPR, May 12, 2014.

13 How the new generation of well-wired multitaskers is changing campus culture. *Chronicle of Higher Education*, January 5, 2007.

14 Yeykelis, L., Cummings, J. J., & Reeves, B. (2014). Multitasking on a single device: Arousal and the frequency, anticipation, and prediction of switching between media content on a computer. *Journal of Communication* 64, 167–192.

第三章　不再親身互動：我與你同在，幾乎啦

1   Twenge, J. M., & Uhls, Y. T. (2017). Less in-person social interaction among U.S. adolescents in the 21st century and links to loneliness. Unpublished manuscript.

2   Aaron Smith. Once the world's biggest mall is being torn down today. CNN.com, December 30, 2014.

3   See Appendix D: http://www.jeantwenge.com/wp-content/uploads/2017/08/igen-appendix.pdf.

4   See Appendix D: http://www.jeantwenge.com/wp-content/uploads/2017/08/igen-appendix.pdf.

5   See Appendix A for more on relative risk: http://www.jeantwenge.com/wp-content/uploads/2017/08/igen-appendix.pdf.

6   Kross, E., Verduyn, P., Demiralp, E., Park, J., Lee, D. S., Lin, N., Shablack, H., Jonides, J., & Ybarra, O. (2013). Facebook use predicts declines in subjective well-being in young adults. PLOS ONE 8, e69841.

7   Shakya, H. B., & Christakis, N. A. (2017). Association of Facebook use with compromised well-being: A longitudinal study. *American Journal of Epidemiology* 18, 203–211.

8   Tromholt, M. (2016). The Facebook experiment: Quitting Facebook leads to higher levels of well-being. *Cyberpsychology, Behavior, and Social Networking* 19, 661–666. The Facebook experiment: Does social media affect the quality of our lives? Happiness Research Institute, 2016.

9   See Appendix D: http://www.jeantwenge.com/wp-content/uploads/2017/08/igen-appendix.pdf.

10 Sales, N. J. (2016). *American girls: Social media and the secret lives of teenagers*. New York: Knopf.

11 Madalyn Mendoza. Alamo Heights student was a victim of bullying before committing suicide, family says. San Antonio Express-News, January 8, 2016. Melissa Fletcher Stoeltje and John Tedesco. Who's to blame in David Molak's death? *San Antonio Express-News*, January 16, 2016.

12 Lindsay Kimble. Gabby Douglas cried "gallons" after Olympics cyberbullying—and is now dedicated to helping fellow victims. *People*, December 22, 2016.

13 Justin W. Patchin and Sameer Hinduja. Summary of our cyberbullying research (2004–2016). Lifetime cyberbullying victimization rates, ten different studies 2007–2016 [graph]. Cyberbullying Research Center.

14 Twenge, J. M., Baumeister, R. F., Tice, D. M., & Stucke, T. S. (2001). If you can't join them, beat them: Effects of social exclusion on aggressive behavior. *Journal of Personality and Social Psychology* 81, 1058–1069. Twenge, J. M., Catanese, K. R., & Baumeister, R. F. (2002). Social exclusion causes self-defeating behavior. *Journal of Personality and Social Psychology* 83, 606–615. Twenge, J. M., Catanese, K. R., & Baumeister, R. F. (2003). Social exclusion and the deconstructed state: Time perception, meaninglessness, lethargy, lack of emotion, and self-awareness. *Journal of Personality and Social Psychology* 85, 409–423.

15 Eisenberger, N. I., Lieberman, M. D., & Williams, K. D. (2003). Does rejection hurt? An fMRI study of social exclusion. *Science* 302, 290–292.

16 Sherman, L. E., Minas, M., & Greenfield, P. M. (2013). The effects of text, audio, video, and in-person communication on bonding between friends. *Cyberpsychology: Journal of Psychosocial Research on Cyberspace*, 7.

17 Kathy Evans. Are digital natives really just digital labourers? Teens turning off social media. *The Age*, May 15, 2016.

18 Uhls, Y. T., Michikyan, M., Morris, J., Garcia, D., Small, G. S., Zgourou, E., & Greenfeld, P. M. (2014). Five days at outdoor education camp without screens improves preteen skills with nonverbal emotion cues. *Computers in Human Behavior* 39, 387–392.

第四章　不安全感：新的心理健康危機

1 Ilaf Esuf. I'm fine, I promise. *Daily Californian*, July 29, 2016.

2 Reynolds, J., Stewart, M., MacDonald, R., & Sischo, L. (2006). Have adolescents become too ambitious? High school seniors' educational and occupational plans, 1976 to 2000. *Social Problems* 53, 186–206. Twenge, J. M., Campbell, W. K., & Gentile, B. (2013). Changes in pronoun use in American books and the rise of individualism, 1960–2008. *Journal of Cross-Cultural Psychology* 44, 406–415. Twenge, J. M., Campbell, W. K., & Gentile, B. (2012). Increases in individualistic words and phrases in American books, 1960–2008. PLOS ONE 7, e40181. Twenge, J. M., Campbell, W. K., & Gentile, B. (2012). Generational increases in agentic self-evaluations among American college students, 1966–2009. *Self and Identity* 11, 409–427.

3 　過度正面的自我觀感主要是針對千禧世代的描述，而非 i 世代，關於此一世代風氣的探討，請參見 Appendix E: http://www.jeantwenge.com/wp-content/uploads/2017/08/igen-appendix.pdf。

4 　Twenge, J. M., & Martin, G. E., & Campbell, W. K. (2017). Decreases in psychological well-being among American adolescents since 2012 and the rise of smartphone technology. Manuscript under review.

5 　Lisa A. Flam. Social media means kids are excluded in real time. *Today*, March 17, 2015.

6 　See Appendix F: http://www.jeantwenge.com/wp-content/uploads/2017/08/igen-appendix.pdf.

7 　College counseling centers face "perfect storm," expert says. CU-CitizenAccess.org, August 27, 2012. Novotney, A. (2014). Students under pressure: College and university counseling centers are examining how best to serve the growing number of students seeking their services. *Monitor on Psychology* 45, 36.

8 　Twenge, J. M., Martin, G. E., & Campbell, W. K. (2017). Decreases in depressive symptoms, suicide-related outcomes, and suicide rates among U.S. adolescents after 2010 and links to increased new media screen time. Manuscript under review.

9 　Laura Heck. A generation on edge: A look at millennials and mental health. Vox Magazine, November 19, 2015.

10 　See Appendix F: http://www.jeantwenge.com/wp-content/uploads/2017/08/igen-appendix.pdf.

11 　Rebecca Ruiz. Teens are struggling with their mental health–and talking about it on social media. Mashable, May 3, 2017.

12 　Susanna Schrobsdorff. Anxiety, depression, and the modern adolescent. *Time*, November 7, 2016.

13 　See Appendix F: http://www.jeantwenge.com/wp-content/uploads/2017/08/igen-appendix.pdf.

14 　Ibid.

15 　Sales, N. J. (2016). *American girls: Social media and the secret lives of teenagers*. New York: Knopf.

16 　Megan McCluskey. Instagram star Essena O'Neillbreaks her silence on quitting social media. Time, January 5, 2016. Megan McClusky. Teen Instagram star speaks out about the ugly truth behind social media fame. *Time*, November 2, 2015.

17 　Kate Fagan. Split image. ESPN, May 7, 2015.

18 　Mojtabai, R., Olfson, M., & Han, B. (2016). National trends in the prevalence and treatment of depression in adolescents and young adults. *Pediatrics* 138.

19 　Schrobsdorff. Anxiety, depression, and the modern adolescent.

20 　See Appendix F: http://www.jeantwenge.com/wp-content/uploads/2017/08/igen-appendix.pdf.

21 　Ibid.

22 　Whitney Howard. It's okay if you're struggling with mental health. *Utah Statesman*, March 20, 2016.

23 　See Appendix F: http://www.jeantwenge.com/wp-content/uploads/2017/08/igen-appendix.pdf.

24 　Curtin, S. C., Warner, M., & Hedegaard, H. Increase in suicide in the United States, 1999–2014. NCHS Data Brief no. 214, April 2016. Sabrina Tavernise. U.S. suicide rate surges to a 30-year high. *New York Times*, April 22, 2016.

25   See Appendix F: http://www.jeantwenge.com/wp-content/uploads/2017/08/igen-appendix.pdf.

26   Lucy Dwyer. When anxiety hits at school. *The Atlantic*, October 3, 2014.

27   Tromholt, M. (2016). The Facebook experiment: Quitting Facebook leads to higher levels of well-being. *Cyberpsychology, Behavior, and Social Networking* 19, 661–666. Sherman, L. E., Minas, M., & Greenfield, P. M. (2013). The effects of text, audio, video, and in-person communication on bonding between friends. *Cyberpsychology: Journal of Psychosocial Research on Cyberspace*, 7.

28   LeMoyne, T., & Buchanan, T. (2011). Does "hovering" matter? Helicopter parenting and its effect on well-being. *Sociological Spectrum* 31, 399–418.

29   Alyssa Driscoll. Twenty One Pilots' new song really GETS US. The Lala, April 24, 2015.

30   Sales (2016). *American girls.*

31   Twenge, J. M., Krizan, Z., & Hisler, G. (2017). Decreases in sleep duration among U.S. adolescents 1991–2105 and links to screen time. Manuscript under review.

32   See Appendix F: http://www.jeantwenge.com/wp-content/uploads/2017/08/igen-appendix.pdf.

33   See Appendix F: http://www.jeantwenge.com/wp-content/uploads/2017/08/igen-appendix.pdf.

34   Carter, B., Rees, P., Hale, L., Bhattacharjee, D., & Paradkar, M. S. (2016). Association between portable screen-based media device access or use and sleep outcomes: A systematic review and meta-analysis. *JAMA Pediatrics* 170, 1202–1208.

35   Altman, N. G., Izci-Balserak, B., Schopfer, E., et al. (2012). Sleep duration versus sleep insufficiency as predictors of cardiometabolic health outcomes. *Sleep Medicine* 13, 1261–1270. Meerlo, P., Sgoifo, A., & Suchecki, D. (2008). Restricted and disrupted sleep: Effects on autonomic function, neuroendocrine stress systems and stress responsivity. *Sleep Medicine Reviews* 12, 197–210. Owens, J. (2015). Insufficient sleep in adolescents and young adults: An update on causes and consequences. Pediatrics 134, e921–e932.

36   Ilardi, S. (2010). *The depression cure.* New York: Da Capo.

37   Robin Wilson. An epidemic of anguish. *Chronicle of Higher Education*, September 4, 2015.

38   Ibid.

39   Logan Jones. Mental health week only works if we let it. *Utah Statesman*, March 24, 2016.

40   Cooper Lund. Cooper Lund on the weight of depression, ending mental illness stigma. *Daily Oklahoman*, December 6, 2015.

第五章　我不信教：宗教（與屬靈）的流失

1   Naftali Bendavid. Europe's empty churches go on sale. *Wall Street Journal*, January 2, 2015.

2   Smith, C., & Snell, P. (2009). *Souls in transition: The religious and spiritual lives of emerging adults.* New York: Oxford University Press.

3   America's changing religious landscape. Pew Research Center, May 12, 2015.

4   Twenge, J. M., Sherman, R. A., Exline, J. J., & Grubbs, J. B. (2016). Declines in American adults' religious participation and beliefs, 1972–2014. *Sage Open*, 6, 1–13. Twenge, J. M., Exline, J. J., Grubbs, J. B., Sastry, R., & Campbell, W. K. (2015). Generational and time period differences in American adolescents' religious orientation, 1966–2014. PLOS ONE 10, e0121454.

5   Tom Gjelten. Causes and consequences of declining religious affiliation in the U.S. Diane Rehm Show, NPR, May 13, 2015.

6   Charles Tyler. (2011). True love isn't waiting. *Neue* 6, 32–36.

7   Fuller, Robert. (2001). *Spiritual but not religious: Understanding unchurched America*. New York: Oxford University Press.

8   Smith & Snell (2009). *Souls in transition*.

9   Becka A. Alper. Millennials are less religious than older Americans, but just as spiritual. Pew Research Center, November 23, 2015. Berger, P. L. (2011). *The sacred canopy: Elements of a sociological theory of religion*. New York: Open Road Media. Berger, P. L., Davie, G., & Fokas, E. (2008). *Religious America, secular Europe? A theme and variation*. Burlington, VT: Ashgate. Finke, R., & Stark, R. (2005). *The churching of America, 1776–2005: Winners and losers in our religious economy*. New Brunswick, NJ: Rutgers University Press. Fuller. Spiritual but not religious. Religion among the Millennials. Pew Research Center, February 17, 2010. Putnam, R. D., & Campbell, D. E. (2012). *American grace: How religion divides us and unites us*. New York: Simon & Schuster. Smith & Snell (2009). *Souls in transition. Smith*, T. W. (2012). Beliefs about God across time and countries. NORC.org.

10 Twenge et al. (2015). Generational and time period differences in American adolescents' religious orientation, 1966–2014.

11 Smith, C., & Denton, M. L. (2009). *Soul searching: The religious and spiritual lives of American teenagers*. London: Oxford University Press.

12 Kinnaman, D. (2016). *You lost me: Why young Christians are leaving church... and rethinking faith*. Grand Rapids, MI: Baker Books.

13 Robert P. Jones. Why are Millennials leaving the church? *Huffington Post*, July 8, 2012.

14 Kinnaman, D., & Lyons, G. (2012). *unChristian: What a new generation really thinks about Christianity... and why it matters*. Grand Rapids, MI: Baker Books.

15 Ibid.

16 Clarice Silber and Dan Reiner. As churches prepare to close, parishioners mourn. *Journal News*, July 7, 2015.

17 Gjelten. Causes and consequences of declining religious affiliation in the U.S.

18 Ibid.

註釋
NOTES

第六章　備受保護，欠缺內在動力：更安全，也更少走入社群

1　See Appendix G: http://www.jeantwenge.com/wp-content/uploads/2017/08/igen-appendix.pdf.

2　John Beltz Snyder. Millennials don't want cars, but Generation Z does. Autoblog, March 16, 2016.

3　See Appendix G: http://www.jeantwenge.com/wp-content/uploads/2017/08/igen-appendix.pdf.

4　See Appendix G: http://www.jeantwenge.com/wp-content/uploads/2017/08/igen-appendix.pdf.

5　David Finkelhor and Lisa Jones. Have sexual abuse and physical abuse declined since the 1990s? Crimes Against Children Research Center, November 2012.

6　Richard Goldstein. Today's no-risk kids don't get the '60s. The Daily Beast, May 13, 2015.

7　Fox, C. (2017). "I find that offensive!" London: Biteback Publishing. Claire Fox. Generation Snowflake: How we train our kids to be censorious cry-babies. *The Spectator*, June 4, 2016.

8　Greg Lukianoff and Jonathan Haidt. The coddling of the American mind. *The Atlantic*, September 2015.

9　Josh Zeitz. Campus protesters aren't reliving the 1960s. *Politico Magazine*, December 21, 2015.

10　Jonathan H. Adler. Suzanne Venker is unwelcome at Williams College. *Washington Post*, October 22, 2015.

11　Edward Schlosser. I'm a liberal professor, and my liberal students terrify me. Vox, June 3, 2015.

12　Laura Kipnis. My Title IX Inquisition. *Chronicle of Higher Education*, May 31, 2015.

13　Susan Svrluga. College president: "This is not a day care. This is a university!" *Washington Post*, November 30, 2015.

14　Email from Erika Christakis: "Dressing yourselves," email to Silliman College (Yale) students on Halloween costumes. The Fire, October 30, 2015.

15　Conor Friedersdorf. The perils of writing a provocative email at Yale. *The Atlantic*, May 26, 2016.

16　A. Douglas Stone and Mary Schwab-Stone. The sheltering campus: Why college is not home. *New York Times*, February 5, 2016.

17　Bradley Campbell and Jason Manning argued: Campbell, B., & Manning, J. (2014). Microaggression and moral cultures. *Comparative Sociology* 13, 692–726.

18　Conor Friedersdorf. The rise of victimhood culture. *The Atlantic*, September 11, 2015.

19　Sam Budnyk. Emory students express discontent with administrative response to Trump chalkings. *Emory Wheel*, March 22, 2016.

20　Matt Taibbi. College kids aren't the only ones demanding "safe spaces." *Rolling Stone*, April 6, 2016.

21　Jamie Ballard, Will Fritz, and Jacob Sisneros. Hundreds of students protest President Hirshman regarding BDS posters. *Daily Aztec*, April 27, 2016.

22　Ibid. Astrid Solorzano and Bree Steffen. SDSU students corner President Hirshman in car, demand response for anti-Islamic flyers. ABC 10 News, April 27, 2016.

23　Lukianoff and Haidt. The coddling of the American mind.

24　Judith Shulevitz. In college and hiding from scary ideas. *New York Times*, March 21, 2015.

25　Hanna Rosin. The overprotected kid. *The Atlantic*, April 2014.

26　How children get to school: School travel patterns from 1969 to 2009. National Center for Safe Routes to School, November 2011.

27　Tim Cushing. Schools ban tag, cartwheels and "unstructured play": The inevitable outcome of unrealistic promises and expectations. Techdirt, October 10, 2013.

28　Ibid.

29　Colin Horgan. Game off! Why the decline of street hockey is a crisis for our kids. *Guardian*, July 5, 2016.

30　Peter Moore. Little interest in "free range" parenting. YouGov, April 20, 2015.

31　See Appendix G: http://www.jeantwenge.com/wp-content/uploads/2017/08/igen-appendix.pdf.

32　Rosin. The overprotected kid.

33　Marano, H. E. (2008). *A nation of wimps: The high cost of invasive parenting*. New York: Crown Archetype.

34　Skenazy, L. (2010). *Free-range kids: How to raise safe, self-reliant children (without going nuts with worry)*. New York: Jossey-Bass.

35　Horgan. Game off! Why the decline of street hockey is a crisis for our kids.

36　Emily Esfahani Smith and Jennifer L. Aaker. Millennial searchers. *New York Times*, November 30, 2013.

37　The future of millennials' careers. Career Advisory Board and Harris Interactive, January 28, 2011.

38　圖表中註記為「依相對重要性做過校正」，請參閱 Appendix A: http://www.jeantwenge.com/wp-content/uploads/2017/08/igen-appendix.pdf.

39　See Appendix E: http://www.jeantwenge.com/wp-content/uploads/2017/08/igen-appendix.pdf.

第七章　收入的不安全感：努力工作為賺錢，而非血拼

1　Twenge, J. M., Campbell, S. M., Hoffman, B. R., & Lance, C. E. (2010). Generational differences in work values: Leisure and extrinsic values increasing, social and intrinsic values decreasing. *Journal of Management* 36, 1117–1142.

2　Caroline Beaton. Science sets us straight on Yelp CEO letter scandal: The truth about the Millennial work ethic. *Forbes*, February 24, 2016.

3　The rising cost of not going to college. Pew Research Center, February 11, 2014.

4　Aimee Picchi. Congrats, class of 2016: You're the most indebted yet. CBS MoneyWatch, May 4, 2016. Jillian Berman. Class of 2015 has the most student debt in U.S. history. MarketWatch, May 9, 2015.

5　Alex Williams. Move over, Millennials, here comes Generation Z. *New York Times*, September 18, 2015.

6　Rob Asghar. Study: Millennials are the true entrepreneur generation. *Forbes*, November 11, 2014.

7　　Campbell, S. M., Campbell, W. K., & Twenge, J. M. (in press). Bright and fuzzy lines: Making sense of the differences between generations. *Work, Aging, and Retirement.*

8　　Ruth Simon and Caelainn Barr. Endangered species: Young U.S. entrepreneurs. *Wall Street Journal*, January 2, 2015. Maria Hollenhorst. Millennials want to be entrepreneurs, but a tough economy stands in their way. NPR, September 26, 2016.

9　　Erik Hurst. Video killed the radio star: How games, phones, and other tech innovations are changing the labor force. Chicago Booth Review, September 1, 2016. Derek Thompson. The free-time paradox in America. *The Atlantic*, September 13, 2016.

10　Hurst. Video killed the radio star.

11　U.S. National Center for Education Statistics, Digest of Education Statistics.

12　Catherine Saint Louis. Dr. Paid Less: An old title still fits female physicians. *New York Times*, July 11, 2016.

13　See Appendix E: http://www.jeantwenge.com/wp-content/uploads/2017/08/igen-appendix.pdf.

14　Ninety-two percent of GenZ teens own or plan to own a vehicle, according to Autotrader, Kelley Blue Book study. Autotrader press release, March 16, 2016.

15　Ibid.

16　Kerry Pieri. The jean scene: The 12 coolest trends in denim now. *Harper's Bazaar*, March 17, 2016.

17　Rachael Dove. Charting the rise of Generation Yawn: 20 is the new 40. *Telegraph*, August 31, 2014.

18　John Beltz Snyder. Millennials don't want cars, but Generation Z does. Autoblog, March 16, 2016.

19　Waggle Dance Marketing Research, Spring 2016 Snacking survey, waggledance-marketing.com.

第八章　不確定：性、婚姻與子女

1　　Leigh Taveroff. 8 reasons why relationships in your 20s just don't work. TodaysLifestyle.com, May 21, 2015.

2　　Nancy Jo Sales. Tinder and the dawn of the "dating apocalypse." *Vanity Fair*, September 2015.

3　　Twenge, J. M., Sherman, R. A., & Wells, B. E. (2015). Changes in American adults' sexual behavior and attitudes. *Archives of Sexual Behavior* 44, 2273–2285.

4　　See Appendix H: http://www.jeantwenge.com/wp-content/uploads/2017/08/igen-appendix.pdf.

5　　Wells, B. E., & Twenge, J. M. (2005). Changes in young people's sexual behavior and attitudes, 1943–1999: A cross-temporal meta-analysis. *Review of General Psychology* 9, 249–261.

6　　Orenstein, P. (2016). *Girls & sex: Navigating the new landscape*. New York: Harper.

7　　See Appendix H: http://www.jeantwenge.com/wp-content/uploads/2017/08/igen-appendix.pdf.

8　　Twenge, J. M., Sherman, R. A., & Wells, B. E. (in press). Sexual inactivity during young adulthood is more common among U.S. Millennials and iGen: Age, period, and cohort effects on having no sexual partners after age 18. *Archives of Sexual Behavior.*

9   Melissa Batchelor Warnke. Millennials are having less sex than any generation in 60 years: Here's why it matters. *Los Angeles Times*, August 3, 2016.

10 Brogan Driscoll. Five "sexually inactive" Millennials on why they aren't having sex. *Huffington Post*, May 8, 2016.

11 Kearney, M. S., & Levine, P. B. (2014). Media influences on social outcomes: The impact of MTV's 16 and Pregnant on teen childbearing. NBER Working Paper No. 19795. Jacque Wilson. Study: MTV's "16 and Pregnant" led to fewer teen births. CNN.com, January 13, 2014.

12 Driscoll. Five "sexually inactive" Millennials on why they aren't having sex.

13 Orenstein. *Girls & sex.*

14 Guldi, M., & Herbst, M. (2015). Offline effects of online connecting: The impact of broadband diffusion on teen fertility decisions. IZA Discussion Paper no. 9076. Internet access and the decline in teen childbearing. The National Campaign to Prevent Teen and Unplanned Pregnancy, September 9, 2015.

15 Danielle Paquette and Weiyi Cai. Why American teenagers are having much less sex. *Washington Post*, July 22, 2015.

16 Tara Bahrampour. "There isn't really anything magical about it": Why more Millennials are avoiding sex. *Washington Post*, August 2, 2016.

17 Sales. Tinder and the dawn of the "dating apocalypse."

18 Driscoll. Five "sexually inactive" Millennials on why they aren't having sex.

19 Wade, L. (2017). *American hookup: The new culture of sex on campus.* New York: W. W. Norton & Company.

20 Price, J., Patterson, R., Regenerus, M., & Walley, J. (2016). How much more XXX is Generation X consuming? Evidence of changing attitudes and behaviors related to pornography since 1973. *Journal of Sex Research* 53, 12–20.

21 Wolak, J., Mitchell, K., & Finkelhor, D. (2007). Unwanted and wanted exposure to online pornography in a national sample of youth Internet users. *Pediatrics* 119, 247–257.

22 Bahrampour. "There isn't really anything magical about it." (Version on the Hartford Courant website.)

23 Belinda Luscombe. Porn and the threat to virility. *Time*, March 31, 2016.

24 Sex? More millennials are saying "meh." Minnesota Public Radio, August 18, 2016.

25 Orenstein. *Girls & sex.*

26 Flannery James. Love isn't always worth the risk (letter to the editor). *Columbia Spectator*, February 2, 2016.

27 Orenstein, *Girls & sex.*

28 Sales, N. J. (2016). *American girls: Social media and the secret lives of teenagers.* New York: Knopf.

29 Ibid.

30 Ibid. Online College Social Life Survey, http://www.nyu.edu/projects/england/ocsls.

31 Wade. *American hookup.*

32　Danielle Pryor. 32 signs you're catching feelings for your f*ck buddy. Pucker Mob.

33　The relationship game: How to avoid catching feelings for someone. College Times.

34　Sex? More millennials are saying "meh."

35　Kate Hakala. 20-somethings have invented a new relationship status, and it's called "dating partner." Mic.com, February 20, 2015.

36　Wade. *American hookup.*

37　Sex? More millennials are saying "meh."

38　Sales. *American girls.*

39　See Appendix H: http://www.jeantwenge.com/wp-content/uploads/2017/08/igen-appendix.pdf.

40　See Appendix H: http://www.jeantwenge.com/wp-content/uploads/2017/08/igen-appendix.pdf.

41　Ariela Martin. Engaged at 20: Meet Melyssa, BC '18. *Columbia Spectrum*, December 1, 2015.

42　See Appendix H: http://www.jeantwenge.com/wp-content/uploads/2017/08/igen-appendix.pdf.

43　Lois M. Collins. U.S. marriage rate hits new low and may continue to decline. *Deseret News*, May 20, 2015.

44　Lydia Saad. Fewer young people say I do–to any relationship. Gallup, June 8, 2015.

45　See Appendix H: http://www.jeantwenge.com/wp-content/uploads/2017/08/igen-appendix.pdf.

46　Finer, L. B., & Philbin, J. M. (2014). Trends in ages at key reproductive transitions in the United States, 1951–2010. *Women's Health Issues* 24, 271–279.

47　Louis Tomlinson is going to be a dad! One Direction star expecting baby with Briana Jungwirth. *People*, July 14, 2015.

48　Kathleen Harper. Louis Tomlinson & Briana Jungwirth custody battle: She doesn't want his GF near Freddie. Hollywood Life, June 30, 2016.

49　Births: Final data for 2014. *National Vital Statistics Reports*, December 23, 2015.

第九章　包容：新時代的 LGBT、性別、種族議題

1　Jarry Lee. 32 of the best brand tweets celebrating marriage equality. Buzzfeed, June 26, 2015.

2　Sam Lansky. Kacey Musgraves takes twang into the 21st century. *Time*, June 18, 2015.

3　Twenge, J. M., Sherman, R. A., & Wells, B. E. (2015). Changes in American adults' sexual behavior and attitudes. Archives of Sexual Behavior 44, 2273–2285. Twenge, J. M., Carter, N. T., & Campbell, W. K. (2015). Time period, generational, and age differences in tolerance for controversial beliefs and lifestyles in the U.S., 1972–2012. *Social Forces* 94, 379–399.

4　Cody Permenter. Millennials react to same-sex marriage cases. *USA Today*, March 27, 2013.

5　Twenge, J. M., Sherman, R. A., & Wells, B. E. (2016). Changes in American adults' reported same-sex sexual experiences and attitudes. *Archives of Sexual Behavior* 45, 1713–1730.

6　Rachel McRady. Raven-Symone: I don't want to be labeled as gay or African American. *Us Weekly*, October 6, 2014.

7　Sierra Marquina. Miley Cyrus reveals she's had relationships that weren't "straight, heterosexual." *Us Weekly*, May 6, 2015.

8　Susan Goldberg. Why we put a transgender girl on the cover of *National Geographic. National Geographic*, January 2017.

9　Michelle Ruiz. Jazz Jennings: The transgender teen and wannabe mermaid the Internet needs. *Cosmopolitan*, June 8, 2015.

10　Amy Zimmerman. Miley Cyrus and Jaden Smith's "gender fluid" revolution. Slate.com, June 18, 2015.

11　Mei Novak. Schoolwork, advocacy place strain on student activists. *Brown Daily Herald*, February 18, 2016.

12　Zimmerman. Miley Cyrus and Jaden Smith's "gender fluid" revolution.

13　Donnelly, K., Twenge, J. M., Clark, M. A., Shaikh, S., Beiler-May, A., & Carter, N. T. (2016). Attitudes toward women's work and family roles in the United States, 1976–2013. *Psychology of Women Quarterly* 40, 41–54.

14　Cotter, D., & Pepin, J. (2017) Trending towards traditionalism? Changes in youths' gender ideology. Council on Contemporary Families. https://contemporaryfamilies.org/2-pepin-cotter-traditionalism/.

15　Toni Monkovic. Lasting damage for G.O.P.? Young voters reject Donald Trump. *New York Times*, March 24, 2016.

16　Susan Svrluga. What the student body president did after he was called the N-word–again. *Washington Post*, September 16, 2015.

17　Julie Zellinger. These students were told they don't fit their college's "mold"–but they're fighting back. Mic.com, November 13, 2015

18　Juliana Menasche Horowitz and Gretchen Livingston. How Americans view the Black Lives Matter movement. Pew Research Center, July 8, 2016.

19　Daniel Kershner. Eneale shares "L.I.F.E." inspirations. *Daily Cardinal*, March 31, 2016.

20　Yvanna Saint-Fort. Be unapologetic about who you are. *Daily Targum*, April 26, 2016.

21　Jamelle Bouie. Why do millennials not understand racism? Slate.com, May 16, 2014. Links to 2014 MTV/David Binder Research Study. Sean McElwee. Millennials are more racist than they think. *Politico Magazine*, March 9, 2015.

22　First Amendment to the United States Constitution.

23　Jacob Poushter. 40% of Millennials OK with limiting speech offensive to minorities. Pew Research Center, November 20, 2015.

24　Allie Bidwell. Racist fraternity chant learned during leadership cruise. U.S. News & World Report, March 27, 2015. Eliott C. McLaughlin. "Disgraceful" University of Oklahoma fraternity shuttered after racist chant. CNN.com, March 10, 2015.

25　Lee Ross. Westboro funeral pickets are protected speech, high court rules. Fox News, March 2, 2011.

26　Campbell, B., & Manning, J. (2014). Microaggression and moral cultures. *Comparative Sociology*

13, 692–726.

27 Justin Wm. Moyer. Oberlin College sushi "disrespectful" to Japanese. *Washington Post*, December 21, 2015.

28 Katie Barrows. Colorado College suspends student for two years for six-word joke on Yik Yak. FIRE: Foundation for Individual Rights in Education, December 7, 2015. Courtney Such. College suspends student for six months for saying black women are "not hot." The College Fix, December 14, 2015.

29 Scott Jaschik. A class implodes over race. Inside Higher Ed, November 23, 2015.

30 Rachel Huebner. A culture of sensitivity. Harvard Crimson, March 23, 2016.

31 Greg Lukianoff and Jonathan Haidt. The coddling of the American mind. *The Atlantic*, September 2015.

32 Ibid.

33 Abby Phillip. One of the most powerful women in the world won't speak at Smith College after protests. *Washington Post*, May 12, 2014.

34 Emma G. Fitzsimmons. Condoleezza Rice backs out of Rutgers speech after student protests. *New York Times*, May 3, 2014.

35 Brandeis withdraws honorary degree for Islam critic Ayaan Hirsi Ali. Associated Press, April 9, 2014.

36 Sam Sanders. Obama warns campus protestors against urge to "shut up" opposition. NPR, December 21, 2015.

37 April Kelly-Woessner. How Marcuse made today's students less tolerant than their parents. Heterodox Academy, September 23, 2015.

38 Michael McGough. Sorry, kids, the 1st amendment does protect "hate speech." *Los Angeles Times*, October 30, 2015.

39 Justin Wm. Moyer, Michael E. Miller, and Peter Holley. Mass media professor under fire for confronting video journalist at Mizzou. *Washington Post*, November 10, 2015.

40 Howard Gillman and Erwin Chemerinsky. Don't mock or ignore students' lack of support for free speech. Teach them. *Los Angeles Times*, March 31, 2016.

41 Caitlin Flanagan. That's not funny! Today's college students can't seem to take a joke. *The Atlantic*, September 2015.

42 Heben Nigatu. 21 racial microaggressions you hear on a daily basis. Buzzfeed, December 9, 2013.

43 Princess Ojiaku. All snowflakes look the same. *Pacific Standard*, February 28, 2015.

44 D. W. Sue. (2010). *Microaggressions in everyday life: Race, gender, and sexual orientation.* New York: Wiley.

45 Bouie. Why do millennials not understand racism?

第十章 跳脫黨派立場：新世代的政治

1 Ronald Brownstein. The great Democratic age gap. *The Atlantic*, February 2, 2016.

2 Rebecca Savransky. Poll: Nearly half of Sanders's millennial supporters would vote third-party. The Hill, July 14, 2016.

3 The 2016 youth vote: Youth vote choice by race & ethnicity. CIRCLE: The Center for Information & Research on Civic Learning and Engagement, http://civicyouth.org/quick-facts/youth-voting.

4 Twenge, J. M., Honeycutt, N., Prislin, R., & Sherman, R. A. (2016). More polarized but more independent: Political party identification and ideological self-categorization among U.S. adults, college students, and late adolescents, 1970–2015. *Personality and Social Psychology Bulletin* 42, 1364–1383.

5 Susan Page and Fernanda Crescente. Young voters flee Donald Trump in what may be historic trouncing, poll shows. *USA Today*, August 14, 2016.

6 Chris Cillizza. Republicans' young-people problem. *Washington Post*, March 9, 2014.

7 Molly Roberts. Why Millennials are yawning at the likely first female major-party nominee for president. *Washington Post*, June 7, 2016.

8 Charlotte Alter. Women support Hillary Clinton by large margins. But they're no monolith. *Time*, July 21, 2016.

9 Cohen, C. J., Luttig, M. D., & Rogowski, J. C. (2016). Understanding the Millennial vote in 2016: Findings from GenForward. A survey of the Black Youth Project with the AP-NORC Center for Public Affairs Research. PDF report available on the GenForward website.

10 See Appendix I: http://www.jeantwenge.com/wp-content/uploads/2017/08/igen-appendix.pdf.

11 Iyengar, S., Sood, G., & Lelkes, Y. (2012). Affect, not ideology: A social identity perspective on polarization. *Public Opinion Quarterly* 76, 405–431.

12 Tiffany Onyejiaka. To the white Millennials who voted for Donald Trump. *Huffington Post*, November 10, 2016.

13 See Appendix I: http://www.jeantwenge.com/wp-content/uploads/2017/08/igen-appendix.pdf.

14 Highly negative views of the opposing party–and its members. Pew Research Center, June 22, 2016.

15 Campbell, W. K., Twenge, J. M., & Carter, N. (2017). Support for marijuana (cannabis) legalization: Untangling age, period, and cohort effects. *Collabra: Psychology*, 3, 2.

16 In debate over legalizing marijuana, disagreement over drug's dangers: In their own words: supporters and opponents of legalization. Pew Research Center, April 14, 2015.

17 Lydia Saad. Americans buy free pre-K; split on tuition-free college. Gallup Poll, May 2, 2016.

18 Emily Ekins. Poll: Americans like free markets more than capitalism and socialism more than a govt managed economy. Reason.com. February 12, 2015.

19 See Appendix I: http://www.jeantwenge.com/wp-content/uploads/2017/08/igen-appendix.pdf.

20 See Appendix I: http://www.jeantwenge.com/wp-content/uploads/2017/08/igen-appendix.pdf.

21 Emilia Beuger. Bernie Sanders shows compassion and authenticity. *Massachusetts Daily Collegian*, April 19, 2016.

結論　理解 i 世代，拯救 i 世代

1　Rachel Walman. Keep your head up and put down your cellphone. *Massachusetts Daily Collegian*, April 6, 2016.

2　Nancy Jo Sales. (2016). *American Girls: Social media and the secret lives of teenagers*. New York: Knopf.

3　Alter, Adam. (2017). *Irresistible: The Rise of Addictive Technology and the Business of Keeping Us Hooked*. New York: Penguin Press.

4　Ibid.

5　Melissa Nilles. Technology is destroying the quality of human interaction. *Bottom Line*, January 24, 2012.

6　Sales. *American Girls*.

7　Rachel Grace. Do it for the 'gram, or don't do it at all. RedAnd Black.com, September 19, 2016.

8　Jessica Contrera. Their tube: When every moment of childhood can be recorded and shared, what happens to childhood? *Washington Post*, December 7, 2016.

9　Rachel Moss. Teen girl has genius response to guy who asked for shower selfie. *Huffington Post*, July 11, 2016.

10　Kate Leddy. I skipped class to go to the gym and don't regret it. *Massachusetts Daily Collegian*, February 9, 2016.

11　Joe O'Shea and Nina Hoe. A gap year could be the answer to the student mental health crisis. Quartz, September 14, 2016.

12　Travis M. Andrews. A teen asked his grandmother to her first prom. Too old, said the school. *Washington Post*, April 4, 2017.

13　Twenge, J. M., Baumeister, R. F., Tice, D. M., & Stucke, T. S. (2001). If you can't join them, beat them: Effects of social exclusion on aggressive behavior. *Journal of Personality and Social Psychology* 81, 1058–1069. Twenge, J. M., Catanese, K. R., & Baumeister, R. F. (2002). Social exclusion causes self-defeating behavior. *Journal of Personality and Social Psychology* 83, 606–615. Baumeister, R. F., Twenge, J. M., & Nuss, C. K. (2002). Effects of social exclusion on cognitive processes: Anticipated aloneness reduces intelligent thought. *Journal of Personality and Social Psychology* 83, 817–827.

14　Safe School Climate Plan—Anti-Bullying. Aiken Elementary School website, School Info page.

15　Nick Haslam. How we became a country where bad hair days and campaign signs cause "trauma." *Washington Post*, August 12, 2016. Haslam, N. (2016). Concept creep: Psychology's expanding concepts of harm and pathology. *Psychological Inquiry* 27, 1–17.

致謝

首先感謝我的經紀人，也是第一、第二號讀者——Jill Kneerim 和 Lucy Cleland。謝謝你們提供關鍵又明智的建議。沒有你們，我真的無法完成這本書。

感謝 Atria Books 的所有好朋友，尤其是 Peter Borland、Milena Brown、Sean Delone、Tory Lowy、Leslie Meredith 以及 Daniella Wexler。我的書在你們家出版，那裡是我最愛的地方。

特別感謝我訪談過的青少年和年輕人朋友，謝謝你們願意撥冗回答我對於你們這個世代的疑問，也把你們的經驗與我分享。很感謝你們提出了誠懇、深入的見解；你們讓 i 世代的面貌得以生動地呈現。也感謝受訪者的好友、家人、老師們的介紹，讓我有機會訪談這些青少年；雖然必須保持匿名，但你們的幫助彌足珍貴。我還要感謝參與線上調查研究的朋友，以及聖地牙哥州立大學的學生們，謝謝你們告訴我更多 i 世代的想法和觀點。祝你們未來鵬程萬里，馬到成功。

我也要感謝幾項大型長期調查（監測未來調查、青少年風險行為

監測調查、美國大一新生調查、美國社會概況調查）的負責人員；這本書引用的資料背後，有著你們的敬業和勤奮不倦。學術界明明只是個小圈子，可是不知道為什麼，我竟然還沒有跟你們見過面；不過我顯然應該請你們大家好好喝一杯。我在這裡代表眾多研究者感謝你們，也請你們繼續努力。你們提供的資料是這個國家的寶藏；沒有這些資料，我們對於世代差異方面的議題，就只能繼續瞎子摸象。正因為有了這些資料，事實才得以明朗，我們也才得以清楚看見幾個世代以來的種種轉變。祝福你們的贊助經費源源不絕。

感謝跟我一起發表過數篇論文，還一起出過兩本書的好朋友 W. Keith Campbell，謝謝你總是幫助我保持鎮定。謝謝 Angela Beiler-May、Stacy Campbell、Nathan Carter、Malissa Clark、Kristin Donnelly、Julie Exline、Joshua Foster、Patricia Greenfield、Joshua Grubbs、Garrett Hisler、Nathan Honeycutt、Thomas Joiner、Sara Konrath、Zlatan Krizan、Sonja Lyubomirsky、Gabrielle Martin、Heejung Park、Radmila Prislin、Megan Rogers、Ramya Sastry、Samia Shaikh、Ryne Sherman、Brian Spitzberg、Yalda Uhls、Hannah VanLandingham 以及 Brooke Wells，在我根據調查資料撰寫期刊文章時提供協助；你們都是出色的合作搭擋，補足我專業的不足之處，而且人都超棒，又聰明。能夠認識你們，我真的很幸運。祝你們在自己的大學都能得到很好的待遇，薪情看漲。

感謝我的朋友和家人，願意耐心聽我講這本書的事情：Ken Bloom、Kate Catanese、Kim 和 Brian Chapeau、Lawrence Charap、Jenny Crowhurst、Jody Davis、Eli Finkel、Jeff Green、Nick Grossman、Curtis Hall、Chris Harris、Brandelyn Jarrett、Malhar Kale、Sarah 和 Dan Kilibarda、Marta Kolthoff、Ron Louden、Erin Mitchell、Bill 和 Joan Moening、Bud 和 Pat Moening、Darci 和 Brad Olsen、Shruti Patkar、

Trinty Perry、Steven Siu、Marilyn Swenson、Drew Sword、Amy 和 Paul Tobia、Anna 和 Dusty Wetzel、Jud Wilson、May Yeh、Ashley 和 Mike Zahalan、Alice Zellmer，以及 Jennifer 和 Matt Zwolinski。特別感謝我的父母 Steve 和 JoAnn Twenge，在我沒課但真的該寫書的時候，還有真的不想寫書的假日，願意充當小孩的保姆。

感謝我的丈夫 Craig，在晚飯時間聽我講書裡的折線圖，在我不得不遠離天倫之樂去寫書的時候也一直支持我。

最後，感謝三個 i 世代的女兒——Kate、Elizabeth 和 Julia。妳們是我生命中的光，也是我的一切。我只想問一個問題：如果妳們這個世代是我命名的，當我叫妳們好好梳頭的時候，可不可以乖乖聽話？謝謝妳們，女兒。我愛妳們。

致謝
ACKNOWLEDGMENTS